"宣传思想文化青年英才"课题项目

公安新闻传播有效性研究

李刚 著

人民日报出版社
·北京·

图书在版编目（CIP）数据

公安新闻传播有效性研究 / 李刚著 .—北京：人民日报出版社，2024.2
ISBN 978-7-5115-8152-5

Ⅰ.①公… Ⅱ.①李… Ⅲ.①公安工作—宣传工作—研究—中国 Ⅳ.①D631.19

中国国家版本馆CIP数据核字（2024）第017575号

书　　　名：	公安新闻传播有效性研究 GONGAN XINWEN CHUANBO YOUXIAOXING YANJIU
著　　　者：	李　刚
出 版 人：	刘华新
责任编辑：	翟福军　梁雪云
封面设计：	主语设计
出版发行：	人民日报出版社
社　　　址：	北京金台西路2号
邮政编码：	100733
发行热线：	（010）65369527　65369846　65369509　65369512
邮购热线：	（010）65369530
编辑热线：	（010）65369526
网　　　址：	www.peopledailypress.com
经　　　销：	新华书店
印　　　刷：	炫彩（天津）印刷有限责任公司
法律顾问：	北京科宇律师事务所010-83632312
开　　　本：	710mm × 1000mm　1/16
字　　　数：	300千字
印　　　张：	19.5
版次印次：	2024年2月第1版　2024年2月第1次印刷
书　　　号：	ISBN 978-7-5115-8152-5
定　　　价：	86.00元

序言

有效,在《现代汉语词典》中的解释是,"能实现预期目的;有效果"。

这个看上去浅显易懂的词语是我们工作生活中必须牢牢坚持的方法论。谋事、创业、生活,教学活动、科研活动、医疗活动,推进一切实践活动,我们都应该追求一个效果问题——做事要看效果,有效性是硬道理,这是一种科学的效果导向思维。

效果就是目标,目标就是方向,有效性就是效果实现的水平或程度。开展任何工作都要实打实、奔着效果去,所以我们常说,做工作,首先看态度,关键看行动,最终看效果。形象地说,追求有效性就好比把握着"方向盘""指挥棒"。

我们推动各项事业发展,最根本的效果导向是让人民群众满意,以广大群众最具体、最直接的感受进行考量。坚持这一出发点,把高标准立起来,把严要求落下去,我们的工作才能让群众受益,得到群众认可,我们的事业才会蓬勃发展,经得起历史和实践检验。

强调有效性,坚持效果导向,是我们开展工作的重要方法,也是推动发展实践走深走实的有力牵引。有效性成为推进国家治理体系和治理能力现代化的重要要求。

针对宣传思想文化工作,习近平总书记多次强调新闻舆论工作的效果问题,要求"提高新闻舆论工作有效性""增强舆情引导的针对性和有效性"。

重视新闻舆论工作,是我们党的优良传统,也是革命、建设和改革事业不断取得胜利的一个重要法宝。公安新闻舆论工作是党的宣传思想文化工作的重要内容,也是公安工作的重要组成部分,担负着宣传党的理论、传播党中央声音、服务公安中心工作、激励警心斗志、弘扬英模精神、展示队伍形象、密切警民关系，为新时代公安事业营造良好舆论环境等重要职责。

在公安新闻传播中，应当将"有效性"要求贯穿始终，从效果导向出发——向着工作目标和效果努力——以效果为标尺考量工作结果，在公安新闻传播的策划、采访、编辑、制作、传播、反馈等所有环节，求效果、看成效、讲有效。坚持有效性思维，有助于我们进一步守正创新、真抓实干，致力提升传播能力建设，轻视或者忽略了这一点，我们开展工作就有可能凌空蹈虚，甚至走向效果导向的对立面——形式主义，重形式、不重内容，求表面、不顾实效，图虚名、不讲效果，重过程、不重结果，新闻舆论的传播力、引导力、影响力、公信力就会被大大削减。

什么是公安新闻传播的有效性？主要体现在哪些方面？如何提升公安新闻传播的有效性？这些都是值得公安新闻舆论宣传工作者深刻思考和认真研究的问题。

——对公安新闻传播有效性的研究，必须建立在深入学习领会习近平文化思想的基础之上。2023年10月7日至8日，全国宣传思想文化工作会议在京召开，会上传达了习近平总书记对宣传思想文化工作的重要指示。这次会议最重要的成果，就是正式提出和系统阐述习近平文化思想，在党的宣传思想文化事业发展史上具有里程碑意义。党的十八大以来，习近平总书记把宣传思想文化工作摆在治国理政的重要位置，围绕新闻舆论工作提出许多新思想新观点新论断，内涵十分丰富、论述极为深刻，开辟了马克思主义新闻观新境界，为进一步做好党的新闻舆论工作指明了前进方向，为开展公安新闻传播有效性研究提供了根本遵循。

——对公安新闻传播有效性的研究，必须建立在对公安新闻舆论宣传工作重要性的深刻认识基础之上。公安新闻舆论工作是党的宣传思想文化工作的重要组成部分，是公安工作的重要组成部分，有效的舆论宣传才能更好地为改革发展稳定大局服务、为公安部党委中心工作服务、为公安事业发展进步服务，才能更好地发挥统一全警思想、凝聚全警力量、为新时代中国特色社会主义保驾护航的重要作用。同时，涉警舆论宣传引导是公安机关社会治理的一项重要工作，提升公安机关社会治理能力必然地要求提升新闻宣传舆论引导能力。

——对公安新闻传播有效性的研究，必须建立在对公安新闻舆论宣传工作职责任务的准确把握基础之上。公安新闻传播要把握喉舌阵地职责定位，把传播党的理论、传播党的声音摆在首要位置，推动习近平新时代中国特色社会主义思想入脑入心，让党的创新理论"飞入寻常百姓家"，鼓舞士气、凝聚力量，统一意志、统一行动、步调一致向前进。要更加有效地讲好中国共产党治国理政的故事，讲好国家发展的故事，讲好民族复兴的故事，讲好中国人民奋斗圆梦的故事，激荡谱写时代新华章的强大力量。要更加有效地讲好警察故事、发好公安声音、树好警察形象，深刻反映公安火热实践，生动记录公安事业发展，展现公安工作新成就新气象，为公安机关履行新时代使命任务提供强大舆论支持和精神力量。

——对公安新闻传播有效性的研究，必须建立在对公安新闻传播阵地的准确认知基础之上。广义的公安新闻传播阵地，既包括公安内宣，也包括公安外宣；既包括公安机关所属报纸杂志、图书出版、影视音像等传统宣传阵地，也包括公安网站、公安机关官方微博、官方微信公众号、网上公安局、网上派出所、网上警务室、新媒体矩阵等公安自有新媒体阵地；既包括密切联动及时报道公安内容的中央及地方报刊、电视台、电台，也涵盖这些传媒机构以"两微一端"为代表，囊括微信、微博、客户端、门户网站、抖音、快手、哔哩哔哩及强国号、人民号、新华号、百家号、头条号等网络新媒体阵地。如果我们继续延伸，网络新媒体还包括网络电视、移动电视、楼宇电视……读者在哪里，受众在哪里，宣传报道的触角就要伸向哪里，我们的宣传阵地就在哪里，宣传思想工作的着力点和落脚点就要放在哪里。

新形势下，人们的思想观念越来越多元，信息需求越来越多样，舆论生态发生整体性重塑，媒体格局发生深刻变化，人人传播、交互传播、多向传播、海量传播的特征日益明显……日新月异的发展变化催生新的课题，新闻传播亟须刷新理念思路、更新渠道内容，做到"明者因时而变，知者随事而制"。通过增强公安新闻传播有效性，强化新闻产品吸引力、感染力、说服力，厚积舆论阵地传播力、引导力、影响力、公信力，履行好公安新闻传播职责任务，及时准确传播党中央和公安部党委的声音，浓墨重彩展示公安机关有效防控社会风险、服务经济社会发展的突出成绩，生动展现广大公安民警用鲜血和汗水守护万家平安的感人事迹，充分彰显公安机关加强能力素质和纪律作风建设的新成效，为开创公安工作新局面提供强大的精神动力和良好舆论环境。

新闻舆论工作是政治性很强的业务工作，也是业务性很强的政治工作。当前，我国发展的内部条件和外部环境发生深刻复杂变化，人民群众对民主法治公平正义安全的需要和新闻信息需求日益增长，同时媒体格局日益多元、舆论生态深刻变革，各方面挑战给公安新闻舆论宣传工作提出了新任务、新要求。2023年6月30日，担负重要使命的公安部新闻传媒中心在改革中应运而生，有效整合公安新闻传播资源力量，必将更好发挥主力军主阵地作用，不断提升公安新闻传播有效性，翻开公安宣传思想文化工作的崭新篇章。

如何更好把握公安新闻传播规律？如何更好理解和运用公安新闻传播语言？如何进一步创新传播形式、丰富传播手段？如何建设一支更加优秀的公安新闻传播队伍？尤为重要的是，公安新闻传播该如何充分利用行业垂直优势、资源信源优势，实现对公安新闻内容的更有效占有和使用，用一流的表达展现一流的公安故事，用一流的传播架起公安机关与人民群众和社会各界的连心桥？有效性决定传播力，传播力决定影响力。立足新任务，面对新要求，公安新闻舆论宣传需要更加强调有效性思维，坚持实践观点，善于总结经验，重视理论研究，推动公安新闻舆论宣传在传播新环境新场域中更加适应、更有作为。

要坚持实践观点。辩证唯物主义认为，全部社会生活在本质上是实践的。实干精神是我们党的优良传统和宝贵财富，也是一以贯之的政治要求。当前，我国发展已站在新的历史起点上，时代大潮风起云涌，发展盛景波澜壮阔，公安实践火热激荡。实践出真知，实干出实绩，要从实际出发，从实践入手，在实践中与时俱进，拓宽工作思路，更新传播理念，丰富方法手段，突出行业特色，增强发展活力，不断推进提升公安新闻传播有效性的实践探索和理论研究，进而提升公安新闻舆论工作服务公安中心工作的能力水平。这是公安新闻传播产品生产的旨归和目的。

要善于总结经验，不断深化对公安新闻传播有效性的规律性认识。善于在总结经验中深化思想认识、在探索规律中打开工作局面,是我们党的优良传统和治理智慧。"度之往事,验之来事,参之平素,可则决之。"推进公安新闻舆论宣传,必须强调在遵循政法公安工作规律和新闻传播规律的基础上,善于发现经验、及时总结经验,积极捕捉、发掘、汇聚公安新闻舆论宣传战线的创新智慧,系统提炼零星出现的思路办法,对发展变化趋势作出新的揭示,对方法经验作出新的升华,不断提升我们对传播规律的认知高度和深度。

要重视理论研究。实践是认识(理论课题研究)的源泉和动力。人的正确思想的产生是一个从实践到认识,又从认识到实践的过程。火热的公安工作实践和公安新闻实践为新闻传播理论发展创造了无比广阔的空间。要从整体的视角研究,从联系的视角研究,从发展的视角研究,紧扣公安新闻传播媒介、传播手段、传播特点,思考如何推动公安新闻传播运行制度机理更有效、功能结构耦合更有效,推动公安新闻传播更好体现规律性、增强时代性、富于创造性,努力形成具有公安特色的信息传播理论。

2023年10月,习近平总书记对宣传思想文化工作作出重要指示指出,宣传思想文化工作事关党的前途命运,事关国家长治久安,事关民族凝聚力和向心力,是一项极端重要的工作,强调着力提升新闻舆论传播力引导力影响力公信力[①]。这些重要指示高屋建瓴、精辟深邃,具有很强的政治性、思想性、指导性,为我们进一步做好下一步工作指明了方向。

公安新闻传播有效性概念的提出以及对这一课题的系统性研究,深入贯彻落实习近平总书记提出的"提高新闻舆论工作有效性"重要要求,着眼于马克思主义新闻观的学习运用,坚持实践观点,突出理论思维,强调专业素养,力求深度思考,通过推进理论课题系统研究,在"实践丰富和发展理论——理论指导新的实践"的积极循环中,以理论研究建设带动实践能力建设,希望有助于推动公安新闻传播理论总结,助力回答公安新闻传播中遇到的若干专业问题,进一步梳理明确思路重点,实现公安新闻传播效能新提升。

---

① 张烁:《习近平对宣传思想文化工作作出重要指示强调 坚定文化自信秉持开放包容坚持守正创新 为全面建设社会主义现代化国家全面推进中华民族伟大复兴提供坚强思想保证强大精神力量有利文化条件》,《人民日报》2023年10月9日,第1版。

目录

提出有效性

第一章
"讲宣传就有一个效果问题" 001

——从宣传工作历史经验中汲取营养智慧，因应形势发展提出有效性概念，充分重视、深刻认识、准确把握公安新闻传播的有效性

指引有效性

第二章
党的宣传阵地必须姓党 013

——党是领导一切的。坚持党的绝对领导、全面领导，是公安新闻舆论宣传工作沿着正确方向前进的根本保证，是公安新闻传播有效性的根本指引

定位有效性

第三章
"把握时代的脉搏，认识新闻的作用" 031

——有效性是新闻传播力量的核心体现。为公安工作提供坚强思想保证和强大精神力量，是公安新闻传播有效性的价值内涵、目标指向和功能定位

体现有效性

第四章

内容生产是新闻传播活动的核心环节　　069

——内容优势是赢得影响力优势、提升新闻传播有效性的前提。不管媒体形态怎么变、宣传舆论格局怎么变，原创内容始终是最关键最宝贵的传播资源，是不可替代的核心竞争力。实现公安新闻传播有效性，最核心的环节就是生产出权威、准确、优质的内容产品，推动传播内容生产侧（信息供给侧）提质增效

强化有效性

第五章

网络场域新语境新媒体新表达　　113

——传播格局发生深刻变革的背景下，应准确把握网络传播规律，运用好形式增量，发挥好技术含量，掌握好表达变量，坚持好价值常量，积极打造富有公安特色的新型传播平台和新型主流媒体，运用好信息革命成果强化公安新闻传播的有效性

保障有效性

第六章

"媒体竞争关键是人才竞争，媒体优势核心是人才优势"　　149

——人才队伍建设是公安新闻传播有效性的重要保障。事业要发展，关键是要有一支忠诚干净担当的高素质人才队伍。新时代的公安新闻传播工作者必须政治过硬、本领过硬、作风过硬，努力成为党的政策主张的传播者、时代风云的记录者、社会进步的推动者、公平正义的守望者

社会有效性

第七章

"既解决实际问题又解决思想问题"   183

——对社会大众的影响力体现着新闻传播的社会有效性：公安新闻传播要坚持以人民为中心工作导向，解决好"我是谁、为了谁、依靠谁"的问题，以优秀新闻传播内容回应人民群众期待，通过形式多样的社会宣传，联系群众、动员群众、组织群众、凝聚群众，把党的群众路线贯彻到新闻传播全部活动之中

提升有效性

第八章

"做好宣传思想工作，比以往任何时候都更加需要创新"   233

——坚持守正创新，在遵循公安工作规律和新闻传播规律的基础上，不断在新闻传播理念、内容、体裁、形式、方法、手段、业态、体制、机制等方面实现创新，加强和改进公安新闻宣传工作，推动公安新闻传播高质量发展

丰富有效性

第九章

公安新闻传播大有可为、前景广阔   273

——时间长河奔涌，时代不断给出新的"试卷"与"考题"。勇立潮头唱大风，新形势下的公安新闻传播责任更重大，使命更光荣。适应党和国家事业发展新要求，致力推动公安新闻传播实起来强起来，打造更多内容优质、形态多样、极具传播影响力的公安新闻传播作品，为公安事业长远发展进步作出新贡献，公安新闻传播大有可为、前景广阔、任重道远

第一章

"讲宣传就有一个效果问题"

——从宣传工作历史经验中汲取营养智慧，因应形势发展提出有效性概念，充分重视、深刻认识、准确把握公安新闻传播的有效性

早在1990年1月，时任福建宁德地委书记的习近平同志在《闽东之光——闽东文化建设随想》一文中就鲜明提出："讲宣传就有一个效果问题，这涉及到宣传内容的思想性，又涉及到宣传的形式。"①效果就是目标，目标引领方向，有效性就是效果实现的水平或程度。我们开展任何工作，都有一个出发点和目标，都要奔着效果去，都应将"有效"二字贯穿始终，从效果动机出发，向着效果目标努力，以效果标尺考量工作结果。坚持有效性这样一个出发点，有助于我们端正态度认识，寻求合理的方法路径，做到办事看效果、工作求成效、成果讲有效。

党的新闻舆论工作是党的一项重要工作，是治国理政、定国安邦的大事。"我们党历来有一个传统，就是通过运用报纸、广播、电视等宣传工具，宣传党的路线、方针、政策，教育人民，反映人民的呼声，弘扬正气，揭露消极腐败现象，动员组织广大群众投身社会主义建设事业。"②这一重要论述，深刻概括我们党对新闻舆论宣传工作的一贯高度重视，以及报纸、广播、电视等宣传工具的有效性体现。高度重视新闻舆论宣传工作，充分发挥宣传思想工作的强有力作用，是我们党领导人民不断夺取革命、建设、改革事业伟大胜利的优良传统、政治优势和成功经验。

党和国家事业发展需要方向正确、引导有力、效果突出的新闻舆论，要求我们围绕新闻舆论宣传工作职责任务，遵循新闻传播规律，适应传播生态变化，创新方式方法手段，不断提高新闻舆论宣传工作有效性。

公安工作是党和国家工作的重要组成部分，公安新闻宣传工作是党的宣传思想文化工作的重要组成部分，也是公安工作的重要组成部分。做好公安新闻舆论宣传工作，不断提升公安新闻传播有效性，讲好警察故事、发好公安声音、树好警察形象，深刻反映公安火热实践，生动记录公安事业发展，展现公安工作新成就新气象，弘扬主旋律、传播正能量，对于统一全警思想、凝聚全警力量、为新时代中国特色社会主义保驾护航具有十分重要的作用。

---

① 习近平：《摆脱贫困》，福建人民出版社1992年版，第23页。
② 习近平：《摆脱贫困》，福建人民出版社1992年版，第83页。

一、新闻传播有效性取决于并体现着不同时期不同阶段的社会主要矛盾和中心任务

邓小平说："马克思有他那个时代的语言，我们有我们时代的语言。"①党的新闻舆论宣传工作如同与时代同行的列车，围绕党和国家事业发展不同时期不同阶段的社会主要矛盾和中心任务因势而谋、应势而动、顺势而为，承载着"时代的语言"不断前进。

"我们党从起根发芽时就是从宣传工作做起"，将其摆在各项工作的首位，积极探索中国革命道路，大力宣传党的纲领主张②。重视并充分发挥新闻舆论宣传的作用，一手抓枪杆子，一手抓笔杆子，是我们党的优良传统。在不同历史时期，我们党密切结合中国社会现实，不断推进马克思主义新闻观中国化时代化大众化，通过运用报纸、广播、电视等舆论宣传工具，有效动员组织广大群众投身社会主义革命和建设事业。

中国共产党在成立之初，就把宣传工作摆在极为重要的位置。党的一大选举陈独秀、张国焘、李达组成中央局，明确李达负责宣传工作。1923年10月，党中央成立教育宣传委员会，负责团体以内的政治教育和团体以外的宣传鼓动，成为党的宣传部门的雏形。③毛泽东同志十分重视思想宣传工作，1919年7月，"以宣传最新思潮为宗旨"创办《湘江评论》④。《湘江评论》将宣传报道与现实斗争紧密结合，发表了大量充满革命激情与富有批判精神的文章，引导了一大批青年投身到救国革命事业中来。许多人正是从阅读它才开始走上革命道路的。⑤毛泽东同志把宣传工作当作"红军的第一个重大工作"，主张"左手拿宣传单，右手拿枪弹"，把报刊当作"发动群众的一个有力的武器"，可以起到一支笔杆子抵得上"三千毛瑟精兵"的作用⑥。这是对宣传工具有效性的生动表达。在

---

① 《为世界注入思想的正能量》，《人民日报》2018年3月14日，第3版。
② 《中国共产党宣传工作简史》上卷，人民出版社2022年版，第3页。
③ 石磊：《凝心铸魂谱华章——中国共产党宣传机构的百年建设》，《党建》2023年第3期。
④ 《中国共产党宣传工作简史》上卷，人民出版社2022年版，第12页。
⑤ 吴平、李文邦：《青年毛泽东这样办"最有分量"报纸》，《学习时报》2020年3月30日，第7版。
⑥ 邱明：《毛泽东与〈红色中华〉报》，《学习时报》2021年1月29日，第5版。

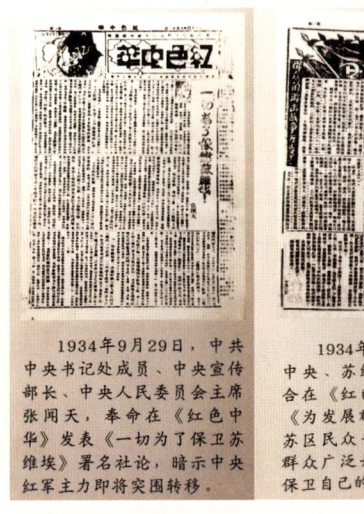

1934年9月29日，中共中央书记处成员、中央宣传部长、中央人民委员会主席张闻天，奉命在《红色中华》发表《一切为了保卫苏维埃》署名社论，暗示中央红军主力即将突围转移。

1934年10月3日，中共中央、苏维埃中央政府联合在《红色中华》报发表《为发展群众游击战争告苏区民众书》，号召苏区群众广泛开展游击战争，保卫自己的土地和家园。

◀ 在江西于都的中央红军长征出发纪念馆和江西瑞金的中央革命根据地历史博物馆学习考察时，笔者查阅到多份珍贵藏品《红色中华》报。

毛泽东同志悉心指导下，中华苏维埃共和国临时中央政府机关报《红色中华》报1931年12月11日在极为简陋的条件下创刊。《红色中华》报为宣传党的路线方针政策、建设苏维埃政权、组织发动人民群众发挥了巨大作用。①

党高度重视舆论宣传，党的队伍走到哪里，党的宣传就跟进到哪里，马克思主义思想就传播到哪里。1937年，红中社在延安改名为新中华社，简称新华社②。毛泽东同志曾说，中央留在陕北靠文武两条线指挥全国的革命斗争。武的一条线是通过电台指挥打仗，文的一条线是通过新华社指导舆论。③这生动概括了舆论宣传的重要作用和有效性体现。

1940年底建成的延安新华广播电台，积极宣传党关于抗日斗争的方针策略，报道八路军、新四军和根据地群众英勇杀敌、支援前线的事迹，揭露日本侵略者的残暴罪行和国民党顽固派反共反人民的行径。这些节目在大后方和沦陷区深受听众欢迎，很多人通过收听广播，加深了对共产党和抗日根据地的了解，不少热血青年因为从新华广播中得到教育，纷纷奔赴各根据地，加入抗日

---

① 邱明：《毛泽东与〈红色中华〉报》，《学习时报》2021年1月29日，第5版。
② 《中国共产党宣传工作简史》上卷，人民出版社2022年版，第135页。
③ 《中国共产党宣传工作简史》上卷，人民出版社2022年版，第182—183页。

斗争的时代洪流中。①1948年秋，解放战争进入夺取全国胜利的决定性阶段，为紧密配合战略进攻和战略决战的战争进程，党发动大规模宣传攻势，充分激发人民军队决战决胜的钢铁意志。这一时期，毛泽东同志撰写和修改了大量文稿，包括新闻、社论、评论、发言人谈话、广播讲话等。这些作品是毛泽东同志在历史发展的转折关头，灵活巧妙地运用新闻宣传武器指导中国革命实践的产物，"长自己的志气，灭他人的威风"，具有鲜明的战斗性和强烈的指导性，在政治、军事和宣传上收到了振聋发聩、克敌制胜的非凡效果。②撷取的上述若干历史片段有一叶知秋的视角观察作用，反映了党早期新闻实践中对新闻舆论宣传工作的高度重视、对新闻舆论作用及有效性的研究探索——新闻舆论宣传的有效性生动体现在其不断扩散的影响力上，正如马克思在论述舆论影响作用时提出的："我们也应该首先强调指出我们在论述中所遵循的观点，重新认识一般关系对当事人意志的巨大影响。"③我们党早期的这些新闻实践以及产生的传播影响，深刻反映了新闻舆论宣传通过"在论述中所遵循的观点"产生"对当事人意志的巨大影响"，这是传播影响力和传播有效性的重要体现及实现路径。

党的新闻舆论宣传工作历史悠久，内容丰富，博大精深，底蕴厚重。在浴血奋战、百折不挠的新民主主义革命时期，在自力更生、发愤图强的社会主义革命和建设时期，在解放思想、锐意进取的改革开放和社会主义现代化建设新时期，党的新闻舆论宣传工作始终坚持团结人民、鼓舞士气、凝心聚力，形成了"唤起工农千百万，同心干"的强大力量。

一个时代有一个时代的主要矛盾，一个阶段有一个阶段的中心任务。进入自信自强、守正创新的中国特色社会主义新时代，习近平总书记进一步丰富和发展了马克思主义新闻观的内涵，开辟了新时代马克思主义新闻观的新境界，新闻舆论工作坚持与党的中心工作同向而行，与党和人民同呼吸、与时代共进步，积极宣传党的主张、深入反映群众呼声，自觉在党和国家工作全局中研究谋划推进工作，发挥了十分重要的作用，新闻舆论宣传有效性概念的内涵和外

---

① 《中国共产党宣传工作简史》上卷，人民出版社2022年版，第135-136页。
② 《中国共产党宣传工作简史》上卷，人民出版社2022年版，第200页。
③ 《马克思恩格斯全集》第1卷，人民出版社1995年第2版，第384页。

延不断丰富和发展。

二、新闻传播有效性的基本构成和基本要求：遵从时度效要求，坚持"内容有效、传播有效、引导有效"

"文以贯道"。新闻舆论宣传沟通公众、动员公众、影响公众，是在人的头脑里"搞建设"、在人的心灵深处"播种子"。

党的十八大以来，习近平总书记高度重视新闻舆论工作，多次发表重要讲话，作出重要部署，围绕做好新时代党的新闻舆论工作创造性地提出了许多新思想新观点新论断，科学回答党的新闻舆论工作一系列方向性、根本性、全局性、战略性重大问题。作为习近平文化思想的重要内容，习近平总书记关于新闻舆论工作的重要论述，解决了新闻舆论工作面临的一系列理论和实践问题，丰富和发展了马克思主义新闻理论，为做好新闻舆论工作指明了前进方向、提供了根本遵循。

习近平总书记多次在治国理政各方面工作中对做好新闻舆论宣传工作提出明确要求。2023年4月3日在学习贯彻习近平新时代中国特色社会主义思想主题教育工作会议上发表重要讲话，强调"加强宣传引导"，要求"要充分发挥各级党报、党刊、电视台、广播电台等宣传主渠道作用，注重运用新媒体，深入宣传党中央部署要求，宣传主题教育的重大意义、目标任务、进展成效。创新方式方法，充分发挥主流媒体和新兴媒体作用"，"宣传正面典型，总结一批可复制可推广的好经验好做法"[①]。2022年10月16日在中国共产党第二十次全国代表大会上作报告时强调，"深入开展法治宣传教育，增强全民法治观念""用好红色资源，深入开展社会主义核心价值观宣传教育""持续抓好党史、新中国史、改革开放史、社会主义发展史宣传教育，引导人民知史爱党、知史爱国"[②]。2023年2月21日在主持二十届中央政治局就加强基础研究进行第三次集体学习时发表重要讲话强调："要在全社会大力弘扬追求真理、勇攀高峰的科学精神，广泛宣

---

① 习近平：《在学习贯彻习近平新时代中国特色社会主义思想主题教育工作会议上的讲话》，《求是》2023年第9期。
② 《习近平著作选读》第一卷，人民出版社2023年版，第35、36页。

传基础研究等科技领域涌现的先进典型和事迹，教育引导广大科技工作者传承老一辈科学家以身许国、心系人民的光荣传统，把论文写在祖国的大地上。"①

习近平总书记多次强调新闻舆论工作的效果问题，深刻提出"提高新闻舆论工作有效性""增强报道亲和力和实效性""增强舆情引导的针对性和有效性""要抓住时机、把握节奏、讲究策略，从时度效着力，体现时度效要求"等重要要求。习近平总书记关于新闻舆论工作有效性和舆论宣传效果问题的重要论述，具有很强的理论和实践价值，是做好新时代新闻舆论工作的科学指南，也是我们开展公安新闻传播有效性研究的根本遵循。

习近平总书记不断丰富和发展马克思主义新闻观的内涵，为马克思主义新闻观的中国化、时代化谱写了新篇章，具有很强的思想性、理论性和创新性——"新时代新征程，世界百年未有之大变局加速演进，中华民族伟大复兴进入关键时期，战略机遇和风险挑战并存，宣传思想文化工作面临新形势新任务，必须要有新气象新作为。"2023年10月，习近平总书记对宣传思想文化工作作出重要指示，深刻指明宣传思想文化工作面临的新形势新任务，强调"着力提升新闻舆论传播力引导力影响力公信力"②。面对新形势新任务，新闻舆论宣传工作必须在新时代科学理论指导下更加有效地开展新闻传播，坚持巩固壮大主流思想舆论，坚持团结稳定鼓劲、正面宣传为主，形成弘扬主旋律、传播正能量的舆论场，激发全社会团结奋进的强大力量。

概括来说，坚持正确政治方向、舆论导向、价值取向，致力巩固广大群众团结奋斗的共同思想基础，这是新闻传播有效性的根本要求；用党的理论、路线、方针、政策来凝聚人心、汇聚力量，推动事业发展，这是新闻传播有效性的实践路径。

具体而言，新闻传播有效性主要体现在四个方面：一是传播力有效——遵循规律、创新手段、优化资源，畅通传播渠道，及时传递信息，舆论阵地不断

---

① 《习近平在中共中央政治局第三次集体学习时强调 切实加强基础研究 夯实科技自立自强根基》，《人民日报》2023年2月23日，第1版。
② 张烁：《习近平对宣传思想文化工作作出重要指示强调 坚定文化自信秉持开放包容坚持守正创新 为全面建设社会主义现代化国家全面推进中华民族伟大复兴提供坚强思想保证强大精神力量有利文化条件》，《人民日报》2023年10月9日，第1版。

发展壮大并保持强大控制力，这是新闻传播有效性的前提和基础；二是引导力有效——强化主流舆论引导，以新闻传播引导社会舆论正确方向，通过话题设置生成热点塑造社会舆论，有效服务中心工作，这是实现新闻传播有效性的重要保证；三是影响力有效——通过新闻传播影响及校正受众的思想判断，形成主流价值认知，引领公众形成一致的意见、达成一致的行动，这是实现新闻传播有效性的核心表现；四是公信力有效——新闻传播阵地通过宣传工作赢得社会尊重和群众赞誉，自觉履行社会责任，展现良好形象，不断提升公信力，更好凝聚人心、凝聚力量，推动事业发展，这是新闻传播有效性的原点和新起点。综合地看，新闻传播有效性的基本内涵主要体现在两个方面：一是对舆论方向形成有效引导，二是对社会发展发生积极作用。

习近平总书记指出："现代管理学有一个基本原理，就是不仅要做、而且要让人知道做了什么。我们要让全国人民知道党和政府为人民做了什么、还要做什么，让世界知道中国人民为人类文明进步作出了什么贡献、还要作出什么贡献。"[1]以提升新闻传播有效性为实践目标，我们就能更好地通过新闻传播让党的声音传得更开、传得更广、传得更深入。

对各级领导干部来说，重视新闻传播有效性是基本要求。既要做得好也要讲得好，既要支持宣传部门讲又要亲自讲，既做实干家又做宣传家，是领导干部履职尽责担当有为的必备素质。要承担起政治责任和领导责任，重视和支持新闻舆论宣传工作，让党中央的路线方略、决策部署、意志主张响亮起来，凝聚目标共识，振奋精神士气。

对新闻宣传工作者来说，重视和把握新闻传播有效性是基本功。党的媒体要"能发声、发好声"，在复杂舆论场中要"会发声、发准声"，对大是大非问题要"敢发声、强发声"，遵从时度效要求，遵循传播规律，改进表达方式，大张旗鼓引导对的，理直气壮斗争错的，深入透彻宣讲好的，实现"内容有效、传播有效、引导有效"，以有力有效的新闻传播在舆论场域赢得话语权、掌握主动权。可以说，遵从时度效要求，坚持"内容有效、传播有效、引导有效"，这是实现新闻传播有效性的核心方法路径和实践要求。

---

[1] 习近平：《论党的宣传思想工作》，中央文献出版社2020年版，第121页。

（一）时度效要求是新时代做好党的新闻舆论工作的基本原则和方法论指导

习近平总书记关于时度效的科学论述和重要要求，是深化中国特色社会主义新闻舆论工作规律认识的创新理论成果，是马克思主义新闻观的新发展，既是价值观又是方法论，是政治家办报的基本功，是检验新闻舆论工作水平的重要标尺。

"时"：主要是把握舆论引导的时机和节奏，审时度势、灵活主动、赢得先机，掌握舆论场主动权。尤其是关涉重大突发性公共事件时，新闻传播更要求掌握好时机，遵循传播规律，报道播发与否、什么时候播发必须注重时机与节奏。

"度"：主要是把握新闻传播的力度和分寸，注重宣传舆论引导的量变质变关系。不断提高政治站位和政治判断力、政治领悟力、政治执行力，坚持正确舆论导向，胸有谋略、动有章法，拿捏好"分寸"、控制好"火候"，该说的说到位、该热的热起来、该冷的冷下去，传播尺度力度恰到好处。

"效"：主要是传播主流声音的实效和能力，精心设置议题，服务中心工作，营造良好舆论环境。强调以效果衡量新闻传播水平，以效果评价舆论引导能力，以效果意识倒逼新闻舆论工作创新，引领主流舆论导向，守住意识形态阵地，巩固共同思想基础，履行好新闻宣传战线使命任务。

（二）"内容有效、传播有效、引导有效"是落实新闻传播有效性要求的重要落脚点和评判标准

内容有效：有价值的事实信息是整个新闻传播活动的源头。要根据推进党和国家事业全局和当前重点工作的需要，围绕群众最迫切最关注的现实问题，借力传播话语方式创新，旗帜鲜明坚持真理，立场坚定批驳谬误，制作生产出受众乐于接受的新闻传播内容。

传播有效：传播力决定影响力，内容有效要靠传播有效来实现，引导有效要以传播有效为前提。不断创新思维，统筹各种资源，既巩固好运用好传统媒体，又建设好运用好新兴媒体，构建功能互补、覆盖广泛、便捷高效的传播体系，实现更主动、更广泛、更高效的传播。

引导有效：内容有效和传播有效较多地体现媒体专业属性，引导有效则更多体现媒体政治属性。要坚持以正确舆论引导人，做到所有传播都有利于坚持中国共产党领导和我国社会主义制度，有利于推动改革发展，有利于增进全国各族人民团结，有利于维护社会和谐稳定。讲导向，这是最重要最根本的导向；讲有效，这是最重要最根本的有效。

有效性是新闻传播价值所在。所有工作都是为了既定目标和实现有效性，奔着目标去才不会跑偏，新闻传播工作亦是如此。提升有效性是实现新闻传播活动价值的必由之路，是检验新闻舆论宣传阵地实战能力的重要标尺。缺乏有效性，新闻舆论阵地就难以承担党赋予的职责使命，难以守牢意识形态前沿阵地，新闻传播活动本身也将失去价值和意义。

三、把握公安新闻传播的有效性要求，进一步提升公安新闻传播力、引导力、影响力、公信力

党的二十大报告强调要巩固壮大奋进新时代的主流思想舆论，提出加强全媒体传播体系建设，塑造主流舆论新格局，并对深入开展法治宣传教育、深入开展社会主义核心价值观宣传教育和持续抓好党史、新中国史、改革开放史、社会主义发展史宣传教育等作出了具体部署。

党的二十大提出的重要要求，彰显了习近平总书记和党中央对新闻舆论工作的高度重视、对新时代新闻传播规律的深刻把握，为公安新闻舆论宣传战线更好履行职责使命进一步指明了方向、提供了遵循。

公安新闻舆论宣传工作是党的宣传思想工作的重要内容。重视新闻传播有效性是公安舆论宣传工作围绕中心、服务大局的必然要求。公安工作是党和国家工作的重要组成部分，公安机关是党和人民手中掌握的"刀把子"，必须更加自觉地在党和国家工作全局中研究谋划公安工作，积极适应人民群众对公安工作提出的新期待新要求。作为公安工作的重要组成部分，公安新闻舆论宣传同样必须服从服务于全党和全国工作的大局，不能脱离大局，更不能影响或者干扰这个大局。站稳了这个根本立场，就能充分理解公安新闻传播有效性的基本

要求和意义所在。

有效性是衡量公安新闻传播工作水平、评价公安新闻舆论引导能力的重要标尺。注重新闻传播有效性是对公安新闻宣传工作者的基本要求。提出和深入讨论有效性概念，符合政治家办报办刊办网要求。提升政治家办报办刊办网的能力和水平，其中关键的一点，就是要看新闻舆论宣传工作的传播实效。公安新闻舆论宣传工作担负着宣传党的理论、传播党中央声音、服务公安中心工作的重要职责。提升公安新闻传播有效性是事关职责使命的重要命题，内涵丰富，针对性强，值得深入探讨、重点研究。

同时，提出和深入讨论有效性概念，符合当前公安新闻传播实际需要。党的十八大以来，公安事业蓬勃发展，公安新闻宣传工作弘扬主旋律、传播正能量，与时代脉搏同频共振，取得长足进步，但当前也面临新的挑战，在改革发展稳定任务艰巨繁重、社会思想观念多元、媒体格局深刻变化的现实状况下，开展公安新闻传播有效性研究，将有助于公安新闻宣传阵地适应新发展新变化，提升传播力、引导力、影响力、公信力，加强公安主流舆论阵地建设。

第二章

党的宣传阵地必须姓党

——党是领导一切的。坚持党的绝对领导、全面领导,是公安新闻舆论宣传工作沿着正确方向前进的根本保证,是公安新闻传播有效性的根本指引

党和人民的事业需要坚强有力的"枪杆子""笔杆子"。一手抓"枪杆子"，一手抓"笔杆子"，是我们党的优良传统。1939年12月9日，毛泽东同志在延安各界纪念一二·九运动四周年大会上发表讲话，提出"笔杆子跟枪杆子结合起来"的思想，指出有了这个结合，"什么帝国主义也不怕，什么顽固分子也不怕"①。党管宣传是一条铁律，任何时候都不能有丝毫含糊、丝毫动摇。党性原则是舆论宣传工作的根本原则。正是始终坚持和加强党对新闻舆论工作的领导，新闻宣传战线把责任扛在肩上，推动不同历史时期的新闻舆论工作为党和国家事业发展持续营造了良好舆论环境。

2023年10月，习近平总书记对宣传思想文化工作作出重要指示，强调"着力加强党对宣传思想文化工作的领导，着力建设具有强大凝聚力和引领力的社会主义意识形态"②。实践充分表明，坚持和加强党的全面领导是做好新时代新征程宣传思想文化工作的根本保证。加强党对宣传思想文化工作的全面领导，才能为担负起新的文化使命提供坚强政治保证。

作为党的宣传思想文化工作的重要内容，公安新闻舆论宣传必须坚持"党媒姓党"，旗帜鲜明坚持党性原则，更好担负起宣传党的科学理论、传播党中央声音、服务中心工作、激励警心斗志，为公安事业营造良好舆论环境的重要职责。

作为公安机关的一支重要组成力量，公安新闻舆论宣传战线必须坚持"公安姓党"，站稳政治立场，切实把党的领导落实到公安新闻宣传工作各方面全过程，确保党的路线方针政策和各项重大决策部署得到不折不扣贯彻落实。

一、马克思主义新闻观从不隐瞒自己的党性，鲜明要求新闻舆论宣传工作必须坚持党性原则，这是提升新闻传播有效性的根本前提和政治保证

坚持党性原则，最根本的是坚持党对新闻舆论工作的领导。无论时代如何

---

① 《中国共产党宣传工作简史》上卷，人民出版社2022年版，第115-116页。
② 张烁：《习近平对宣传思想文化工作作出重要指示强调 坚定文化自信秉持开放包容坚持守正创新 为全面建设社会主义现代化国家全面推进中华民族伟大复兴提供坚强思想保证强大精神力量有利文化条件》，《人民日报》2023年10月9日，第1版。

发展、媒体格局如何变化，党管媒体的原则和制度不能变。党和政府主办的媒体必须姓党。习近平总书记深刻指出："党性原则是党的新闻舆论工作的根本原则。党管宣传、党管意识形态、党管媒体是坚持党的领导的重要方面。党性原则不仅要讲，而且要理直气壮讲，不能躲躲闪闪、扭扭捏捏。"①《共产党宣言》明确提出："共产党人不屑于隐瞒自己的观点和意图。"②作为无产阶级政党领导的新闻舆论事业的指导思想和行动指南，马克思主义新闻观始终毫不隐瞒自己的党性，并把党性原则作为新闻舆论工作的根本原则。马克思、恩格斯一向把党的报刊看作党的事业的一部分，历来强调党报党刊应该遵守党的纲领，阐述党的主张，按照党的精神进行工作，决不容忍党的机关报刊脱离党的组织，背离党的纲领。马克思、恩格斯认为，"党需要的首先是一个政治性机关报"③。"绝对放弃政治是不可能的；主张放弃政治的一切报纸也在从事政治。问题只在于怎样从事政治和从事什么样的政治。"④马克思、恩格斯的党报思想为无产阶级党报理论与党报传统的形成奠定了思想基础，同时也为马克思主义新闻观奠定了理论基石。

在继承马克思、恩格斯党报思想基础上，列宁使用了"出版物党性"概念，并对党报党性原则作出全面而系统的论述。1905年11月，列宁在《党的组织和党的出版物》一文中提出了出版物的党性原则问题，明确指出，"出版物应当成为党的出版物""写作事业应当成为整个无产阶级事业的一部分"⑤，而一切无党性现象都是绝对不允许的："无党性的写作者滚开"⑥，以及"报纸应当成为各个党组织的机关报"⑦"写作者一定要参加到各个党组织中去"⑧等。这些观点作为列宁对马克思、恩格斯党报思想的重要发展，为后来各国无产阶级党报指明了坚

---

① 习近平：《论党的宣传思想工作》，中央文献出版社2020年版，第181页。
② 共产党员网，2018年4月24日，来源：中央编译局。
③ 《马克思恩格斯全集》第34卷，人民出版社1972年版，第360页。
④ 《马克思恩格斯全集》第17卷，人民出版社1963年版，第449页。
⑤ 《列宁全集》第12卷，人民出版社1987年版，第93页。
⑥ 《列宁全集》第12卷，人民出版社1987年版，第93页。
⑦ 《列宁全集》第12卷，人民出版社1987年版，第94页。
⑧ 《列宁全集》第12卷，人民出版社1987年版，第94页。

持党性原则的方向和路径。

中国共产党始终将马克思主义作为自己的指导思想和理论基础，把马克思主义写在自己的旗帜上，在新闻舆论领域始终毫不动摇地坚持和发展马克思主义新闻观，从建党之初就确立了新闻舆论工作党性原则，并成为党领导新闻舆论工作一以贯之的优良传统。

1921年7月，中国共产党第一次全国代表大会通过党的第一个决议，将党的宣传单列一个部分，明确规定：不论中央或地方出版的一切出版物，其出版工作均应受党员的领导。任何出版物，无论是中央的或地方的，均不得刊登违背党的原则、政策和决议的文章。[①]在长期的革命斗争实践中，毛泽东同志根据我国政治、经济和社会状况的不同特点，以及中国共产党所肩负的特殊使命，对党报性质、任务、功能、工作原则、工作方法等作出了许多新的理论概括和阐释，有力地推动马克思主义新闻观开启特色鲜明的中国化进程。毛泽东同志对党报功能作用作出明确阐释："报纸的作用和力量，就在它能使党的纲领路线，方针政策，工作任务和工作方法，最迅速最广泛地同群众见面。"[②]从党报性质任务出发对党报必须坚持党性原则提出明确要求，明确"我们共产党人从来认为隐瞒自己的观点是可耻的。我们党所办的报纸，我们党所进行的一切宣传工作，都应当是生动的，鲜明的，尖锐的，毫不吞吞吐吐"[③]，强调"各地党报必须无条件地宣传中央的路线和政策"[④]。

新中国成立初期，我们党对教育科学文化卫生事业除旧布新，掌握舆论工具，确立马克思主义在全国的指导地位。在接管城市中，把作为舆论宣传、大众传播重要工具的报纸、刊物、电台、通讯社等文化事业，完全置于党和国家的统一领导之下。[⑤]邓小平同志突出强调新闻工作必须毫不动摇地坚持党性原则，提出"党报党刊一定要无条件地宣传党的主张"，"在什么范围讨论，用什么形式讨论，要合乎党的原则，遵守党的决定。否则，如果人人自行其是，不在行

---

① 《中国共产党宣传工作简史》上卷，人民出版社2022年版，第17-18页。
② 《毛泽东选集》第4卷，人民出版社1991年第2版，第1318页。
③ 《中国共产党宣传工作简史》上卷，人民出版社2022年版，第219页。
④ 《中国共产党宣传工作简史》上卷，人民出版社2022年版，第221页。
⑤ 《中国共产党简史》，人民出版社、中共党史出版社2021年版，第164-165页。

动上执行中央的方针政策和决定，党就要涣散，就不可能统一，不可能有战斗力"①。江泽民同志指出，"党的新闻事业与党休戚与共，是党的生命的一部分"，把舆论工作看作"党和国家的前途命运所系的工作"②。胡锦涛同志强调，必须坚持党性原则、牢牢把握正确舆论导向，要求新闻工作要把体现党的主张和反映人民心声统一起来，把坚持正确导向和通达社情民意统一起来。③

党的十八大以来，以习近平同志为核心的党中央高度重视党的新闻舆论工作。习近平总书记多次强调新闻舆论工作必须坚持党性原则，强调"党和政府主办的媒体是党和政府的宣传阵地，必须姓党。党的新闻舆论媒体的所有工作，都要体现党的意志、反映党的主张，维护党中央权威、维护党的团结，做到爱党、护党、为党"④。

党的十八大以来，习近平总书记对加强和改进新闻舆论工作提出了一系列新观点、新论断、新要求，科学回答了新闻工作长远发展的一系列根本性、战略性问题，深刻阐述党的新闻舆论工作必须坚持正确政治方向，切实加强和改善党对新闻舆论工作的领导。习近平文化思想是新时代党的新闻舆论工作不断高质量发展的行动纲领和根本遵循。

党性原则是党的新闻舆论工作的根本原则，坚持党管宣传、党管意识形态、党管媒体，是做好党的新闻舆论宣传工作力量所在、优势所在。无论时代如何发展、媒体格局如何变化，党的新闻媒体的所有工作，都要体现党的意志、反映党的主张，维护党中央权威、维护党的团结；都要增强看齐意识，在思想上政治上行动上同党中央保持高度一致；都要坚持党性和人民性相统一，把党的理论和路线方针政策变成人民群众的自觉行动，及时把人民群众创造的经验和面临的实际情况反映出来，丰富人民精神世界，增强人民精神力量。

---

① 《邓小平文选》第二卷，人民出版社1994年版，第272页。
② 《江泽民文选》第一卷，人民出版社2006年版，第564页。
③ 吴绮敏、孙承斌：《唱响奋进凯歌 弘扬民族精神——记胡锦涛总书记在人民日报社考察工作》，新华社北京2008年6月20日电。
④ 《习近平谈治国理政》第二卷，外文出版社2017年版，第332页。

二、坚持党性原则，最根本的是坚持党对新闻舆论工作的领导。加强和改善党对新闻舆论工作的领导，是新闻舆论工作顺利健康发展的根本保证，是提升新闻传播有效性的根本前提

办好中国的事情，关键在党。坚持和加强党的全面领导，是党的十八大以来取得的最重要成就之一，是中国特色社会主义事业取得成功的根本政治保证。

《中共中央关于党的百年奋斗重大成就和历史经验的决议》以"十个坚持"系统总结党百年伟大奋斗所积累的宝贵历史经验，并把"坚持党的领导"放在首位。我们党是中国特色社会主义事业的坚强领导核心，中国特色社会主义最本质的特征是中国共产党领导，中国特色社会主义制度的最大优势是中国共产党领导，党是最高政治领导力量。包括公安工作在内，所有领域、所有方面都必须坚定坚持党的领导。在坚持党的领导这个重大原则问题上，公安新闻舆论宣传战线必须保持高度的思想自觉、政治自觉、行动自觉，丝毫不能动摇。

2023年10月，习近平总书记作出重要指示，对宣传思想文化工作提出"七个着力"的要求，第一点就是着力加强党对宣传思想文化工作的领导，这也是我们开展工作的重要遵循。2016年2月，在党的新闻舆论工作座谈会上，习近平总书记强调："党的新闻舆论工作坚持党性原则，最根本的是坚持党对新闻舆论工作的领导。"[①]党和政府主办的媒体是党和政府的宣传阵地，必须姓党。党的新闻舆论媒体的所有工作，都要体现党的意志、反映党的主张，维护党中央权威、维护党的团结，做到爱党、护党、为党。

（一）中国共产党是领导我们各项事业的核心力量。党的领导是公安新闻舆论宣传工作的根本依靠，牢牢把握"公安姓党""党媒姓党"，是公安新闻舆论宣传工作不断走向新胜利的根本优势和根本保证，是推动公安新闻舆论宣传工作发展、保证公安新闻传播有效性之"魂"

马克思主义认为，自从社会化大生产发展起来后，人类的生产活动更需要高度的组织与协调、有力的指挥与权威。无产阶级政党是先进生产力和生产关

---

① 《习近平谈治国理政》第二卷，外文出版社2017年版，第332页。

系的代表，在建立和建设新社会、领导社会革命的进程中，必须形成统一的步伐、一致的行动，掌握对各种社会力量、社会资源、社会活动的领导权。①"党是领导一切的"——中国社会主义革命和建设的实践早已证明，没有共产党，就没有新中国，就没有新中国的繁荣富强，就没有中华民族的伟大复兴。坚持中国共产党这一坚强领导核心，是中华民族的命运所系。党政军民学，东西南北中，党是领导一切的，其中必然包括对新闻事业的领导。新闻事业是党领导的社会主义事业的有机组成部分。

"公安姓党"——公安机关是人民民主专政的重要工具，是党和人民手中掌握的"刀把子"。这一政治基因和人民立场，必然地要求公安机关必须坚持党的领导，坚决把党的领导贯彻落实到公安工作和公安队伍建设各方面全过程，做到绝对忠诚、绝对纯洁、绝对可靠。公安新闻舆论宣传工作是公安工作的重要组成部分，只有牢牢把握"公安姓党"这一根本政治属性，坚持党的绝对领导，才能确保坚定正确政治方向。要深刻领悟"两个确立"的决定性意义，增强"四个意识"、坚定"四个自信"、做到"两个维护"，始终心系"国之大者"，不断提高政治判断力、政治领悟力、政治执行力，严格遵守党的政治纪律和政治规矩，坚决把正确舆论导向放在第一位，切实做到党中央提倡的坚决响应、党中央决定的坚决执行、党中央禁止的坚决不做，确保公安新闻舆论宣传队伍坚定纯洁、让党放心。

"党媒姓党"——加强和改善党对新闻舆论工作的领导，是新闻舆论工作顺利健康发展的根本保证。公安工作具有很强的政治性、政策性、法律性，公安新闻舆论宣传工作是一项综合性非常强的重要工作，必须在党的坚强领导下，才能不断获得创新发展的政治优势和实践动能。在公安新闻舆论宣传工作中，党的领导提供政治保证，发挥党的领导作用和党的领导制度优势，坚持统一领导、统一指挥、统一调度，把党对宣传思想和新闻舆论工作强大的组织能力和治理能力体现在公安新闻舆论宣传的策划、执行、落地、反馈全过程，充分发挥基层党组织战斗堡垒作用和党员先锋模范作用，更好推动公安新闻宣传阵地

---

① 《习近平新时代中国特色社会主义思想学习问答》，学习出版社、人民出版社2021年版，第430页。

形成强大合力,提升公安新闻传播有效性,打赢一场场公安新闻宣传报道战役。

(二)没有脱离政治的公安新闻业务工作。把握正确的政治方向、舆论导向、价值取向,更好为党和国家工作大局服务、为公安中心工作服务、为广大民警和人民群众服务,是推动公安新闻宣传工作前进发展、保证新闻传播有效性之"源"

2018年6月29日,在十九届中央政治局第六次集体学习时,习近平总书记讲过这样一个故事:"红军过草地的时候,伙夫同志一起床,不问今天有没有米煮饭,却先问向南走还是向北走。这说明在红军队伍里,即便是一名炊事员,也懂得方向问题比吃什么更重要。如果在方向问题上出现偏离,就会犯颠覆性错误。"[1]前行首先要确保正确的方向。做好党的新闻舆论工作,必须坚持以党的旗帜为旗帜、以党的方向为方向、以党的意志为意志,确保在任何时候、任何情况下都坚决听党话、跟党走。坚持党的领导,把握正确的政治方向、舆论导向、价值取向,让党的旗帜在新闻舆论宣传阵地高高飘扬,这是公安新闻宣传工作的正确"方向感"。

1. 把握正确的政治方向

鞋子合脚了,就不怕山高路远;方向对了,就要一往无前。政治方向是新闻事业生存发展第一位的问题。新闻舆论宣传工作必须坚持正确政治方向,坚持为人民服务、为社会主义服务、为党和国家工作大局服务,始终同党中央保持高度一致,紧跟中央节拍,及时宣传党的声音,坚定宣传党的理论和路线方针政策,坚定宣传党中央重大决策部署,在思想上政治上行动上同党中央保持高度一致。

心有所信,才能致行千里。公安新闻宣传事业能不能继续高质量发展前进,最关键的就是方向是不是正确、政治保证是不是坚强有力。只有毫不动摇地坚持党的绝对领导,牢牢把握正确政治方向,包括公安新闻宣传工作在内的公安各项事业才能永葆旺盛生命力和强大战斗力。环境越是纷繁复杂,越是关键重要时候,就越要把政治方向摆在第一位,坚定听党话,永跟党旗走,对公安新

---

[1] 习近平:《增强推进党的政治建设的自觉性和坚定性》,《求是》2019年第14期。

闻宣传战线来说，这是永不褪色的政治誓言，也是永不变异的政治基因。

2. 把握正确的舆论导向

"文者，贯道之器也。"正确导向是媒体的灵魂，也是新闻宣传工作的生命线。新闻舆论工作各个方面、各个环节都要坚持正确舆论导向。习近平总书记指出："舆论导向正确，就能凝聚人心、汇聚力量，推动事业发展；舆论导向错误，就会动摇人心、瓦解斗志，危害党和人民事业。"[①]新闻宣传一旦出了问题，舆论工具一旦不掌握在真正的马克思主义者手中，不按照党和人民的意志、利益进行舆论导向，就会带来严重的危害和巨大的损失。

正确的舆论导向源自坚定的政治敏锐性和政治鉴别力。公安新闻传播具有鲜明的政治属性，讲导向不能含糊、抓导向不能放松，始终坚持马克思主义新闻观，牢牢坚持团结稳定鼓劲、正面宣传为主的基本方针，不断提升做好新闻舆论引导能力，以正确的舆论导向引导全警铸牢忠诚警魂，推动形成奋发向上、团结奋斗的磅礴力量。

正确的舆论导向体现在公安新闻传播的各个方面各个环节。不同媒体平台可以在标题制作、内容呈现、技术手段等方面有不同，但决不能在舆论导向上有差别，坚决杜绝出现与党中央的要求不一致的杂音、噪音。公安新闻传播的舆论导向问题，不仅报纸杂志等传统媒体要讲，新媒体也要讲；不仅消息通讯、评论理论、深度报道要讲，副刊、专题、广告也要讲；不仅新闻采写编评业务人员要讲，公安新闻宣传阵地整个传播链条上的所有人都要讲。

3. 把握正确的价值取向

传播生态深刻变革，各类信息纷繁复杂。新闻舆论宣传工作具有特殊重要性，传播什么、不传播什么、怎么传播、传播到什么范围，这里面就有个价值取向和内容取舍问题。

公安新闻传播必须坚持正确的价值取向。坚持培育和弘扬社会主义核心价值观，用社会主义核心价值观凝聚人心，不断夯实中国特色社会主义的思想道德基础，弘扬正能量，凝心聚力、鼓舞斗志，同心同德、团结奋斗。坚持以人

---

① 习近平：《论党的宣传思想工作》，中央文献出版社2020年版，第185页。

民为中心,人民公安为人民,服务人民是立警之本,公安新闻传播要坚持以人民为中心的工作导向,始终对民警和广大群众满怀深厚感情,真诚倾听和反映广大公安民警心声,突出宣传公安机关维护国家政治安全和社会稳定的生动实践,广泛传播公安机关先进典型的感人事迹和崇高品格,坚守公平正义,弘扬法治精神,切实做党的政策主张的传播者、时代风云的记录者、社会进步的推动者、公平正义的守望者。

(三)意识形态工作本质上是政治工作。新闻舆论工作处在意识形态斗争最前沿。公安新闻传播要坚持在党的领导下开展意识形态斗争,守好意识形态阵地

意识形态工作是党的一项极端重要的工作,是为国家立心、为民族立魂的工作。做好意识形态工作,事关党的前途命运,事关国家长治久安,事关民族凝聚力和向心力。

新闻舆论是上层建筑、意识形态的重要组成部分。新闻舆论工作处在意识形态阵地的最前沿,新闻媒体是各种势力争夺的重要阵地。当前,意识形态领域斗争尖锐复杂,公安新闻传播必须切实把党的领导、党的意志、党的主张贯彻到具体工作和活动之中,旗帜鲜明、立场坚定,坚持真理、批驳谬误,激浊扬清、正本清源。

2021年2月,仇某(微博名"辣笔小球")发布诋毁贬损卫国戍边英雄的违法言论,造成恶劣社会影响,当晚被公安机关抓获。同年5月31日,仇某因犯侵害英雄烈士名誉、荣誉罪一审被判有期徒刑8个月。次日,《人民公安报》刊发评论《"辣笔小球"获刑八个月属罪有应得》,态度鲜明地指出"依法治理,不枉不纵,罪有应得,大快人心",发出"所有为博取关注而信口雌黄甚至居心叵测兴风作浪诋毁英烈的行径,都将付出沉重代价"的警示提醒,作出"公安机关将坚决依法依规严厉打击诋毁、贬损、侮辱英雄烈士违法犯罪行为,坚决维护英雄烈士名誉和荣誉,坚决守护和捍卫英烈尊严"的权威表态,有力引导舆论,弘扬主旋律,传播正能量。

党性原则是意识形态工作的根本原则,是牢牢掌握新闻舆论主导权、占领

"辣笔小球"获刑八个月属罪有应得

□ 李 刚

5月31日，仇子明（新浪微博名"辣笔小球"）因犯侵害英雄烈士名誉、荣誉罪一审被判有期徒刑8个月。这是3月1日刑法修正案（十一）实施后这一新罪名全国首例宣判。我们为此叫好：依法治理，不枉不纵，罪有应得，大快人心！

从2月19日仇子明发布信息贬低、嘲讽卫国戍边英雄烈士，到当晚被公安机关抓获，再到5月31日获刑，正义的时间线清晰而有力。仇子明获刑，网友一边倒地拍手称快，说明崇尚英雄、捍卫英烈已成社会共识，说明维护良好网络空间是得民心顺心意之举。英雄烈士的事迹和精神，是中华民族的共同历史记忆和宝贵精神财富。政法机关的正义之举，激浊扬清、以儆效尤，向全社会传递出国家捍卫英雄荣光的正能量，传递出旗帜鲜明反对历史虚无主义、打击抹黑英烈行为的鲜明立场，传递出建设良好网络生态的坚定决心。

严惩键盘宵小，扫除跳梁小丑。网络不是法外之地，《中华人民共和国英雄烈士保护法》、刑法修正案（十一）等一系列法律法规为保护英烈权益提供了有力法律武器。心无敬畏、目无法纪、侮辱英烈的丑行触犯法律红线，为人所不齿。所有为博取关注而信口雌黄甚至居心叵测兴风作浪诋毁英烈的行径，都将付出沉重代价。公安机关将坚决依法依规严厉打击诋毁、贬损、侮辱英雄烈士违法犯罪行为，坚决维护英雄烈士名誉和荣誉，坚决守护和捍卫英烈尊严。

▲ 公安部新闻传媒中心所属《人民公安报》第一时间刊发评论《"辣笔小球"获刑八个月属罪有应得》，有力引导舆论，弘扬主旋律，传播正能量。

意识形态主阵地的根本要求。"坚持党性，核心就是坚持正确政治方向，站稳政治立场，坚定宣传党的理论和路线方针政策，坚定宣传中央重大工作部署，坚定宣传中央关于形势的重大分析判断，坚决同党中央保持高度一致，坚决维护中央权威。"① 公安新闻宣传阵地必须始终保持政治上的清醒和坚定，坚持马克思主义在意识形态领域的指导地位，坚持守土有责、守土尽责，在一些重大问题、敏感问题和热点问题上，坚定政治立场、坚持政治方向、明确政治观点，既理直气壮进行正面宣传，又旗帜鲜明批判错误思潮，撒下正能量的种子，浇灭负能量的苗头，做到所有公安新闻传播都有利于维护广大人民群众的根本利益，有利于维护社会和谐稳定，有利于维护法律尊严，有利于公安工作发展进步。

---

① 《习近平谈治国理政》第一卷，外文出版社2014年版，第154页。

三、公安新闻传播是政治性很强的业务工作，也是业务性很强的政治工作。必须坚持马克思主义新闻观，遵循新闻传播规律，推进新闻队伍建设，确保生产更多优质内容，提升公安新闻传播有效性

习近平总书记在强调舆论的巨大社会功能时提出"好的舆论"和"不好的舆论"两个浅显易懂而又内涵丰富的词组，指出：好的舆论可以成为发展的"推进器"、民意的"晴雨表"、社会的"黏合剂"、道德的"风向标"，不好的舆论可以成为民众的"迷魂汤"、社会的"分离器"、杀人的"软刀子"、动乱的"催化剂"。①公安新闻传播是政治性很强的业务工作，也是业务性很强的政治工作。必须坚持马克思主义新闻观，坚持遵循新闻传播规律和媒体发展规律，坚持建设优秀的公安新闻舆论宣传队伍，生产优质有效的公安新闻传播产品，推动生成更多"好的舆论"。

1. 坚持马克思主义新闻观，做到"知之而后信之，信之而后行之"

马克思主义新闻观是党的新闻理论和新闻工作的灵魂，是马克思主义立场、观点、方法在新闻舆论工作方面的根本体现，必须牢牢坚持。这一科学理论以党性原则为根本原则，强调坚持党的领导、党报党刊是党的重要思想武器和政治家办报、代表人民大众的利益、实事求是、注重调查研究等。

习近平总书记对党的宣传思想和新闻舆论工作创造性地提出阐释了一系列新思想新观点，提出了许多新任务新要求，思想深邃，内涵丰富，是马克思主义新闻观的新发展，深刻回答了党的新闻舆论工作中一系列重大理论和实践问题，丰富和发展了党的新闻舆论工作理论，是我们做好新时代公安新闻传播工作的根本遵循和科学指南。

用马克思主义新闻观指导新闻实践，关键是做到学而信、学而用、学而行。公安新闻传播队伍要认真学习领会习近平文化思想，坚持马克思主义新闻观这一灵魂和"准星"，坚持党性原则，坚持以人民为中心的工作导向，始终用马克思主义立场观点方法想问题、看事情、做工作。

---

① 《习近平关于社会主义文化建设论述摘编》，中央文献出版社2017年版，第38页。

2. 既要强调新闻工作的党性，又不可忽视新闻工作自身的规律性

新时代我们党对新闻舆论工作的规律性认识进入了一个新境界。2014年8月18日，习近平总书记在主持召开中央全面深化改革领导小组第四次会议时发表重要讲话强调"推动传统媒体和新兴媒体融合发展，要遵循新闻传播规律和新兴媒体发展规律"；2016年2月19日，在党的新闻舆论工作座谈会上要求"尊重新闻传播规律，创新方法手段"。总书记既讲是什么、为什么，又讲怎么看、怎么办，既部署"过河"的任务，又指导解决"桥或船"的问题，为我们提供破解难题的金钥匙："党的新闻舆论工作必须创新理念、内容、体裁、形式、方法、手段、业态、体制、机制，增强针对性和实效性"①。这些重要论述体现了习近平总书记对新闻传播规律和新闻媒体发展趋势的深刻洞察，具有强烈的创新意识、时代精神和实践指向。

——遵循新闻真实性规律。真实性是新闻的生命，是新闻传播的基本规律和基本要求。新闻传播的真实性原则是我们党实事求是思想路线在新闻传播领域的具体运用。事实是新闻的本源，虚假是新闻的天敌。新闻传播要体现有效性，首先要面临新闻真实性方面的考量。要坚持马克思主义立场、观点、方法，搞清楚是个别真实还是总体真实，既要准确报道个别事实，还要从宏观上把握和反映事件或事物的全貌。

——遵循新闻时度效规律。时度效要求是新闻传播规律的重要内容。习近平总书记强调："时度效是检验新闻舆论工作水平的标尺。不管是主题宣传、典型宣传、成就宣传，还是突发事件报道、热点引导、舆论监督，都要从时度效着力、体现时度效要求。"②时度效要求作为马克思主义新闻观中国化的最新成果，既是价值观又是方法论，更是政治家办报的基本功。"时"主要指新闻传播的时宜、时效、时机，"度"主要指新闻传播的角度、态度、力度，"效"主要指新闻传播的效果、效应、效能。遵循新闻时度效规律，就要求我们抓住时机、把握节奏、讲究策略，要恰到好处，让该热的热起来、该冷的冷下去，该鼓劲的

---

① 杜尚泽：《习近平在党的新闻舆论工作座谈会上强调 坚持正确方向创新方法手段 提高新闻舆论传播力引导力》，《人民日报》2016年2月20日，第1版。

② 《习近平关于社会主义文化建设论述摘编》，中央文献出版社2017年版，第46页。

鼓劲、该纠偏的纠偏、该说的说到位。

——遵循新闻价值规律。充分发挥公安新闻宣传和舆论引导作用，提高议题设置能力，准确传达党中央的权威声音，及时反映公安部党委的工作部署，紧密围绕公安中心工作，及时报道公安机关工作动态、先进经验、典型案例、优秀人物事迹，发好公安声音，唱响主旋律，做好重大主题宣传，为公安事业发展创造良好舆论环境。

——遵循媒体融合发展规律。顺应媒体发展趋势，强化互联网思维，统筹采编资源，强化传播渠道和载体创新，加快公安机关自有新媒体集群矩阵建设，利用微信公众号、微博、抖音、快手、今日头条等新媒体平台，推动传统媒体与新兴媒体融合发展，实现生产内容与传播渠道的全流程优化，更好把握媒体分众化发展趋势，扩大传播时效和覆盖面，不断提高主流舆论引导能力。

▶《人民公安报》2023年9月19日推出杭州第19届亚运会融媒体报道，文字、图片、音视频融合，二维码关联，多平台发布。通过统筹采编资源，实现新闻信息内容的一次性采集、多媒体呈现、多渠道传播。

3. 加强公安新闻传播队伍建设，坚持政治家办报、办刊、办网、办新媒体

政治路线确定之后，干部就是决定因素。公安队伍是国家重要的治安行政和刑事司法力量，是一支特殊的纪律部队，承担着捍卫政治安全、维护社会安定、保障人民安宁的重要使命任务，作为公安队伍的重要组成部分，公安新闻舆论宣传队伍在坚持党的领导、恪守党性原则上必须坚持高标准严要求。

新闻舆论宣传工作的领导权必须牢牢掌握在真正忠诚于马克思主义、忠诚于党和人民的人手里。习近平总书记指出："如果在坚持党性这个根本问题上没有明确观点和立场，那就是政治上不合格，就没有做党的宣传思想工作最起码的资格。"[①]新闻舆论工作的领导权、管理权、话语权，任何时候都不能旁落。

列宁在1905年发表的《党的组织和党的出版物》一文中指出："每个人都有自由写他所愿意写的一切，说他所愿意说的一切，不受任何限制。但是每个自由的团体（包括党在内），同样也有自由赶走利用党的招牌来鼓吹反党观点的人。"[②]在组织上，新闻宣传机构内"鼓吹反党观点的人"必须被"赶走"，由忠于马克思主义、忠于党和人民的人管理运行，严守党的新闻宣传纪律，严格执行党的决定，时刻对照党的理论和路线方针政策、对照党章党规党纪、对照初心使命，锻造过硬新闻舆论宣传铁军，牢牢把握正确的舆论导向。

※ ※ ※

东风浩荡，大道同行。

处在中华民族伟大复兴的关键时期，置身世界百年未有之大变局，新闻舆论宣传工作比以往任何时候都更加需要高举党的旗帜、加强党的领导，更加需要充分发挥党总揽全局、协调各方的领导核心作用，全面贯彻党管宣传、党管意识形态、党管媒体原则，让党的主张占据制高点，让党的声音成为时代最强音。

---

① 《习近平关于社会主义文化建设论述摘编》，中央文献出版社2017年版，第24-25页。
② 《列宁全集》第12卷，人民出版社1987年版，第95页。

党的领导是新闻舆论宣传工作前进发展的根本保证。正是因为始终坚持党的领导，公安新闻舆论宣传工作走过了很不平凡的发展历程，从"铅与火"到"光与电"再到"数与网"，始终志不改、道不移，严守政治纪律，强化政治担当，大力传播党的理论创新成果，创作大量优秀公安新闻传播作品，公安新闻舆论宣传事业大踏步发展。

在党的坚强领导下，我们才能更加深刻认识公安新闻传播有效性的丰富内涵和外延，才能不断在实践发展中保证有效性、实现有效性、丰富有效性。有效性是新闻舆论宣传工作的价值所在。有效性弱甚至缺乏有效性，新闻舆论工作就难以承担党赋予新闻舆论宣传战线的职责使命，新闻传播活动本身也将失去其价值和意义。

综合本章节以上论述，我们可以得出三方面的清晰结论：在指导思想上，马克思主义新闻观从不隐瞒自己的党性，鲜明要求新闻舆论宣传工作必须坚持党性原则，这是保证公安新闻传播有效性的根本前提；在政治领导上，坚持党的领导、以党的方向为方向，是实现公安新闻传播有效性的根本保证；在业务规律上，既要强调新闻工作的党性，又不可忽视新闻工作的规律性，既要科学把握新时代公安工作规律，又要准确把握全媒体时代新闻传播规律，这是不断提升公安新闻传播有效性的科学方法论。

奋进新时代，奔赴充满光荣和梦想的远征，新闻舆论宣传工作统一思想、凝聚力量的重要性更加突出，任务愈加繁重。公安机关所有的报刊网微媒体平台、所有的公安新闻宣传产品内容，都要坚定不移地贯彻党管媒体原则，牢牢把握正确政治方向、舆论导向、价值取向，围绕中心、服务大局，深刻认识党中央关于新时代公安工作的职责定位，更好承担起举旗帜、聚民心、育新人、兴文化、展形象的使命任务，真正实现公安新闻传播有效性要求。

第三章

"把握时代的脉搏,认识新闻的作用"

——有效性是新闻传播力量的核心体现。为公安工作提供坚强思想保证和强大精神力量,是公安新闻传播有效性的价值内涵、目标指向和功能定位

2019年6月底,党中央印发一份重要文件。

作为党的历史上第一部关于宣传工作的主干性、基础性法规,《中国共产党宣传工作条例》(以下简称《条例》)鲜明提出了我们党宣传工作的根本任务——高举中国特色社会主义伟大旗帜,巩固马克思主义在意识形态领域的指导地位,巩固全党全国人民团结奋斗的共同思想基础,建设具有强大凝聚力和引领力的社会主义意识形态,建设具有强大生命力和创造力的社会主义精神文明,建设具有强大感召力和影响力的中华文化软实力。①

牢牢把握《条例》首次明确的宣传工作"一个高举""两个巩固""三个建设"根本任务,对有效开展宣传思想工作,自觉担当举旗帜、聚民心、育新人、兴文化、展形象的使命任务,鼓舞和动员全党全国各族人民齐心协力、顽强拼搏,为全面建设社会主义现代化国家、全面推进中华民族伟大复兴而团结奋斗具有重大意义,具有很强的针对性和指导性。

一直以来,新闻舆论宣传都是党动员和团结人民的重要方式。重视新闻舆论宣传工作,是我们党的优良传统,也是革命建设改革事业不断取得胜利的一个重要法宝——从浴血奋战、百折不挠的新民主主义革命时期,到自力更生、发愤图强的社会主义革命和建设时期,从解放思想、锐意进取的改革开放和社会主义现代化建设新时期,到自信自强、守正创新的中国特色社会主义新时代,党的新闻舆论工作都形成了"唤起工农千百万,同心干"的强大力量。

"新闻工作者要把握时代的脉搏,认识新闻的作用,要看到新闻事业是党和人民的喉舌,担负着反映舆论、引导舆论的一个重要任务。"②早在担任中共宁德地委书记时,习近平同志就对把握好新闻工作的基点问题作出深刻阐释。"把握时代的脉搏,认识新闻的作用"——深刻领会这一重要论述的深刻内涵,对我们更好地定位新闻传播有效性有重大指导作用。

公安工作是党和国家工作的重要组成部分,公安机关是维护国家政治安全和社会稳定的专门力量,肩负着新时代中国特色社会主义事业建设者捍卫者的

---

① 《全面提升新时代宣传工作的科学化规范化制度化水平——中央宣传部负责人就〈中国共产党宣传工作条例〉答记者问》,《人民日报》2019年9月1日,第2版。
② 习近平:《摆脱贫困》,福建人民出版社1992年版,第83页。

重大政治责任。相较于其他职业，公安队伍有其职业特殊性；相较于其他领域，公安工作有其特殊复杂性。踏上全面建设社会主义现代化国家、向第二个百年奋斗目标进军新征程，公安新闻舆论宣传应站在政治的、全局的、战略的高度，科学认识和准确定位自身职能作用，更好发挥公安新闻传播有效性，更大发挥公安新闻舆论宣传阵地作用，为公安事业发展营造良好舆论环境。公安新闻传播具有鲜明的政治属性、法律属性、社会属性，本章将在学习回顾无产阶级政党新闻理论和新闻事业发展历程的基础上，通过综合分析公安新闻传播的性质意义、肩负的职责任务、发挥的作用效能，进一步厘清公安新闻传播有效性定位。

一、从"喉舌"到"阵地"：生动注解党的新闻宣传机构性质功能定位

（一）喉舌

"喉舌"是马克思主义新闻理论的经典表述，"喉舌论"是马克思主义新闻观的重要内涵。1849年，在《新莱茵报·政治经济评论》出版启事上，马克思已经意识到新闻媒体的"喉舌"作用，他明确提出："报纸最大的好处，就是它每日都能干预运动，能够成为运动的喉舌，能够反映出当前的整个局势，能够使人民和人民的日刊发生不断的、生动活泼的联系。"[1]马克思述及新闻媒体"喉舌"作用时认为，在阶级社会中，新闻媒体在传播新闻的过程中，总要做某个阶层、阶级、党派、集团的喉舌。资产阶级有自己的喉舌，无产阶级也是一样，而无产阶级的喉舌，代表更广大的劳苦大众利益，代表大多数人利益，因此，作为无产阶级的喉舌，为群众说话，这是一份被更多人赋予的荣誉与责任。[2]他还指出，"报刊按其使命来说"，"是无处不在的耳目，是热情维护自己自由的人民精神的千呼万应的喉舌"[3]。

---

[1] 《马克思恩格斯全集》第7卷，人民出版社1959年版，第3页。
[2] 柴璐：《马克思主义新闻观，谈的是什么？》，《求是》2014年第6期。
[3] 《马克思恩格斯全集》第6卷，人民出版社1961年版，第275页。

在我们党对新闻传播的本质、定位和作用问题的阐述中，继承了新闻媒体是"喉舌"等观点表述。江泽民同志强调"我们国家的报纸、广播、电视等是党、政府和人民的喉舌"的新闻工作的指导原则。①2001年1月10日，江泽民同志与出席全国宣传部长会议的同志座谈时指出："新闻媒体是党和人民的喉舌，应准确、鲜明、生动地宣传中央的精神，应及时、如实、充分地反映人民群众的意愿。"②习近平总书记多次重申新闻事业及新闻媒体是"党和人民的喉舌"这一重要论述。他在福建工作期间，提出："新闻工作者要把握时代的脉搏，认识新闻的作用，要看到新闻事业是党和人民的喉舌，担负着反映舆论、引导舆论的一个重要任务。"③他在浙江工作期间，提出："新闻媒体要坚持服务中心、服务大局，坚持贴近实际、贴近生活、贴近群众，坚持以正确的舆论引导人，充分发挥党的喉舌和舆论引导的作用。"④2004年8月，他在浙江省委新闻宣传工作座谈会上强调，"新闻的党性原则，决定了新闻事业是党的事业的有机组成部分，决定了新闻媒体是党和人民的喉舌"⑤。2016年2月19日，习近平总书记在党的新闻舆论工作座谈会上强调："党和政府主办的媒体是党和政府的宣传阵地，必须姓党，必须抓在党的手里，必须成为党和人民的喉舌，'党报党刊一定要无条件地宣传党的主张'。"⑥"喉舌"之喻，以发声说话的器官生动注解新闻工作的性质，又形象说明其在党和国家工作中的极其重要的地位和作用。作为党和人民的喉舌，就要积极宣传党的科学理论，长期地、耐心地、孜孜不倦地向人民宣传党的路线、方针、政策，使党的声音和各项方针政策准确、及时地传达到群众中去，使党的看法、主张化为人民群众自觉自愿的行动，同时反映人民呼声，表达群众意愿，凝聚群众力量，动员组织广大群众投身社会主义建设事业。这

---

① 刘婵君、李爽：《党的新闻事业"群众性"的传承发展》，《中国社会科学报》2022年1月20日，第3版。
② 秦杰、刘振英、武卫政：《全国宣传部长会议在京召开 江泽民与出席会议同志座谈并作重要讲话》，《人民日报》2001年1月11日，第1版。
③ 习近平：《摆脱贫困》，福建人民出版社1992年版，第83页。
④ 习近平：《之江新语》，浙江人民出版社2007年版，第57页。
⑤ 习近平：《干在实处 走在前列——推进浙江新发展的思考与实践》，中共中央党校出版社2006年版，第308页。
⑥ 习近平：《论党的宣传思想工作》，中央文献出版社2020年版，第181—182页。

是我们党新闻舆论宣传工作的优良传统和成功经验。

是喉舌，就要传播好党的声音。新时代的公安新闻舆论宣传阵地肩负着学习贯彻和宣传阐释习近平总书记重要讲话精神的重要职责。要把深入学习宣传贯彻习近平新时代中国特色社会主义思想作为首要政治任务，把公安新闻舆论宣传工作的出发点落脚点放在服务党中央重大决策部署和公安部党委中心工作上来，紧紧围绕维护国家政治安全和社会稳定、全面深化公安改革、加强公安队伍建设等重要内容聚焦发力，打牢团结奋斗的共同思想基础，切实发挥公安新闻传播振奋精神、鼓舞士气、推动工作的重要作用。

是喉舌，就要立足行业优势、讲好警察故事。坚持团结稳定鼓劲、正面宣传为主，是公安新闻传播必须遵循的重要方针。公安新闻传播要贴近基层、服务实战，发好公安声音、讲好警察故事，大力宣传广大民警为捍卫国家安全、维护社会安定、保障人民安宁作出的牺牲奉献，大力弘扬公安队伍忠诚为民无私奉献的优良传统和顽强拼搏敢打必胜的英雄气概，充分展现党领导的社会主义国家人民警察克己奉公、无私奉献的良好形象。

公安新闻传播内容，有其特有行业优势，也有特有的职责使命。作为喉舌，必须把传播党的理论、传播党的声音摆在首要位置，充分发挥喉舌有效作用，及时准确宣传党中央决策部署，为党和国家工作大局鼓与呼，为公安中心工作鼓与呼，为建设更高水平的平安中国、法治中国鼓与呼。

（二）"宣传阵地"

作为无产阶级党报理论的另一个重要概念，"宣传阵地"这个词形象生动地说明了党的新闻机构的功能定位。

1894年12月，恩格斯在《就"工人报"改为日报一事给奥地利工人的贺信》中提出："在每一个党、特别是工人党的生活中，第一张日报的出版总是意味着大大地向前迈进了一步！这是它至少在报刊方面能够以同等的武器同自己的敌人作斗争的第一个阵地。"[①]恩格斯把报刊看作共产党人宣传马克思主义、从事革命事业的锐利思想武器和重要政治阵地。

---

① 《马克思恩格斯全集》第22卷，人民出版社1965年版，第590页。

习近平总书记多次重申和强调党的新闻舆论阵地性质和作用，在党的新闻舆论工作座谈会上强调"党和政府主办的媒体是党和政府的宣传阵地"①；在视察解放军报社时强调"历史和现实都警示我们，思想舆论阵地一旦被突破，其他防线就很难守得住"②；在全国党校工作会议上强调"党校还要充分发挥课堂、报刊、网站、出版物等阵地优势，坚持在重大政治原则和大是大非问题上净化'噪音'、'杂音'，弘扬主旋律，传播正能量"③。

树立阵地意识，增强政治判断力、政治领悟力、政治执行力，是新闻舆论工作坚持党性原则的重要要求。党的新闻舆论工作是党的意识形态工作最前沿阵地。新闻舆论阵地没有真空，正确的思想舆论不去占领，必然被各种错误的思想舆论占领。公安新闻传播要强化政治意识、政权意识、阵地意识，在重大问题和关键环节上头脑特别清醒、眼睛特别明亮，充分发挥好公安新闻宣传阵地作用。

公安新闻舆论宣传工作是公安事业的重要组成部分，公安新闻舆论宣传单位必然地成为党绝对领导下的公安机关的宣传阵地。新媒体时代，媒体格局日益多元，传播方式深刻变化。公安新闻舆论宣传阵地，既有公安机关所属的报纸、杂志等传统媒体，也有网站、官方微博、官方微信、人民号、头条号、抖音号、快手号等新兴媒体阵地。树立阵地意识还应强化"溢出效应"，学会"借船出海""借嘴说话"，建立公安新闻媒体与社会媒体之间的新闻报道协作联动机制，拓宽公安新闻正面宣传渠道阵地，这契合新闻传播的分众化、差异化、移动化、社交化、视频化特点要求。

建好阵地，形成弘扬主旋律、传播正能量的舆论场。舆论导向正确是党和人民之福，舆论导向错误是党和人民之祸。牢牢把握公安新闻传播的职责定位，坚持把宣传贯彻习近平新时代中国特色社会主义思想作为首要任务，大力传播党的理论和党的声音，充分反映公安机关火热斗争实践，热情讴歌公安英雄模

---

① 杜尚泽：《习近平在党的新闻舆论工作座谈会上强调 坚持正确方向创新方法手段 提高新闻舆论传播力引导力》，《人民日报》2016年2月20日，第1版。
② 习近平：《论党的宣传思想工作》，中央文献出版社2020年版，第23页。
③ 习近平：《论党的宣传思想工作》，中央文献出版社2020年版，第160页。

范人物，确保所有公安新闻传播内容都有利于坚持中国共产党领导和社会主义制度，有利于维护国家政治安全和社会稳定，有利于公安机关更好地履行党和人民赋予的新时代职责使命。

守好阵地，旗帜鲜明反对和抵制各种错误观点。公安新闻舆论宣传阵地是贯彻党中央和公安部党委决策部署、服务推动公安中心工作、加强公安业务指导交流、开展正面宣传和舆论引导的重要阵地。要始终保持政治上的清醒和坚定，坚持马克思主义新闻观，牢牢把握正确的舆论导向，旗帜鲜明坚持真理，立场坚定批驳谬误，不为杂音噪音所干扰，不为错误思潮所迷惑，站稳意识形态斗争最前沿，牢牢占领主流媒体阵地，为各项公安保卫任务的圆满完成提供有力的思想保障和舆论支持，为公安工作的发展进步作出积极贡献。

（三）从"手中的武器"到"笔杆子"，从"集体的宣传者与组织者"到"党和人民的喉舌"，马克思主义政党对舆论宣传功能的认识不断丰富深化

马克思主义政党历来把新闻舆论工作作为革命和建设的有力武器。马克思、恩格斯一生都将新闻和办报作为武器。马克思将报纸作为论战的武器，与邪恶的强权势力坚决斗争。马克思在《〈黑格尔法哲学批判〉导言》中说："批判的武器当然不能代替武器的批判，物质力量只能用物质力量来摧毁；但是理论一经掌握群众，也会变成物质力量。理论只要说服人，就能掌握群众；而理论只要彻底，就能说服人。所谓彻底，就是抓住事物的根本。但人的根本就是人本身。"[①]"批判的武器"就是思想理论宣传，途径是论理和"说服"，即是我们常说的"笔杆子"，"武器的批判"就是现实实践斗争，途径是用暴力和强制，即是我们常说的"枪杆子"，这两大武器一经结合必然迸发出强大力量。

恩格斯将出版自由看作无产阶级革命斗争的武器，把报刊看作共产党人从事革命运动的"以同等的武器同自己的敌人作斗争的第一个阵地"[②]。列宁认为，

---

① 《马克思恩格斯全集》第1卷，人民出版社1956年版，第460页。
② 《马克思恩格斯全集》第22卷，人民出版社1965年版，第590页。

"报刊是政治组织的中心和基础"①,因此,在阶级社会中,出版自由总是成为一定阶级"手中的武器"②。除"武器"之外,列宁还使用了"脚手架""齿轮和螺丝钉"等生动语言对新闻舆论作用予以说明:在《从何着手?》一文中提出"报纸不仅是集体的宣传员和集体的鼓动员,而且是集体的组织者。就后一点来说,报纸可以比作脚手架"③;在《党的组织和党的出版物》一文中,列宁提出党的出版物的原则问题,在回答"党的出版物的这个原则是什么呢?"这一问题时,提出"写作事业应当成为整个无产阶级事业的一部分",成为"社会民主主义机器的'齿轮和螺丝钉'"④。

"共产党是要在左手拿宣传单,右手拿枪弹,才可以打倒敌人的。"⑤一手抓枪杆子,一手抓笔杆子,是我们党的优良传统,党的媒体成为推进党的工作的有力武器。

毛泽东同志一向重视报刊宣传工作,将报刊视为拿笔的"文化军队"⑥,并娴熟地运用报刊宣传革命、发动群众、组织斗争、指导工作。毛泽东同志要求各级党的领导机关要"把报纸看作自己极重要武器"⑦,要"利用报纸做为自己组织和领导工作的极为重要的工具"⑧。他指出:"应该把报纸拿在自己手里,作为组织一切工作的一个武器,反映政治、军事、经济并且又指导政治、军事、经济的一个武器,组织群众和教育群众的一个武器。"⑨我们党始终注重运用新闻媒体传播真理、组织群众,统一思想、凝聚力量。从中共中央第一份机关报《向导》被赞誉为"黑暗中的一盏明灯",到长征路上《红星报》成为"革命战争的一只有力喇叭",再到改革开放初期宣传战线冲破桎梏促成全党全国拨乱反正、解

---

① 《列宁全集》第42卷,人民出版社1987年版,第85-86页。
② 《列宁全集》第42卷,人民出版社1987年版,第87页。
③ 《列宁全集》第5卷,人民出版社1986年版,第8页。
④ 《列宁全集》第12卷,人民出版社1987年版,第93页。
⑤ 《中国共产党宣传工作简史》上卷,人民出版社2022年版,第60-61页。
⑥ 中华全国新闻工作者协会、新闻战线"三项学习教育"活动领导小组办公室编:《马克思主义新闻观百问百答》,学习出版社2019年版,第6页。
⑦ 《毛泽东文集》第2卷,人民出版社1993年版,第441页。
⑧ 《毛泽东选集》第4卷,人民出版社1991年第2版,第1286页。
⑨ 《毛泽东文集》第3卷,人民出版社1996年版,第111页。

放思想，宣传思想工作一直是我们党统一思想、凝聚力量的看家本领和制胜法宝①。

党的十八大以来，中国特色社会主义进入新时代。习近平总书记站在新时代党和国家事业发展全局的高度，对党的新闻舆论工作所面临的新形势新任务作出宏观思考和战略布局，强调"党和政府主办的媒体是党和政府的宣传阵地""必须成为党和人民的喉舌"，为进一步推动舆论宣传工作指明了目标任务和思路举措，为做好党的新闻舆论工作提供了科学指南和根本遵循。

从"阵地"到"喉舌"，从"极重要武器"到"齿轮和螺丝钉"，这些无产阶级政党报刊理论观点，是对新闻舆论宣传机构意义、价值、作用的形象表述。公安新闻舆论宣传工作是党的宣传思想文化工作的重要内容，也是公安工作的重要组成部分，各级各类公安新闻宣传阵地必须站在政治的、全局的、战略的高度，充分发挥公安宣传思想舆论阵地作用，充分发挥喉舌纽带和鼓手号角重要作用，发好公安声音，讲好警察故事，为公安事业发展进步提供强大的舆论支持和精神力量。

公安新闻舆论宣传担负着宣传党的理论、传播党中央声音、服务公安中心工作、激励警心斗志、弘扬英模精神、展示队伍形象、密切警民关系，为新时代公安事业营造良好舆论环境的重要职责。新时代的公安新闻传播，要将为党和国家工作大局服务、为公安中心工作服务、为基层民警和人民群众服务作为基本方向，充分发挥公安媒体行业优势、公安新闻专业优势、公安信息服务优势，努力打造更多公安新闻宣传报道精品力作，从而更好体现公安新闻传播有效性。

行业优势——不同于综合性社会媒体，公安新闻传播立足公安、依托公安、属于公安、服务公安。公安工作具有很强的政治性、政策性、法律性、社会性，更突出具有专业性，通过有效的公安新闻传播内容，及时反映公安机关工作部署，发布公安领域政策措施，展现公安队伍优秀形象，记录公安事业发展进程。

专业优势——公安新闻传媒具备信息来源权威、信息发布权威的专业优势。对公安机关重大部署举措、重要工作安排推进，以及与公安机关职能密切相关

---

① 本报评论部：《聚民心，振奋亿万人民精气神》，《人民日报》2018年8月30日，第5版。

的各类案事件和社会热点问题，公安媒体拥有高度权威的信息源，准确传递公安机关意见、观点、提示，及时跟进、准确发布，专业优势明显。

服务优势——公安新闻传媒围绕中心、服务大局，服从服务于党和国家大局不错位、党和人民需要时不缺位，肩负社会服务责任，不断解决好"为了谁、依靠谁、我是谁"这个根本问题。通过新闻传播，提供交通管理、治安户政、出入境管理等方面服务信息，开展反电信网络诈骗宣传、禁毒知识宣传等法治服务，以及发布权威信息为各级各地公安机关领导同志提供决策参考等。通过拓展多元化服务，不断丰富公安媒体服务"在线场景"，将有效增强公安新闻传播的可持续发展能力和媒体核心竞争力。

二、坚持"边工作边发声"：唱响主旋律、传播正能量，公安新闻传播具有强烈的职业特点和鲜明的价值取向

公安机关是国家重要的行政执法和刑事司法力量，是一支特殊的纪律部队。警察群体的特定性、警察职业的特殊性，决定了公安新闻传播具有强烈的职业特点和鲜明的价值取向。有效的公安新闻传播，能充分发挥新闻舆论宣传的导向、教育、凝聚、约束等功能，凝聚统一的积极的具有警察特殊特点的理想信念、价值观念、宗旨意识、职业认同、行为规范、精神风貌，加强公安队伍意识形态建设，为公安事业提供思想保证、精神动力和智力支持。

宣传思想文化工作是做人的工作的，新闻传播具有直接的宣传功能。有效的公安新闻传播，既是重要渠道和阵地，也是重要纽带和桥梁，统一思想，凝聚力量；聚焦主业，书写担当；展示形象，示范引领；澄清谬误，正面引导；报道民警，服务民警；研究分析，当好参谋；通报进展，发布信息；普法宣传，弘扬正气；服务群众，发动群众；发声亮剑，坚决斗争，用主流声音强信心、暖人心、聚民心。

（一）统一思想，凝聚力量

有效的公安新闻传播是战斗力，对于统一全警思想、凝聚全警力量、为新时代中国特色社会主义保驾护航具有十分重要的作用。公安队伍人数众多、公

安工作点多线长、执法管理任务繁重,要履行好捍卫政治安全、维护社会安定、保障人民安宁的新时代使命任务,尤其需要坚定自信、鼓舞斗志,需要同心同德、团结奋斗。公安新闻传播一定要把围绕中心、服务大局作为基本职责,把统一思想、凝聚力量作为中心环节,找准报道切入点、着力点、落脚点,为公安事业发展进步提供强大思想舆论支持。

▲《人民公安报》刊发题为《对标扬帆:为新时代中国特色社会主义保驾护航》的长篇述评,围绕学习贯彻习近平新时代中国特色社会主义思想、贯彻落实党中央重大决策部署,以及公安机关与时俱进准确把握新时代职责定位和历史使命,夹叙夹议、说理论证,统一思想、凝聚共识。

《人民公安报》刊发的述评文章《对标扬帆:为新时代中国特色社会主义保驾护航》,以"为新时代中国特色社会主义保驾护航,是公安机关在新时代与时俱进的时代命题和历史要求"为核心主旨展开,论述观点鲜明:"公安工作发展史始终与社会经济发展史相耦合,公安工作发展规律亦与我国社会主义发展规律相向而行",并依循公安工作发展进步的思想逻辑、历史逻辑、实践逻辑等多个方面进行深度述评,脉络清晰流畅,结论深刻入理,共识水到渠成——"拨开历史的烟云,回望公安发展道路,我们会再次清晰验证这样的结论:公安工作的发展历程,本就是同时代发展脉搏共同跳动、与经济社会共同进步的光辉历程;公安工作的发展历史,本就是一部在解放思想中统一思想、在改革开放中开拓创新的奋进历史……"每一部分均有清晰扼要的"述"和深度独到的"评",丰富立体,说理明晰,巩固深化公安机关必须坚持科学理论指导、坚持党的绝对领导的共识。2018年1月17日,《人民公安报》1版头条刊发此文章,得到广泛好评和大量转载,有效统一了思想、凝聚了共识,取得良好的新闻传播效果。

习近平总书记指出:"中国特色社会主义进入新时代,必须把统一思想、凝聚力量作为宣传思想工作的中心环节。"[1]党的十八大以来,历经涉滩之险、爬坡之艰、闯关之难,新时代党和国家事业取得历史性成就、发生历史性变革,最根本的原因在于有习近平总书记作为党中央的核心、全党的核心掌舵领航,在于有习近平新时代中国特色社会主义思想科学指引。有效的新闻传播,必须引导形成对伟大变革成就的共识、对成功密码的共识、对满怀信心向未来的共识,不断巩固对伟大祖国的认同、对中华民族的认同、对中国特色社会主义道路的认同,焕发奋进新征程的强大精神动力。

善于把党的政策变为群众的行动,善于汇聚党心民意合力,是舆论宣传工作职责所在、使命所系、有效性所在。述及新闻报道的性质作用时,1989年5月,时任中共宁德地委书记的习近平同志就提出要搞好舆论引导、弘扬社会正气,并阐明了"舆论引导就是通过新闻报道,弘扬社会正气""通过舆论引导,坚定人们对改革的信心,认清改革的光明前途,坚持四项基本原则"等系统思考[2]。

没有广泛共识,我们的事业就难以顺利推进,也难以取得全面成功。统一思想、凝聚共识,一个很重要的方法就是要充分发挥新闻媒介作用,加强正面宣传和舆论引导,解决思想认识问题。

世界百年未有之大变局加速演进,世界之变、时代之变、历史之变正以前所未有的方式展开,给我国现代化建设提出了一系列新课题新挑战。越是爬坡

---

[1] 张洋:《习近平在全国宣传思想工作会议上强调 举旗帜聚民心育新人兴文化展形象 更好完成新形势下宣传思想工作使命任务》,《人民日报》2018年8月23日,第1版。

[2] 习近平:《摆脱贫困》,福建人民出版社1992年版,第85页。

过坎的关键节点，越需要凝聚最为广泛的思想共识，越凸显"在人的头脑里搞建设"的新闻舆论宣传战线的重要作用。公安工作是党和国家工作的重要组成部分，是国家治理体系和治理能力现代化的重要一环，公安新闻传播要成为鼓舞士气、提升斗志的号角，充分把握新闻舆论宣传工作的系统性全局性，举旗帜、铸警魂、强信心、激斗志，以有效的公安新闻传播凝聚奋进新时代的共识，最大限度激发全警创新创造活力。

（二）聚焦主业，书写担当

"凡事有其要，执其要者事成。"向中心工作聚焦、向重点工作发力，是我们做好工作的科学方法论。公安新闻传播不断增强政治敏锐性，聚焦公安机关主责主业，找准宣传报道工作重点，才能切实提高自身传播力、引导力、影响力、公信力。

公安机关是捍卫党的领导和人民民主专政国家政权的重要力量，在全面建设社会主义现代化国家、实现第二个百年奋斗目标的新征程中，防风险、保安全、护稳定、促发展，牢记使命、忠诚履职、冲锋陷阵、勇往直前，肩负起捍卫政治安全、维护社会安定、保障人民安宁的新时代使命任务。作为公安工作的重要组成部分，公安新闻传播围绕公安中心工作不断有效推进，是公安新闻传媒阵地发挥政治优势、完成政治任务的需要，也是发挥党媒喉舌和桥梁作用、把党中央和公安部党委决策部署转化为广大民警实际行动的需要。

具体而言，公安新闻传播的策划、采访、编辑、播发以及引导、反馈等各环节，都要把工作的出发点和落脚点放在贯彻落实党中央重大决策部署和公安部党委中心工作上，扭住关键点，在关键处下功夫。围绕党和国家重大活动重大部署，围绕平安中国、法治中国建设等重大主题，高起点、高标准，精心做好重要活动报道和重大主题宣传。

如重点围绕学习宣传贯彻习近平总书记重要讲话精神、党中央重要会议精神，重点围绕习近平总书记关于新时代公安工作的重要论述、重要训词精神，围绕"不忘初心、牢记使命"主题教育、党史学习教育、学习贯彻习近平新时代中国特色社会主义思想主题教育等重要部署，围绕公安部党委"公安心

向党　护航新征程"主题宣传活动，发好声音，当好喉舌，夯实全警高举旗帜、听党指挥、忠诚使命的思想根基。

如围绕重要时间节点组织开展专题报道。紧紧围绕春节、全国两会、"五一"假期、高考、"七一"、烈士纪念日、国庆等重要时间节点，渐次推进，持续发力。围绕服务群众、严格规范公正文明执法、坚持和发展新时代"枫桥经验"、打造社会治理新格局、推进社会治安防控体系建设等方面，通过专栏、专版、特刊"多重奏"，全景式、多角度、全方位呈现人民公安为人民的生动实践，有力壮大主流舆论声量。

如以"向人民报告""请人民评议""公安工作这一年"等形式，详细梳理公安机关扫黑除恶、打击经济犯罪、守护绿水青山、侦办网络犯罪案件、打击治理跨境赌博、打击侵权假冒犯罪、打击涉黄涉赌违法犯罪、打击侵犯公民个人信息犯罪、打击治理电信网络新型违法犯罪、打击"盗抢骗"等多发性侵财类违法犯罪、全面推进乡村振兴等重点工作，及时向社会公众展示公安工作成效，为各项工作开展营造良好舆论氛围。

公安新闻传播要注重抓住重点、带动全局，有步骤、有节奏，从阶梯式预热报道到全面铺开报道波次呈现，聚焦公安机关维护稳定、打击犯罪、服务人民的主责主业，主动发声，引领导向，大力宣传公安机关在维护国家安全、服务经济发展、规范执法司法、深化公安改革等方面取得的丰硕成果，不断在铸牢警魂、凝聚警心、促进沟通、展示形象等方面持续发力，为公安工作和公安队伍发展进步提供有力的思想保障和精神支持。

（三）展示形象，示范引领

新闻传播以一种主观影响而不是强制命令的方式完成触动和感染，实现看齐或警醒，达成熏陶及影响，从而使受众在价值判断、主观认知、实际行动上更加趋向整体统一。典型人物宣传尤其突出地具备这种"整体统一"的力量。

"高比所以广德也，下比所以狭行也"。先进典型是旗帜和榜样，是最生动的教材、最直观的导向。通过新闻传播立起学习标杆，展现良好形象，集体对标看齐，这种导向引领作用于受众内心，形式上虽没有强制性，但是引导看齐上会更长期、更稳定、更自觉。正因如此，有效的公安典型人物报道，对于进一步凝聚警心、弘扬正气、提升队伍战斗力、更好展示公安队伍形象有重要作用。

我们的舆论宣传工作要理直气壮地宣传先进典型和感人事迹。习近平总书记强调，"多宣传报道人民群众的伟大奋斗和火热生活，多宣传报道人民群众中涌现出来的先进典型和感人事迹，丰富人民精神世界，增强人民精神力量，满足人民精神需求"①。在"不忘初心、牢记使命"主题教育工作会议上强调"宣传舆论要发挥引导作用""要宣传正面典型，宣传党员干部身边可信可学的先进人物，推广一批可复制可普及的好经验"②。在中央和国家机关党的建设工作会议上强调"要大力加强对党忠诚教育，学习宣传先进典型，引导党员、干部见贤思齐"③。在全国公安工作会议上强调"要完善人民警察荣誉制度，加大先进典型培育和宣传力度，增强公安民警的职业荣誉感、自豪感、归属感"④，暖警之语让全国警营如沐春风，激荡起广大民警在新征程上砥砺奋斗的壮志豪情，凝聚起为梦想不懈奋斗的澎湃力量，给公安新闻舆论宣传战线做好先进典型宣传工作指明了方向、注入了动力。

"国家安危，公安系于一半。"长期以来，广大公安民警用汗水、鲜血乃至生命书写忠诚担当，为国家政治安全、社会公共安全、人民生命财产安全筑起一道坚不可摧的铜墙铁壁。历经血与火，穿越生与死，人民警察无私无畏、挺身而出，很多公安民警献出了宝贵生命，成为公安英烈碑上闪亮的名字。公安新闻传播要牢牢把握新时代公安工作职责定位，做好正面宣传，讲好警察故事，书写公安奋斗，大力宣传公安民警的感人事迹，定格那些震撼人心的生死瞬间，大力营造崇尚英模、学习英模、争当英模的良好风尚，弘扬主旋律、传播正能

---

① 《习近平谈治国理政》第一卷，外文出版社2014年版，第154页。
② 习近平：《在"不忘初心、牢记使命"主题教育工作会议上的讲话》，《求是》2019年第13期。
③ 姜洁：《习近平在中央和国家机关党的建设工作会议上强调　全面提高中央和国家机关党的建设质量　建设让党中央放心让人民群众满意的模范机关》，《人民日报》2019年7月10日，第1版。
④ 张洋：《习近平在全国公安工作会议上强调　坚持政治建警改革强警科技兴警从严治警　履行好党和人民赋予的新时代职责使命》，《人民日报》2019年5月9日，第1版。

量，为新时代公安队伍更好完成职责使命激发内在动力、汇聚精神力量。

2022年3月8日，"三八"国际劳动妇女节，"公安心向党 护航新征程——致敬了不起的她"主题"云"展示活动举行。"云"展示活动通过"学习强国"学习平台、人民视频、新华网、央视网、中国警察网、中国妇女网直播，全国公安新媒体矩阵、"女性之声"新媒体平台同步推出。"云"展示活动生动讲述了2022年"三八"国际劳动妇女节期间受到表彰的全国三八红旗手、成绩突出女民警、爱警母亲和好警嫂的先进事迹，展示了优秀女民警巾帼不让须眉、忠诚履职、拼搏奋斗的感人故事，讲述了爱警母亲、好警嫂理解支持公安工作、主动承担家庭重担、弘扬优良家风的感人故事。"云"展示活动引发热烈反响，广大公安民警表示要积极向"云"展示活动中的先进典型看齐，弘扬英模精神、培育优良家风，以更加饱满的热情全力投入维护安全稳定工作。

▲ 2022年3月"致敬了不起的她""云"展示活动宣传海报。

榜样是看得见的力量。好的榜样是最好的引导和说服。加强先进典型宣传，充分发挥榜样示范引领和正向激励作用，用先进典型感召人、激励人、鼓舞人，对内有助于铸牢公安队伍忠诚警魂，对外更好树立公安民警在人民群众心目中可亲可敬可信的良好形象。这是实现新闻传播有效性的重要内容和途径方式。

做好公安队伍典型宣传是公安新闻宣传的重要内容。人民公安队伍始终以绝对忠诚为党和国家事业保驾护航，公安新闻宣传记录着一个个历史瞬间，书写下一个个英雄故事：崔道植、任长霞、艾热提·马木提、乌国庆、吕建江……一个个耳熟能详的闪亮名字，成为公安民警的杰出代表，在人民公安发展史乃至共和国的历史上书写下浓墨重彩的篇章。报效国家,他们"击鼓之时,则忘其身";走进社区,他们"春风风人、夏雨雨人";直面罪恶,他们"岂因福祸趋避之",他们的力量坚硬如钢,他们的形象可亲如水。经由公安新闻传播推出一批批公安先进典型和英雄模范,公安新媒体矩阵接力,社会媒体积极传递警界正能量,媒体联动声势浩大,引发全网关注,人民公安忠诚与奉献的风采传遍大江南北。

公安新闻传播有效性的重要体现之一,就在于以优秀的典型人物凝聚警心、鼓舞士气,振奋精神、激发斗志,展示风貌、提升形象,弘扬正气、赢得民心。一篇篇生动感人的人物通讯相继推出,一个个鲜活的英雄形象深入人心,感召着战友们斗志昂扬冲锋一线,他们的动人故事走进公众视野,引发热烈反响和高度关注,全社会更加了解公安民警的牺牲奉献精神,在表达感激和赞美的同时,对警察职业的尊重、信任和喜爱更加强烈。

(四)澄清谬误,正面引导

造谣一张嘴,辟谣跑断腿。

"国际警察日"这样一个提法,曾经没头没脑地广泛传播很多年。2012年以前的很多年里,关于"国际警察日"的报道屡屡见诸报端和网络媒体。当时,在互联网上搜索"国际警察日",相关内容惊人地相似,如"每年的3月14日是'国际警察日',是国际刑警组织于1995年确立的""我国的'警察日'是公安部在2004年确立的"。一些地方的"国际警察日"主题活动开展得有声有色,有消息报道,也有图片报道。

那么,国际上真的有这样一个"国际警察日"吗?我国真的确立过"警察日"吗?为什么很多在公安部机关工作多年的同志都没有听说过?为什么从来没有见到过官方权威确认?这个节日到底存不存在?作为公安部党委机关报,《人民公安报》记者感觉到其中的蹊跷,开始了澄清谬误、以正视听的权威求证过程。

联系刊载"国际警察日"新闻报道的媒体,得到的解释含糊不清,报道信源似是而非。《人民公安报》记者转而求证公安部有关同志,采访曾与国际刑警组织打过多年交道的权威人士,采访多位在公安部机关工作多年的多个业务局同志,甚至间接联系上国际刑警组织总部秘书处负责媒体传播工作的官员。诸多渠道综合起来的结论是:公安部从未将任何日子确定为"中国警察日",国际刑警组织总部从来没有确定和发布过"3·14"或者其他日子为"国际警察日"!

　　这是一个并不存在的节日!《人民公安报》记者得出这样的结论。2012年3月5日,《人民公安报》5版刊发调查报道《国际警察日:只是一个传说》,令真相大白,引发大量转发热议。

▲ 《人民公安报》2012年3月5日5版刊发调查报道《国际警察日:只是一个传说》。

这篇调查报道，求证严谨，渠道权威，信息准确，被广泛认为是公安部官方媒体首次作出的正面、权威、正式的澄清。此后，人民网、中国网、《南方日报》等国内多家媒体在刊发相关报道时以《人民公安报》这篇调查报道为信源，澄清所谓"国际警察日""中国警察日"的各种不实传播内容，讹传被有效阻止。

这一报道，高度体现了公安新闻传播澄清谬误、以正视听的有效作用。与其他社会媒体相比，公安新闻传媒阵地有关于公安机关的更独家信息、更权威信息和更专业信息，在引导社会舆论方面具有得天独厚的优势。

众声喧哗的舆论场，公安新闻传播应密切关注社会热点，分析舆情进展变化，向官方权威信源求证，向行业领域权威专家学者请教，严格程序、及时调查、准确报道，及时澄清事实，准确还原真相，回应社会关切，更好地服务和引导公众。要坚决回击那些造谣生事、恶意炒作、抹黑诋毁的言论及报道，旗帜鲜明予以回击，亮剑发声、一锤定音。

习近平总书记指出："准确、权威的信息不及时传播，虚假、歪曲的信息就会搞乱人心；积极、正确的思想舆论不发展壮大，消极、错误的言论观点就会肆虐泛滥。这方面，主流媒体守土有责，更要守土尽责，及时提供更多真实客观、观点鲜明的信息内容，牢牢掌握舆论场主动权和主导权。主流媒体要敢于引导、善于疏导，原则问题要旗帜鲜明、立场坚定，一点都不能含糊。"[①]如果权威信息失语，负面虚假谣言信息就会浑水摸鱼，挤占信息通道，引发公众怀疑猜测甚至产生恐慌和对相关部门的不信任，导致有关部门丧失处置主动权。对各类谣言信息，一方面，公安机关业务部门要强化网上巡查，及时依法查处网上造谣滋事行为；另一方面，公安新闻传媒要及时准确发布信息，积极回应群众关切，学会以网络速度压制谣言速度，做好宣传教育和舆论引导工作，发声迅速、澄清准确、应对高效，体现公安新闻传播应有担当。

（五）报道民警，服务民警

在全部公安工作中，最生动的实践由公安民警创造，最鲜活的经验由公安

---

① 习近平：《论党的宣传思想工作》，中央文献出版社2020年版，第357页。

民警探索，公安民警是公安新闻传播的重要报道主体和服务对象。

——报道好公安民警的动人故事。警营是公安新闻传播的素材宝库，火热的警营里，有可亲可敬可爱的人民警察，有踔厉奋发的奋斗故事，有日新月异的发展进步。公安新闻传播要积极报道公安机关生动实践，大力宣传广大公安民警辅警感人事迹，充分彰显公安机关在履行新时代使命任务中的新作为新担当，努力塑造和维护公安机关人民警察的良好形象。基层有最闪光的故事、有最闪亮的名字，公安新闻传播要紧紧贴近民警、贴近实际，在打击犯罪一线、服务群众一线，挖掘出民警最生动、最精彩、最感人的故事，努力将广大民警的生活实践转化为优秀新闻传播作品，有效发挥新闻传播对民警的褒奖、激励、鼓舞、凝聚作用。

——报道好公安民警的经验创造。尊重民警的首创精神，公安新闻传播既要见人之所见，也要见人之所未见，发现表象之下的本质、成功背后的经验。用好眼力和脑力，善于观察、善于发现、善于思考。比如，通过一件事、一席谈、一块红袖标，挖掘社会治理共建共治共享的成功做法；比如，透过"一个人走夜路的安心"，探寻平安中国建设的基层实践样本。由点及面、由表及里，通过生动鲜活的公安新闻传播报道，凝练经验创造，记录公安事业发展进步。

——传递好广大民警的心事心声。公安新闻传媒工作者要走进警营、服务民警，积极反映广大民警心声，努力成为民警知心人，了解他们的难事烦事关心事，反映民警的所想所愿，当好民警心声的传播者，紧紧抓住基层关注的重点难点热点问题，着力推出更多解疑释惑、凝聚共识的宣传报道，激发警队干事创业的积极性、主动性、创造性。公安新闻传媒要有温度，成为民警的精神家园，成为可以表达心声、直抒己见的芳草地。

公安新闻传播要坚持宣传发动与解决实际问题相结合，既讲道理又办实事，倾听民警呼声，了解民警情绪，准确反映情况，帮助解决实际困难。比如，涉警舆情发生后，公安机关业务部门及时组织调查处理，公安新闻传播迅速发声，及时澄清事实，最大限度消除负面影响，遏止各种捕风捉影、恶意炒作行为，理直气壮为民警撑腰打气。当暴力袭警等不法行为发生时，坚持严厉打击与正面宣传相结合，及时将侵害民警正当执法权益的违法行为及处理结果向社会公众进行曝光，发挥教育警示作用，营造民警正当权益不可侵犯的社会舆论氛围。

公安新闻传播要"解渴"，向基层传送"真经"，满足基层民警寻求工作思路、汲取先进经验的知识需求，让公安新闻传媒"起到渠道和桥梁的作用"，帮助有需要的公安机关借鉴兄弟单位做法，包括改革创新的新思路、公安科技的新发明、基层治理的新亮点、化解矛盾的新办法、群防群治的新举措。公安新闻传播要权威解读政策、及时释疑解惑，通过各种报道形式帮助基层拓宽工作思路、开阔工作视野、促进经验交流，在公安工作和队伍建设中更好发挥媒介渠道作用。

在营造积极和谐风清气正警营氛围方面，公安新闻传播起着十分重要的作用。有效的正向的公安新闻传播，贴近民警所需，打造积极的、正向的、昂扬的、被组织大多数成员认可的良好警营氛围，有利于实现全警情感认同、组织认同、行为认同，打牢共同思想基础，凝聚起事业发展的向心力，有效激发民警忠诚履职、干事创业的工作热情。

（六）研究分析，当好参谋

延安时期，毛泽东同志为《新中华报》题词"多想"，鼓励报纸工作人员多动脑、多分析①。这里的"多想"就是要求多动脑、勤思考，由此及彼、由表及里，分析复杂信息，厘清问题脉络，探寻事实真相，占领思想上的制高点，做到"以我之洞见，解人之疑惑"。

习近平总书记指出："在革命建设改革各个历史时期，新闻舆论战线与党和人民同呼吸、与时代共进步，积极宣传党的主张、深入反映群众呼声、主动开展决策调研，发挥了十分重要的作用。"②公安新闻传媒要履行好"主动开展决策调研"职能，更好地当好参谋、提供决策参考，既报成绩也报不足，既总结经验成果也反映问题矛盾，为推动公安工作高质量发展献计出力，为公安机关领导干部了解实际情况、进行科学决策提供参考。

---

① 吕毅品：《从党史中汲取智慧和力量》，《人民日报》2021年12月28日，第5版。
② 张烁：《习近平在会见中国记协第九届理事会全体代表和中国新闻奖、长江韬奋奖获奖者代表时强调 做党和人民信赖的新闻工作者》，《人民日报》2016年11月8日，第1版。

一方面,注重发现经验。公安新闻传播要充分尊重广大民警破解难题的首创精神,积极捕捉广大民警的创新智慧,深入发掘各地公安机关发展新思路、改革新突破、工作新举措,依据大量成功的创造性实践,以新闻传播的语言和形式作出新概括,及时总结、科学提炼、广泛传播可复制可推广的好经验好做法。公安新闻传播工作者要扑下身子、沉入基层,身入心至,发现和解剖"麻雀",让采访调研真正成为观察警营、了解实情、服务决策的窗口,努力把基层公安单位创造的鲜活经验总结提炼出来,让"一枝独秀"变成"春色满园",推进公安工作全面可持续发展。

另一方面,注重解决问题。公安新闻传播者要深悟"知屋漏者在宇下,知

▲《人民公安报》2011年9月29日5版刊发文章《在逃人员逃亡时会呈现怎样的心理嬗变》,结合公安机关实践,分析在逃人员逃匿行为基本规律,探讨完善追逃工作机制。

政失者在草野"蕴含的道理,善于在基层发现问题、帮助解决问题。广大基层民警处于实践一线,最先感知改革发展中的成功和收获、困难和问题。公安新闻传媒要贴近民警、深入警营,坚持问题导向,带着问题下基层,带着思考做报道,练就拨云见日的功夫,提高思考能力和抓问题能力,通过采访调研,及时捕捉和反映各项部署要求在执行过程中的真实情况,全面、辩证、发展地分析工作进程中遇到的困难和挑战,梳理公安队伍建设、执法规范化建设、警务机制建设、科技信息化建设、公安政务服务改革进程中出现的矛盾和问题,加强对社会现实问题和突出矛盾的对策性研究,切实把基层的真实情况及时反映上来,科学研判、及时预警,提出有见地、有价值的意见和建议,为决策提供参考意见,及时把采访调研成果转化成决策依据。

做好研究分析,当好参谋助手,公安新闻传媒一要坚定正确政治方向,努力学深悟透习近平新时代中国特色社会主义思想,提升政治站位,把握时代脉搏,运用辩证唯物主义和历史唯物主义的"望远镜"和"显微镜",去粗取精、去伪存真,透过现象看本质,发现真问题并且提出方向正确、切合实际、利大局、管长远的意见建议。二要着重提升把握全局的能力,胸怀国之大者,立足服务党和国家工作大局,善于用政治的眼光看问题,帮助广大民警和人民群众更好地领会党中央和公安部党委决策部署的深刻内涵、精神实质,聚焦党和国家中心工作、重大决策部署、社会热点难点问题进行深入调查研究,多出金点子,及时反映问题动态,为解决问题提供思路办法,提出有价值的对策建议。三要着重提升专业能力,做好公安新闻传播需要兼备公安职业素养和新闻专业素养的行业专家型人才,了解警务发展动态、警务技能发展、基层社会治理创新,能发挥自身专业优势,从专业角度解读公安新闻事件,提供舆情研判和预警分析,围绕坚持和加强党对公安工作的绝对领导、捍卫政治安全体系、维护社会稳定体系、公共安全治理体系、打击防范新型违法犯罪、服务保障高质量发展、警务管理体制、警务运行机制、基层基础建设、法治公安建设、智慧公安建设、社会治安防控体系、全面从严管党治警等课题开展前瞻性针对性的调查研究,既善于理论联系实际,又擅长为解决问题提供对策建议,为决策者提供专业领域准确、全面、最新的有价值信息,在决策与执行之间建立信息通道。

发挥"研究分析，当好参谋"作用，契合"四力"特别是"脑力"要求。新闻舆论宣传是一项复杂而系统的脑力劳动，需要付出艰苦的思维创造。"脑力"以多动脑、勤思考为核心，是新闻传播的总指挥，能不能全面深入进行新闻报道，能不能反映基层真实情况、传递民警真实声音，考验着公安新闻宣传队伍的"脑力"。要通过脑力加工，冷静思考，探寻复杂现象背后的一般性规律、零散碎片背后的系统性规律，为公安事业发展、公安工作进步出谋划策、提供方案、当好参谋、贡献智慧，让公安新闻传播产品更有力度、深度和厚度，更好体现公安新闻传播有效性。

（七）通报进展，发布信息

公安机关是一支特殊的纪律部队，公安新闻传播立足公安、依托公安、属于公安、服务公安，具有很强的政治性、政策性、法律性、程序性，具有突出的行业性、专业性。有效的公安新闻传播必须紧跟公安工作中心热点，反映公安机关工作部署，及时发布公安领域政策措施，立体展现公安队伍优秀形象，生动记录公安事业发展进程。

有效的公安新闻传播，是宣介公安工作、传递权威信息、集聚强大正能量的"磁石"。在传播格局和舆论生态深刻变革的今天，公安新闻传播既要讲"时效"，也要讲"实效"，面对涉及公安机关的社会焦点问题，公安自有宣传阵地要先于社会媒体发声，既告诉公众"是什么"，也尽可能说清"为什么"，在传播党的声音、传播党的理论上下功夫，在宣讲部署措施、发布工作进展上下功夫，在开展法治宣传、提醒安全防范上下功夫，在解疑释惑、定分止争上下功夫，传递信息，凝聚共识，营造有利于开展公安工作的良好社会氛围。

公安工作点多线长面广，与群众联系密切。一方面，人民群众高度关注公安工作，想要更多了解这支队伍作出的贡献、取得的成绩，这给新形势下的公安新闻传播提出了新要求。近几年，公安新闻传媒探索"公安工作这一年""向人民报告""年终盘点"等宣传报道形式，向各级党政、人民群众和社会各界通报工作，加强信息发布，回应社会关切，取得积极效果。

另一方面，当有突发事件发生时，公众希望最快地了解到真相，如果新闻

▲ 公安新闻传媒探索"公安工作这一年""年终盘点"等宣传报道形式，加强信息发布，回应社会关切，取得积极传播效果。

传媒反应不迅速、引导不及时，难以满足受众的信息需要，就可能形成新闻传播的负面走向，各种不确定信息裹挟着不确定性风险迅速扩散甚至可能形成蝴蝶效应，从一人至一个群体、从一地而至更广范围，如不加以正确引导，一些孤立事件和社会问题很可能会发展成为社会热点舆论事件。这要求公安新闻传播必须积极发挥作用，快速跟进，权威发布，回应关切，揭示事件真相，抢占舆论制高点，引导主流舆论走向，实现信息快速发布和送达，有效发挥引导舆论主阵地作用。

如果说事实真相是破解谣言的最有力武器，那么公安机关则是带来事实、还原真相的最权威信源机构之一。在通报进展、发布信息作用发挥上，公安新闻传播要强烈彰显权威性、专业性，依托公安机关权威信源，以兼备公安职业素养和新闻专业素养的综合优势当好权威发布渠道，成为具有高度公信力的官方"扩音器"。或通报警情，或解疑释惑，或宣传防范，以丰富立体的"警方介绍""警方观点""警方提示"形式，加强正面信息传递，传播发布信息，传递法治精神，增强群众法治意识和安全防范意识，增强公安新闻传播的权威性、解释力和说服力。

以更加透明的姿态向公众介绍一个全面生动的公安正在成为共识。公安新闻舆论宣传工作是公安工作的重要组成部分，公安机关应认真研究社会公众对公安信息的需求，遵循公安工作规律和信息传播规律，通过各类公安新闻传媒广泛宣传公安政务服务改革惠民利企措施，深入报道公安机关社会治理探索的成功实践，主动回应人民群众对公安工作的期待和关切，赢得广大人民群众对公安工作的理解支持。

（八）普法宣传，弘扬正气

法治兴则国兴，法治强则国强。法治是社会文明进步的显著标志。推进更高水平的法治中国建设，在全社会弘扬法治精神、培育法治信仰，引领广大群众参与法治建设，加强舆论宣传引导发挥着重要作用。

"谁执法谁普法"赋予公安机关普法责任。2014年10月，党的十八届四中全会通过的《中共中央关于全面推进依法治国若干重大问题的决定》提出，实行国家机关"谁执法谁普法"的普法责任制。公安机关各业务部门各警种都要树立普法宣传意识，结合执法活动，深入开展社会主义法治理念宣传和普法教育活动，在全社会形成办事依法、遇事找法、解决问题用法、化解矛盾靠法的良好法治氛围。公安新闻传媒更应积极作为，丰富宣传形式，拓宽普法广度，从

◀ 公安新媒体从群众关注的热点问题入手，丰富宣传形式，拓宽普法广度。

群众关注的热点问题入手，加大宣传警示教育，让法治信仰在人民群众心中落地生根。

理解公安新闻传播"普法宣传，弘扬正气"的定位作用，需要厘清两个方面认识：

一是公安机关严格规范公正文明执法本身即是法治宣传，公安新闻传媒要主动结合执法活动做好公安新闻宣传。公安新闻传播记录下的法治实践即是最生动最鲜活的法治宣传教育——扫黑除恶深入推进扫出朗朗乾坤，严厉打击经济领域违法犯罪，打击黄赌毒创造良好社会治安环境……公安机关周密组织强力侦办，公安新闻传播及时跟进，发布通缉令、协查通报，播发侦破纪实，公布打击战果，增强公众安全感，形成打击各类违法犯罪的舆论氛围和强大威慑，这样的法治宣传成为刺向犯罪的一把利剑。

正义不仅要实现，而且应当以人们看得见的方式实现。公安机关每一次公正执法都是一场浸润人心的法治宣传，每一次捍卫公平正义都在为全社会法治信仰的大厦添砖加瓦。生动鲜活的案例是最好的法治宣传素材，一次次集中打击专项行动，一件件依法办理的大案小案，都会产生直观的、具体的、可感的法治宣传教育效果。公安新闻传播要主动讲好公安民警执勤执法故事，讲述良法善治，展现惩恶扬善，传递温暖人心的法治力量。

二是落实"谁执法谁普法"责任制，各警种业务部门要与公安新闻传媒合力构建大宣传机制，形成普法宣传"大合唱"。

　　禁毒工作中，公安禁毒部门通过各类宣传平台资源，展示公安机关打击涉毒案件和吸贩毒团伙成果，全方位宣传禁毒知识，营造坚决打好禁毒人民战争的浓厚舆论氛围。打击防范各类诈骗，公安机关加强预警防范，不断加大宣传力度，全力营造全民防诈反诈浓厚氛围，2021年2月，国家反诈中心正式入驻抖音等新媒体平台。依法惩治高空抛物守护"头顶上的安全"，开展"平安医院"建设打造安全有序诊疗环境，严查严处侵犯公民个人信息犯罪，治理互联网预付费型消费陷阱，打击虚假保健品骗局……公安机关依托公安新闻传媒阵地开展宣传活动，发布典型案例，强化预警提示，开展法治宣传教育，形成良好舆论传播效果。

　　有效的公安新闻传播宣讲法律知识、传播法治理念、引导法治思维、营造浓厚法治氛围，不断坚定人们对遵纪守法和公平正义的强大信心，让广大群众感受到法治散发出的温暖光芒，感受到正义可期、法律可期。

（九）服务群众，发动群众

　　"欢迎各位'老铁'来到我们的直播间，助力脱贫攻坚公安在行动……"公安主播热情洋溢的开场白拉开了直播的序幕。尚义燕麦、坝上鲜香辣酱、阜城

▲ "助力脱贫攻坚·公安在行动"新媒体直播，为农特产品销售打通渠道，展现出脱贫攻坚战中公安新闻传媒的力量和担当。

鸭梨汁、迁西板栗、三色藜麦、沙棘果汁……众多物美价廉的河北特色农产品汇聚在一间别具特色的直播间内,通过中国警察网快手号在全国网友面前闪亮登场,并很快被抢购一空。这场主题为"助力脱贫攻坚·公安在行动"河北专场直播活动由中国警察网、河北省公安厅新闻中心等联合承办。近3小时的直播,累计有370.8万网友观看,收到点赞129.6万次。为了帮助河北农户销售更多的农产品,主播和嘉宾们"各显神通",网友们也纷纷下单订购并点赞留言:"感谢河北警察蜀黍!"

打赢脱贫攻坚硬仗,巩固拓展脱贫攻坚成果,全面推进乡村振兴,公安机关必须勇于担当、冲锋在前。公安新闻传播一方面通过宣讲宣传鼓舞斗志,展现人民群众共建美好家园共享幸福生活的生动实践,以正面舆论引导振奋人心、催人奋进;另一方面,还应坚持走好网上群众路线,利用传播媒介发展新形态,打开公安新闻宣传助力脱贫攻坚的新路子,有效解决群众急难愁盼。公安新闻传播平台创新开展网上直播带货,通过传统媒体和新媒体联动发力,充分发挥自身优势和职能作用,为农特产品销售打通渠道,赢得人民群众和社会各界广泛赞誉,展现出脱贫攻坚战中公安新闻传媒的力量和担当。

▲ 公安新闻传媒为地方农特产品销售拓宽渠道,助力乡村振兴。

"小清婍得救了!河南公安了不起!"事发于2018年12月13日,河南郑州一早产儿感染罕见病菌,病情危急,医生建议转入北京治疗,患儿需要通过京港澳高速转院到北京。河南省公安厅得知消息后,立即部署开展相关护送工作,一方面组织安排河南高速公安立即开通应急"绿色通道",警车全程护送;一方面通过"河南高速公安""平安中原"微博的#象警官播报#话题发布信息,呼吁沿途过往车辆让行。当天傍晚,救护车在交警一路护送下,顺利进入河北,平安抵达北京。①公安新闻传媒不仅成为展示公安机关良好形象的重要窗口,也是与网友实时交流互动、帮助群众解决实际困难的贴心平台。

新形势下,公安新闻传媒已经成为公安机关群众工作的重要组成部分。坚持把维护好最广大人民群众的根本利益作为出发点和落脚点,通过公安新闻舆论宣传工作,加强与广大群众的沟通交流,体察群众疾苦和所思所盼,了解群众对公安队伍意见需求,反映群众对社会治安状况评价,争取群众对公安工作的支持配合,警民携手共建良好社会治安环境,形成推进平安中国法治中国建设的整体合力。

人民群众的力量是无穷的,人民群众的智慧也是无穷的。公安新闻传播要坚持群众观念,始终站稳群众立场,善于聚民心、汇民力,发动群众积极为公安工作建言献策,在调研采访中,深入挖掘基层群众共建共治共享的社会治理智慧,展示如"朝阳群众""西城大妈""红枫义警"等群防群治力量的民智民力,激发广大群众的主人翁意识和自我管理能力,汇聚起众志成城的强大力量。要把体现党的主张和反映人民心声统一起来,问需于民、问效于民、问安于民,发挥公安新闻传播的力量服务群众。

(十)发声亮剑,坚决斗争

马克思曾深刻指出:"使报刊变成人民的文化和精神教育的强大杠杆的,正是报刊可使物质斗争变成思想斗争,使血肉斗争变成精神斗争,使需求、欲望和经验的斗争变成理论、理性和形式的斗争。"②当前,社会思想活跃、观念碰撞,意识形态领域的复杂性大大超过以往,意识形态斗争真切地反映在各类思想文化阵地和各种思潮交锋碰撞中。各种观点泥沙俱下,一些错误思潮也乘虚

---

① 张波、杜一博:《河南:指尖"作战"凝聚平安建设强大力量》,《人民公安报》2020年12月21日,第3版。
② 《马克思恩格斯全集》第40卷,人民出版社1982年版,第329页。

而入。新闻舆论工作处在意识形态斗争最前沿，新闻宣传战线必须当好思想战士，敢于交锋，坚决批驳，澄清谬误，最大限度消除杂音噪音，让党的主张成为时代最强音。

公安姓党，党媒姓党。公安新闻传媒要旗帜鲜明坚持党管宣传、党管意识形态，切实增强政治敏锐性和政治鉴别力，把握正确舆论导向，坚决巩固意识形态阵地，确保站稳政治立场、认清复杂形势，不断提高舆论引导水平，坚决与错误思潮和敌对势力作斗争，坚决维护国家政治安全和意识形态安全。

与错误思潮的斗争必须强化思想武装。思想的田野，如果真理不去占领，就会杂草丛生。要想在与错误思潮的斗争中取胜，首要的任务是加强理论武装，坚持以习近平新时代中国特色社会主义思想为指导，深入学习贯彻习近平法治思想特别是习近平总书记关于新时代公安工作的重要论述，深刻领悟"两个确立"的决定性意义，增强"四个意识"、坚定"四个自信"、做到"两个维护"，牢固树立正确的世界观、人生观、价值观，切实筑牢信仰之基、补足精神之钙、把稳思想之舵。

与错误思潮的斗争必须坚决彻底。敢于斗争、敢于胜利是我们党的鲜明品格。公安新闻传媒要强化阵地意识，在事关大是大非和政治原则问题上，要挺身而出、坚决斗争，化笔为剑、发声亮剑，理直气壮讲道理，坚决反对和抵制各种错误观点，牢牢占领主流意识形态传播阵地。

三、准确把握公安新闻传播的政治属性和传播属性，深刻理解公安新闻传播既是政治性很强的业务工作、也是业务性很强的政治工作

新闻传播，首先是一项信息传播活动。作为一种涉及新闻采访活动、编发传播活动、宣传引导活动的专业学科行为，天然地具有传播属性。新闻传播所囊括的策划、采访、调研、撰写、编辑、出版、播出等各种具体行为，可以提炼为传播手段、传播内容、传播技术、传播渠道等传播学概念，进而延伸到传播理念、传播目的、传播效能等功能概念，构成新闻传播从其天然的传播学科属性到传播功能属性的闭环运转。

但是，新闻传播当然不是单纯只有传播属性这一种属性。所有的新闻传播

活动，从传播主体上看，都是由忠诚于党和人民事业的人进行；从传播内容上看，都必须坚持主旋律，着力做大做强主流思想舆论；从传播阵地上看，都是党的宣传阵地；从传播任务和目的上看，都要求担负起举旗帜、聚民心、育新人、兴文化、展形象的使命任务。因为与政治的关系高度密切，使得新闻传播同时具有强烈的政治属性。公安新闻传播既要把握新闻工作的党性即其政治属性，实现好由政治属性生发出的有效性，又要把握新闻传播的规律性即其传播属性，实现好由其传播属性生发出的有效性。只有深刻认识其政治属性，又准确把握其传播属性，才能更好提升公安新闻传播的有效性。从公安新闻传播的要素构成上，我们就能直观认识到其鲜明的政治属性——

所谓新闻，新闻界普遍认为是对新近发生的事实的报道。如果套用这个理论，公安新闻就是对公安机关新近发生的事实的报道，其主体内容应为新近发生的与公安机关、公安民警和公安工作有关的事件、信息、人物等。公安新闻传播的构成要素主要包括以下几个方面：

1. 从传播主体上看，都是由党和人民信赖的、忠诚于党和人民事业的人进行

公安机关是人民民主专政的重要工具，是党和人民手中掌握的"刀把子"，公安机关首先是政治机关。公安新闻舆论宣传工作队伍必须坚持党的绝对领导，把旗帜鲜明讲政治贯彻到公安新闻传播工作各方面、全过程，做到绝对忠诚、绝对纯洁、绝对可靠。公安新闻舆论宣传工作是公安工作的重要组成部分，只有牢牢把握"公安姓党"这一根本政治属性，坚持党的绝对领导，才能确保坚定正确的政治方向。

党管媒体，是把各级各类媒体都置于党的领导之下，所有从事新闻信息服务、具有媒体属性和舆论动员功能的传播平台都要纳入管理范围，所有新闻信息服务和相关业务从业人员都要实行准入管理。公安新闻传播工作者要增强"四个意识"、坚定"四个自信"、做到"两个维护"，确保在政治立场、政治方向、政治原则、政治道路上同以习近平同志为核心的党中央保持高度一致，善于从政治上观察和处理问题。要把坚持正确政治方向和舆论导向贯穿公安新闻传播的新闻采集、撰写、编排、发布等各环节，切实做党的政策主张的传播者、

时代风云的记录者、社会进步的推动者、公平正义的守望者。

2. 从传播内容上看，必须坚持弘扬主旋律、传播正能量，着力做大做强正面宣传和主流思想舆论

马克思主义新闻观从不隐瞒自己的党性，要求党报党刊一定要无条件地宣传党的主张。党的新闻媒体的所有报道内容，都要体现党的意志、反映党的主张，维护党中央权威、维护党的团结，做到爱党护党为党；都要坚持党性和人民性相统一，把党的理论和路线方针政策变成人民群众的自觉行动，及时把人民群众创造的经验和面临的实际情况反映出来，丰富人民精神世界，增强人民精神力量。

对公安新闻传播来说，每一篇报道、每一个版面、每一次发声、每一次活动，都应当坚持以人民为中心的工作导向，坚持利党利国利民，坚持正面正确正能量。公安新闻传播的内容要紧紧围绕党和国家中心工作，坚决贯彻公安部党委部署要求，发好公安声音、讲好警察故事，充分反映全国公安机关和广大公安民警辅警奋进新征程、建功新时代的生动实践，努力为推进公安工作现代化营造良好的舆论氛围。要坚定宣传党的理论路线方针政策，坚定宣传党中央重大工作部署特别是对政法公安工作作出的科学决策，深度报道公安机关推进更高水平平安中国法治中国建设、维护社会和谐稳定、护航经济社会发展和全面深化公安改革的火热场景和涌现出的先进人物典型，始终以正确的传播内容引导人、教育人、鼓舞人、激励人，让主旋律和正能量成为最强音。

3. 从传播阵地上看，所有从事新闻信息服务、具有媒体属性和舆论动员功能的公安新闻传播平台，都必须姓党

习近平总书记强调，"党和政府主办的媒体是党和政府的宣传阵地，必须姓党"[①]，"党管媒体是把各级各类媒体都置于党的领导之下"[②]。在继承马克思主义新闻观的基础上，习近平总书记进一步丰富和发展了马克思主义新闻观的内涵。马克思、恩格斯一向把党的报刊看作党的事业的一部分，恩格斯更明确提出"绝对放弃政治是不可能的；主张放弃政治的一切报纸也在从事政治。问题只在

---

① 习近平：《论党的宣传思想工作》，中央文献出版社2020年版，第181-182页。
② 习近平：《论党的宣传思想工作》，中央文献出版社2020年版，第183页。

于怎样从事政治和从事什么样的政治"①。列宁则明确:"出版物应当成为党的出版物。"②所有从事新闻信息服务、具有媒体属性和舆论动员功能的传播平台,都必须坚持党性原则。公安新闻舆论宣传队伍作为一支党绝对领导下的特殊纪律部队,公安新闻舆论宣传阵地作为为党和国家工作大局服务、为公安中心工作服务、为广大民警和人民群众服务的意识形态工作阵地,在坚持党性原则上,必须坚持高标准、严要求。在公安新闻传播大格局中,广义的公安新闻传播阵地,包括所有具体开展公安新闻传播工作的报刊网出版影视平台,既包括内宣也包括外宣,既包括公安报刊书籍出版等传统宣传阵地,也包括以"两微一端"为代表,公安门户网站、微信、微博、抖音号、快手号、强国号、人民号、新华号、百家号、头条号等媒体平台号、视频号等。所有的公安报刊网微媒体平台,都要坚定不移贯彻党管媒体原则,充分发挥宣传贯彻党中央决策部署、服务推动公安中心工作、加强公安业务指导交流、开展正面宣传和舆论引导的重要阵地作用,发挥凝聚警心、鼓舞士气、联系群众的重要纽带作用,保证公安新闻传播活动始终体现党的意志、反映党的主张、传播党中央声音,宣传引领全国公安机关和广大民警进一步把思想和行动统一到习近平新时代中国特色社会主义思想上来,统一到党中央重大决策部署上来,不断增强政治敏锐性和政治鉴别力,履行好新时代公安机关职责使命。

4. 从传播目的和任务上看,都要求把统一思想、凝聚力量作为工作中心环节,自觉肩负起举旗帜、聚民心、育新人、兴文化、展形象的使命任务

习近平总书记指出:"党的新闻舆论媒体的所有工作,都要体现党的意志、反映党的主张,维护党中央权威、维护党的团结,做到爱党、护党、为党;都要增强看齐意识,在思想上政治上行动上同党中央保持高度一致;都要坚持党性和人民性相统一,把党的理论和路线方针政策变成人民群众的自觉行动,及时把人民群众创造的经验和面临的实际情况反映出来,丰富人民精神世界,增

---

① 《马克思恩格斯全集》第17卷,人民出版社1963年版,第449页。
② 《列宁全集》第12卷,人民出版社1987年版,第93页。

强人民精神力量。"①传播任务明确、舆论导向正确，才能凝聚人心、汇聚力量，推动公安事业发展。公安新闻传播必须坚持正确的政治方向、舆论导向、价值取向，宣传好党的科学理论、传播好党的声音、服务公安中心工作、服务公安队伍建设、服务维护社会稳定大局，为公安事业发展提供思想保证、精神动力和舆论支持。要通过创作更多高质量公安新闻传播作品，记录公安机关全力以赴防风险、保安全、护稳定、促发展的团结奋斗，记录公安队伍强化使命担当、忠诚履职尽责、顽强拼搏奋斗的感人场景，传承弘扬公安英模先进典型的崇高精神，激发起公安心向党、护航新征程的磅礴力量，以更加旺盛的斗志奋进新征程、建功新时代。

※ ※ ※

茫茫九派流中国，纵横当有凌云笔。

新时代新征程，我国发展面临新的战略机遇、新的战略任务、新的战略阶段、新的战略要求、新的战略环境，世界之变、时代之变、历史之变正以前所未有的方式展开。

以习近平同志为核心的党中央始终把宣传思想文化工作摆在全局工作的重要位置，习近平总书记强调："必须从党的工作全局出发把握党的新闻舆论工作，做到思想上高度重视、工作上精准有力。"②新闻舆论宣传工作要明晰职责任务，找准定位，因势而谋、应势而动、顺势而为，不断适应党和国家事业发展新要求，在错综复杂的舆论场和交锋碰撞的社会思潮中坚定自信、站稳脚跟，在深刻变革调整的传播格局中坚持巩固壮大主流思想舆论，更好统一思想、凝聚力量，调动各方积极性、主动性、创造性，激发团结奋进、攻坚克难、意气风发向第二个百年奋斗目标进军的更强大力量。

宣传战线和公安战线是我们党的两条重要战线。公安新闻舆论宣传工作是党的新闻舆论工作的重要组成部分，也是公安工作的重要组成部分。公安工作

---

① 杜尚泽：《习近平在党的新闻舆论工作座谈会上强调 坚持正确方向创新方法手段 提高新闻舆论传播力引导力》，《人民日报》2016年2月20日，第1版。
② 杜尚泽：《习近平在党的新闻舆论工作座谈会上强调 坚持正确方向创新方法手段 提高新闻舆论传播力引导力》，《人民日报》2016年2月20日，第1版。

的特殊性决定了公安新闻舆论宣传工作的特殊性。要充分发挥喉舌作用，把传播党的理论、传播党的声音摆在首要位置，把为党和国家工作大局服务、为公安中心工作服务、为广大民警和人民群众服务作为基本方向，及时准确宣传报道党的路线方针政策和党中央的重大决策、公安部党委的部署要求。要充分发挥阵地作用，毫不动摇地坚持党管宣传、党管意识形态、党管媒体，发扬斗争精神，坚持服务实战，在大是大非面前敢于亮剑，做大做强主流舆论，及时发出权威声音，凝聚警心、鼓舞士气、激励斗志。

站在新的历史起点上，我们要深刻认识做好新形势下新闻舆论工作的重大意义，坚持不懈用习近平新时代中国特色社会主义思想凝心铸魂，深入学习贯彻习近平文化思想，站稳政治立场、强化使命担当，统筹运用传统媒体和新兴媒体平台，充分发挥公安新闻舆论宣传阵地作用，不断提升新闻传播和舆论引导工作的有效性，凝聚起广大公安民警高举旗帜、听党指挥、忠诚使命的团结力量，为公安事业长远发展进步作出新贡献。

注重提升公安新闻传播的有效性，旗帜鲜明坚持真理，立场坚定批驳谬误，握住"方向盘"，画好"同心圆"，把公安民警和广大群众凝聚在伟大梦想的旗帜下，心往一处想、劲往一处使，团结成"一块坚硬的钢铁"，在破浪前行中"放使干霄战风雨"，激扬起不可战胜的磅礴力量。这是公安新闻舆论宣传工作的历史使命，也是公安新闻舆论宣传工作的无上光荣。

第四章
内容生产是新闻传播活动的核心环节

——内容优势是赢得影响力优势、提升新闻传播有效性的前提。不管媒体形态怎么变、宣传舆论格局怎么变,原创内容始终是最关键最宝贵的传播资源,是不可替代的核心竞争力。实现公安新闻传播有效性,最核心的环节就是生产出权威、准确、优质的内容产品,推动传播内容生产侧(信息供给侧)提质增效

"阳春召我以烟景,大块假我以文章。"新时代新征程,风云激荡,气象万千,以习近平同志为核心的党中央谋篇布局,我们向着第二个百年奋斗目标阔步前行,努力奔跑,一起追梦,神州大地处处跳动着发展的音符、处处都是活跃的创造,更多变迁跃然眼前,更多美景尽收眼底。

身处伟大时代,新闻传播拥有无比广阔的空间,丰厚的现实土壤提供了源源不断的创作素材。新闻舆论宣传工作者躬逢其时,必须紧跟时代步伐,用生动笔触书写时代变迁,立体展示祖国的不断强盛,深情记录改革建设发展成就,以优秀的新闻传播作品成就职业荣光。

对公安新闻传播而言,还肩负着具有鲜明行业特色的特殊使命。公安机关担负着捍卫政治安全、维护社会安定、保障人民安宁的重大使命任务,公安斗争实践是诞生优秀公安新闻传播作品的良田沃土,是一座取之不尽、用之不竭的新闻富矿。公安新闻传播要敏锐感知时代发展脉搏,感受公安事业发展律动,记录公安机关大踏步发展的不凡之路,生动展现新时代公安队伍的新担当、新作为、新成就,热情讴歌公安民警忠于党、忠于国家、忠于人民、忠于法律的崇高精神风貌,以优秀的公安新闻传播作品反映伟大的时代变革,展现人民公安工作的波澜壮阔。

丰厚的创作沃土呼唤优秀的新闻传播产品。担负起职责使命,优质的新闻传播产品至关重要;要体现传播效能,优质的新闻传播产品是基本前提。新闻传播全流程中,新闻产品即传播内容始终是核心环节,优质内容任何时候都是占领舆论宣传制高点、掌握宣传工作主动权的前提和基础。习近平总书记多次阐述"内容为王""以内容优势赢得发展优势"的重要观点,强调"内容永远是根本,融合发展必须坚持内容为王,以内容优势赢得发展优势"①。

内容永远是根本。当前舆论生态、媒体格局、传播方式等发生深刻变化的大背景下,公安新闻传播要更加注重内容生产,突出专业优势,专注内容质量,扩大优质内容产能。通过推动传播内容生产侧(信息供给侧)提质增效,不断增强公安新闻传播内容供给的有效性,以内容优势赢得发展优势,为公安工作提供强大舆论支持和精神力量。

---

① 《习近平关于社会主义文化建设论述摘编》,中央文献出版社2017年版,第46页。

一、报道重要事件：围绕重要时政、重大主题、重要会议、重要活动，强化优质新闻内容供给，有效放大主流声音，通过把"事"报道好提升公安新闻传播有效性

新闻传播内容最基本的划分就是"事"和"人"。事，就是实践、活动、经验；人，就是开展实践、进行活动、获得经验的主体。具体到公安新闻传播，事，是指公安实践、业务活动、工作经验；人，是指广大公安民警、警务辅助人员，以及民警辅警家属，更广泛的范围还可以外延到重视和支持公安工作的各级党委政府、有关部门和广大人民群众。

新闻传播所指之"事"，就是斗争实践，就是社会活动，就是生产经验。马克思在《关于费尔巴哈的提纲》中提出，"全部社会生活在本质上是实践的"①——任何一个时代一段时期的新闻作品，都是那个时代那段时期社会生活即实践的反映。

（一）讲好新时代之新之美之好，从中国特色社会主义新时代这一伟大历史背景和宏阔视域中确立报道主题、反映时代巨变，以党和国家事业发展光辉历程和伟大成就为主题的公安新闻传播作品最有分量

传播内容是新闻舆论宣传活动的核心环节，新闻传播的有效性是通过传播内容对受众的影响来实现的。新闻宣传阵地通过设置议题、推出内容，引起受众关注，引导受众思考，帮助受众理解，通过传播内容有效影响被引导者的意见、倾向和态度，这是传播内容体现有效性和实现有效性的基础路径。

"文章合为时而著，歌诗合为事而作。"一百多年来，我们党带领人民不懈探索实践，深入推进认识世界、改造世界的实践，全面推进社会主义经济建设、政治建设、文化建设、社会建设、生态文明建设各项实践，中华民族迎来了从站起来、富起来到强起来的伟大飞跃。当代中国，社会变革广泛而深刻，实践创新宏大而独特；当代中国，江山壮丽，人民豪迈，前程远大。恢宏壮阔的政治背景和大气雄浑的时代场景下，重要时政多，重大主题多，重要会议多，重

---

① 《马克思恩格斯全集》第3卷，人民出版社1960年版，第8页。

要活动多,成功报道好这些重要事件,就是聆听时代声音、为时代画像、为时代立传。

无边光景一时新。新时代精彩演绎着无数发展的故事、奇迹的故事,而且必将创造一个又一个新的发展奇迹,必将走向更加广阔的未来征程,需要我们记录好、诠释好、传播好。"领航·习近平新时代中国特色社会主义思想指引公安新实践""奋进新征程 建功新时代·伟大变革""新时代 新征程 新伟业"……这些深度述评和综述通讯类专栏,从公安机关在党领导下奋斗拼搏的视角,通过基层巨大变化反映党领导人民攻坚克难推进变革的生动实践,触摸中国梦的时代脉搏,展现波澜壮阔的时代壮美画卷。

伟大的时代需要用心、用情、用功抒写。我们正在进行具有许多新的历史特点的伟大斗争,公安新闻传播工作者要长于敏锐观察时代发展,聆听时代的声音,回应时代的召唤,为时代和人民放歌,用优秀的语言文字、音频视频作品,讲述欣欣向荣的中国,讲述自信昂扬的人民,讲述日新月异的发展,讲述赓续传承的事业,宣传好新中国波澜壮阔的发展历程、感天动地的辉煌成就、弥足珍贵的经验启示,激励公安民警和广大群众更加紧密地团结在党中央周围,团结一心,为实现中华民族伟大复兴的中国梦不懈奋斗。公安新闻舆论宣传具有鲜明的时代主题特征。公安新闻传播要树立大历史观、大时代观,紧跟时代步伐,推出更多类似《大美中国画卷 藏蓝身影生辉》《护航乡村振兴 为美好生活不懈奋斗》这样主旨宏大的策划报道,展现历史巨变,讲好时代之新,热忱描绘新时代新征程的恢宏气象,抒写改革开放和社会主义现代化建设的蓬勃实践,抒写多彩的中国、进步的中国、团结的中国,深刻解读我们国家历史性变革中所蕴藏的内在逻辑,巩固壮大主流思想舆论,激发团结奋进的强大力量。

(二)宣传科学理论是公安新闻传播的重要政治任务,要让党的创新理论"飞入寻常百姓家",推动科学理论入脑入心,使公安新闻传播平台成为"思想充电站"

我们所处的新时代,是一个需要理论而且一定能够产生理论的时代,是一个需要思想而且一定能够产生思想的时代。习近平新时代中国特色社会主思想是对马克思列宁主义、毛泽东思想、邓小平理论、"三个代表"重要思想、科学发展观的继承和发展,是马克思主义中国化最新成果,是党和人民实践经验和集体智慧的结晶,是中国特色社会主义理论体系的重要组成部分,是全党全国人民为实现中华民族伟大复兴而奋斗的行动指南,必须长期坚持并不断发展。

马克思认为,"理论一经掌握群众,也会变成物质力量"[①]。理论要"掌握群众",传播是一个重要环节。公安新闻传播要全面准确深入宣传习近平新时代中国特色社会主义思想,高扬真理之旗,当好推动理论学习传播的"排头兵"——做好重要时政报道,重点加强习近平总书记重要时政新闻报道,把宣传阐释习近平总书记重要讲话重要指示精神作为重中之重,深刻领会、准确报道。设立专题专栏专版,推进对习近平总书记系列重要讲话精神的学习宣传,如开设"深入践行总体国家安全观""深入学习宣传贯彻习近平法治思想""学习贯彻习近平总书记重要训词精神""忠实践行对党忠诚服务人民执法公正纪律严明总要求"等栏目,组织刊发公安机关广大民警学习体会文章,组织公安院校教师、智库专家撰写理论研究文章,宣传好、阐释好科学理论,用以武装头脑、指导实践、推动工作,让公安民警和广大群众掌握推动工作、解决问题的"金钥匙",为推动新时代公安工作高质量发展提供强大思想武器和行动指南。

增加优质内容供给,还要注重丰富报道呈现,让内容更立体、更生动、更有效。"习近平总书记牵挂的民生事""讲述·总书记的关心事""总书记勉励我奋战一线——听第一书记讲述扶贫故事""重温嘱托看变化""奋进强国路·总书记这样引领中国式现代化"……中央主流媒体推出的这些专栏专题,以及公安新闻传媒推出的"公安机关'牢记总书记嘱托 踔厉奋发新征程'"等栏目,坚持深刻性和大众化相结合、讲道理和讲故事相结合,用鲜活的故事和细节充分展示习近平新时代中国特色社会主义思想的真理力量、精神力量、实践力量,生动讲好习近平总书记治国理政、管党治党、爱民为民的故事,全方位展现习近平总书记领袖魅力风采和人民情怀,全力宣传报道好习近平总书记关于新时代公安工作的重要论述,突出展示党的十八大以来以习近平同志为核心的党中央高度重视公安工作、关心关爱公安队伍,不断深化对公安工作的规律性认

---

① 《马克思恩格斯全集》第1卷,人民出版社1956年版,第460页。

识、推动公安事业发展的生动实践。理论创新每前进一步，理论武装就必须跟进一步，公安新闻传播阵地应成为广大民警统一思想、提升站位的"政治课堂"，成为强化理论武装、提升政治能力的"补给站""充电站"。

（三）传播报道好党的重大决策部署，做好重大主题重要活动报道，更好地统一广大民警思想认识、明确前进方向

2019年5月底开始，"不忘初心、牢记使命"主题教育在全党深入开展。这次主题教育，是以习近平同志为核心的党中央统揽伟大斗争、伟大工程、伟大事业、伟大梦想作出的重大部署。为真实了解和反映公安机关开展主题教育情况，真切感受主题教育"守初心、担使命，找差距、抓落实"的实际成效，2019年6月下旬起，《人民公安报》组织开展"不忘初心 牢记使命·走进革命圣地公安机关"主题调研采访，数十名记者组成融媒体报道团队，分赴浙江嘉兴、江西瑞金、福建古田、江西井冈山等地开展蹲点采访和调研，真实展示公安民警推动主题教育、致力脱贫攻坚、服务民生发展的生动实践。

行进在红色土地，到处跃动着发展的蓬勃活力。在这次融媒体采访中，笔者先后奔赴江西于都、瑞金、井冈山，瞻仰革命旧址，登上村民新楼，进到蔬菜大棚，走入万亩脐橙园，富起来的群众由衷地表达着对党和政府、对公安机关的感谢……我们用笔、相机、麦克风，全方位记录新时代的奋斗和发展，热情讴歌国家发展与人民群众安居乐业的美好景象。这些报道被广泛转载，取得积极社会反响。

重大主题宣传是公安新闻传播的重点内容，是公安新闻宣传战线必须担负的政治任务，也是看家本领和使命所在。2018年，改革开放40周年；2019年，中华人民共和国成立70周年；2020年，全面建成小康社会；2021年，中国共产党成立100周年；2022年，党的二十大胜利召开；2023年，改革开放45周年和党的十八届三中全会召开10周年……公安新闻传媒紧扣重大时间节点，聚焦重大主题话题，采写一篇篇生动文字，推出一个个典型人物，拍摄一幅幅感人照片，录制一段段精彩音频视频，深入宣传党的理论路线方针政策和重大决策部署，汇聚成一幅幅凝聚力量、催人奋进的精彩画卷。

▲ 开展蹲点采访和调研，真实展示公安民警致力脱贫攻坚、服务民生发展的生动实践。

围绕中央经济工作会议、中央政法工作会议等重要会议，围绕党中央把握新发展阶段、贯彻新发展理念、构建新发展格局、推动高质量发展、推进更高水平的平安中国法治中国建设等重大决策部署，通过主题新闻报道、系列评论员文章、开辟理论专栏等形式，浓墨重彩开展好党和国家中心工作、重要部署、重要会议、重大活动主题宣传，把党中央决策部署讲清楚，教育引导广大公安民警更好地把思想和行动统一到中央重大决策部署上来。

（四）围绕公安中心工作，深刻反映火热公安实践，生动记录公安事业发展，展现公安工作新成绩新气象，为维护社会和谐稳定鼓与呼

公安实践的特殊性决定了公安新闻传播具有极强的职业辨识度，拥有极为丰富且独特的素材资源。公安工作，事关全局，事关发展，事关长远，政策性强、涉及面广、影响力大。公安新闻传播根植公安实践和警营生活热土，要真正打开并且进入公安题材这座宝库，满怀激情和担当创作更多反映公安火热实践、广大民警喜闻乐见的"沾泥土""带露珠""冒热气"的优秀公安新闻作品，

努力将新时代人民公安的生动实践转化为一件件高质量的新闻传播作品。

践行新思想,护航新时代。在党中央坚强领导下,公安机关立足维护稳定、打击犯罪、服务人民的主责主业,战胜一个又一个挑战,打赢一场又一场硬仗。公安新闻舆论宣传战线必须牢记职责使命,宣传好、报道好公安机关坚决贯彻落实党中央决策部署、推进更高水平平安中国法治中国建设的新气象、新作为——

报道好公安机关贯彻总体国家安全观,始终把维护国家政治安全放在首位,下好先手棋、打好主动仗,坚定维护国家政治安全、制度安全、意识形态安全的担当作为;报道好公安机关发挥主力军作用扫黑除恶,描绘利剑扫黑的生动画卷,展现公平正义的法治威力,传播可歌可泣的英雄故事;报道好公安机关服务保障京津冀协同发展、长三角一体化发展、长江经济带发展、粤港澳大湾区建设等区域发展战略建设,打造安全稳定社会环境、公平正义法治环境、优质高效服务环境的主动作为;讲好公安机关推进出入境管理、户籍管理、道路交通管理等领域公安政务服务改革,让群众高兴而来满意而归的生动故事;围绕元旦、春节、元宵节、"五一"小长假、国庆节等重要时间节点策划组织"节日我在岗"主题宣传,与业务警种部门共同推进"全民国家安全教育日""知识产权宣传周""国家网络安全宣传周""宪法宣传周"等主题宣传;报道好公安机关全力以赴防风险、保安全、护稳定、促发展的火热实践,聚焦打击突出违法犯罪,报道打击电信网络诈骗犯罪"云剑""断流""断卡"等专项行动,报道严打危害食品药品安全和侵犯知识产权等领域违法犯罪"昆仑"专项行动,报道网络犯罪歼灭战和网络空间生态治理战"净网行动",报道缉捕在逃境外经济犯罪嫌疑人"猎狐"专项行动,以及公安机关依法打击"黄赌毒""盗抢骗"、向破坏生态环境违法犯罪亮剑等工作成就……公安新闻传播工作者要深入一线、随警作战,及时展示公安工作成效,讲述民警忠诚使命的无悔担当,为各项工作开展营造良好舆论氛围。

火热的公安实践是公安新闻传播内容生产的不竭源泉。公安新闻传媒要充分报道好公安机关坚持政治建警、改革强警、科技兴警、从严治警,公安队伍坚决做到对党忠诚、服务人民、执法公正、纪律严明,严格规范公正文明执法,坚持和发展新时代"枫桥经验",加强社会治安防控体系建设的生动实践,立足行业传媒优势,深度挖掘特色内容。在积极报道各地公安机关经验成果的同时,还要报道好公安实践中涌现出的品牌和典型,从新时代"漳州110"到晋江刑警,从羊拉派出所、筷子巷派出所到东莱街派出所、枫桥派出所……抓住典型时代特征,丰富典型宣传形式,生产出更多内容精良、形式新颖、传播有效的公安特色原创精品。

二、报道典型人物:英雄辈出,是公安队伍的鲜明特征;礼赞英雄,是公安新闻传播的永恒主题和动人篇章。理直气壮推先进,满腔热情颂典型,有效树起新时代人民警察的好样子,通过把"人"报道好提升公安新闻传播有效性

2021年,中国共产党成立100周年之际,全国公安系统一级英模、河南省登封市公安局原局长任长霞入选"100位重要英雄模范名单"。任长霞的英雄事迹再次成为公安新闻传播焦点。

2004年4月14日,任长霞在侦破命案途中遭遇车祸因公殉职。投身公安战线21年,任长霞荣获全国五一劳动奖章、中国十大女杰、全国优秀人民警察等数十项荣誉称号,成为公安队伍的一位优秀典型代表。

早在2004年5月,就在任长霞牺牲后不久,笔者就奔赴河南郑州,实地采访近10天,并在《人民公安报》以三个头版头条推出系列人物通讯报道。

▲ 系列报道之一《老百姓心里有杆秤》生动反映任长霞和群众的亲密关系。

突然，人群中挤过来一位中年妇女，手里拿着一条大红的纱巾，径直走向任长霞，笑着将红纱巾系在她的头上。

任长霞非常高兴，脸上呈现出了略微的红晕，明显带着女人的娇羞。

她笑着大声问正在看着自己的父老乡亲："今天我好看不好看？"

说完更加甜蜜地笑着，身边的同事也笑了，面前成千上万的群众也笑了……

那一刻，她笑得那样灿烂，就像一个在自己父母跟前撒娇的乖女儿。

▲ 系列报道之二《把青春献给公安事业》生动展现这位传奇女局长一心为公、守护一方的牺牲奉献精神。

办公桌上，你看过的书还在，用过的梳子还在，没用完的饭票还在，只是再也不见了它们的主人……老百姓纷纷围上来，争着要和我说说，都想夸夸他们的好局长。

老百姓在市公安局大院门口等着，见到我出来，纷纷围上来，争着要和我说说话，都想夸夸他们的好局长，都想问问：这么一个大好人，咋就走了呢？

人民怀念任长霞 系列报道③

谁说女子不如男

□本报记者 李刚

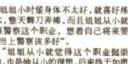

▲ 系列报道之三《谁说女子不如男》生动回顾任长霞铁腕治警、扫黑除恶、屡破大案的传奇经历。

"有许多女英雄也把功劳建,为国杀敌代代出英贤,这女子哪一点不如儿男……"这是豫剧《花木兰》中的著名唱段《谁说女子不如男》。

这个唱段,是任长霞非常喜欢唱而且唱得很好听的一段。在局里的联谊会上、歌咏比赛上,在庆祝国庆节的联欢会上,甚至在露天广场聚会上,她都唱过。

在你的遗物里,有一条项链,上面的金黄色已经逐渐褪去,露出了固有的银白,就像你那颗朴素、透明、善良、纯洁的心,就那样,在不起眼的地方,静静释放着柔和的光彩。

这组报道动情讲述了任长霞同志的热爱与奋斗、奉献与牺牲、忠诚与信仰,挖掘报道大量可歌可泣的故事。用心用情用力,深入采访,动情写作,内容生动,真实准确,得到多方好评,取得良好的宣传效果。

典型人物宣传是公安新闻传播的重要内容。对警察职业的深刻体悟,对警察内心情感的精准捕捉,是公安新闻传媒的独特行业优势,是得天独厚的宝藏资源。

（一）致敬牺牲英雄民警：故人已随青山去，英名永存天地间

哪里有我们亲爱的战友战斗过的足迹，哪里就有我们充满深情的歌咏和传颂。历史前进，英雄事迹不会磨灭；时代变迁，英雄精神熠熠生辉。任长霞、杨雪峰、潘东升……名单太长，承载太重，一大批公安英模成为广大公安民警的学习典范，极大地激励了公安队伍斗志。

"人民英雄"艾热提·马木提，面对险情、身先士卒，牺牲生命在所不惜，诠释"对敌人打得狠，对人民群众爱得真"的忠诚誓言；"时代楷模"杨雪峰，为防止不法分子伤及无辜群众，在连中数刀的情况下仍与歹徒殊死搏斗，拼尽最后一丝力气打掉嫌疑人手中的凶器；"时代楷模"吕建江，俯身躬耕公安基层一线，赢得人民群众的好口碑，被群众称为"不下班的好民警"……

和平年代，公安队伍是流血牺牲最多的职业群体。平安二字背后凝聚着公安民警深深融入警魂的忠诚无悔。公安新闻传播要讲好公安英雄楷模用生命践行初心使命的感人故事，弘扬公安英烈精神，凝聚警心，激励斗志。特别是在清明节、烈士纪念日等时间节点，公安新闻传媒及时推出"致敬·缅怀·奋进"主题报道，表达对英烈战友的致敬与缅怀，这一主题成为近年来清明节期间的舆论热词，带动全社会向公安英烈致敬。联动中央、地方主流媒体和新媒体平台大力宣传公安英烈先进事迹，推出#致敬公安英雄#、#清明祭英烈#等话题。全国公安新媒体矩阵会同新华社客户端推出H5版"英雄纪念馆"，#牺牲民警名单#登上微博热搜榜……缅怀英烈的公安新闻传播内容，形式上立体全面，内容上深刻动人，生动谱写牺牲民警以生命写就的壮丽诗篇，大力弘扬英雄人物炽烈的信仰信念和深厚的家国情怀，引发社会热烈反响。

每一次讲述公安英烈的故事，就是一次精神的洗礼与力量的凝聚。2021年5月，张从顺、张子权同志先进事迹"云"报告会举行，通过全国公安新媒体矩阵、人民网、央视频、微博、快手等平台同步直播。5名报告人通过"云端"讲述英模父子的战斗故事、重温感人瞬间，500余万网友观看报告会，全网各平台共收到留言7.2万条、点赞超过1831万次。

◀ 张从顺、张子权同志先进事迹"云"报告会海报。

"此生无悔披战甲，来世还要做警察。"他们的事迹可学可做，他们的精神可追可及。公安新闻传播的责任就是认真挖掘他们身上集中体现的时代内涵和高尚品格，记录他们忠诚践行的为捍卫政治安全、维护社会安定、保障人民安宁而英勇奋斗的铮铮誓言，传递他们用热血和生命诠释的对党和人民的无限忠诚以及对公安事业的无限热爱，以更加立体丰富的形式载体讲述英雄故事、弘扬英模精神，在全警掀起声势浩大的宣传学习公安英模热潮。对牺牲英雄民警的宣传报道，因为已经永远无法与主人公直接面对面交流，公安新闻传播的基本路径是找到他们身边的战友、家属、群众，深入人物生活场景的背后，沿着公安英烈的足迹追忆，再现人物故事，深入内心世界，挖掘精神内核，成功塑造典型人物形象。

（二）致敬重大人物典型：立体刻画光荣群像，激荡雄劲时代旋律

"七一勋章"获得者崔道植，在60余年的公安生涯中，始终战斗在刑侦工作第一线，誓言"要为党和人民奉献一切"；"改革先锋"邱娥国，把满腔忠诚倾注于公安事业，把一片深情献给居民百姓，被称为群众的"贴心人"；"最美奋斗者"乌国庆，是共和国公安刑侦领域的一座丰碑，50余载奋战在刑侦一线，

办案千起，无一错案，被誉为"中国当代的福尔摩斯"……

一位英雄就是一个标杆，一个典型就是一面旗帜，一群英雄就是一片高原。大批可歌可泣、可亲可敬的公安先进典型不断厚实着公安英雄队伍的坚强脊梁，这一个又一个耳熟能详的名字是公安民警的杰出代表，他们的事迹经由新闻报道传遍大江南北、大街小巷。他们舍小家顾大家忠诚履职，他们严格执法热情服务铁血担当，他们演绎了一段段拼搏奉献无怨无悔的闪光故事，烙印出人民公安为梦想为信仰拼搏的忠诚警魂和奋斗芳华。

榜样的力量是无穷的、永恒的。伟大时代呼唤伟大精神，崇高事业需要榜样引领。为充分发挥先进典型的示范引领作用，公安部近年推出全国"公安楷模"发布活动，打造公安典型宣传与表彰奖励工作一体化运作品牌，邀请"公安楷模"走进演播厅，向社会集中宣传"公安楷模"先进事迹。同时依托新闻传媒，开展"年度法治人物""年度致敬英雄""最美基层民警"等宣传评选活动，推出一大批公安系统先进典型和英雄模范，打造"致敬公安英雄""警徽荣耀"等多个现象级话题，形成强大宣传声势，鼓舞了斗志、凝聚了警心，在警营内外产生强烈反响。

▶ 全国"公安楷模"发布活动经由媒体广泛报道，在警营内外产生强烈反响。

（三）致敬特殊岗位民警：家国情有山河为证，守战位让祖国放心

"他是谁？"

2021年3月，一张"雪雕交警"照片在网上火了，"大雪中被冻成雪雕交警是个帅小伙"话题迅速登上微博热搜，《人民公安报》等众多媒体刊发图文报道，感动万千读者。照片上，皑皑飞雪遮天蔽日，一位交警身披冰雪，警服被冻得僵硬，但站姿依然笔直挺拔。他抬起右手镇定指挥一辆大货车通行，就像一座矗立在天地间的"雪雕"，令人心疼动容。

▶ 交警白玛木洛在指挥大货车通行，就像一座矗立在天地间的"雪雕"。

▲ 《人民公安报》刊登"雪雕交警"白玛木洛的通讯报道。

这位"雪雕交警"名叫白玛木洛,在四川省康定市公安局折多山交通管理警务站工作。折多山是川藏线上第一个高山垭口,平均海拔4300余米。这里气候恶劣、环境艰苦,一年中有9个月都在下雪,夜里气温经常降至零下20摄氏度。"氧气吃不饱,风吹石头跑,七月飘飞雪,四季穿棉袄",是折多山警务站民警工作和生活的真实写照。

"感谢在雪山之巅,你日复一日的坚守""循着风雪的方向而来,这群坚守一线的交警就是一座座路标""太帅了,这才是我们要追的'星'"……在各新闻传播平台,读者网友们为白玛木洛点赞,也向"雪域高原的人民卫士"致敬。

"在苦不言苦,苦中有作为。"我国疆域辽阔,从极寒到酷热,各地环境千差万别,很多鲜为人知、荒无人烟的地方,都有我们的公安民警一道道立身为旗的身影——

在云南,风雪丫口位于怒江傈僳族自治州境内的高黎贡山之巅,海拔3150米,常年多大风雨雪天气,昼夜温差大,自然条件十分恶劣。沿途道路崎岖陡峭,山高遮日、谷深如渊。怒江边境管理支队鲁掌边境派出所的民警辅警们在这里执守,习惯了在寒风中执勤,习惯了在雪山上巡逻,习惯了这里的一切。他们说:"这一切的付出都值得。"[①]在新疆,海拔7500多米的慕士塔格峰被称为"冰川之父",喀什边境管理支队科克牙尔边境派出所卡拉苏口岸警务室就在慕士塔格峰西麓、中巴友谊公路旁的卡拉苏口岸,当地海拔3800米。高原环境恶劣,这里的水盐碱度超过正常值的10多倍,即便是生命力顽强的高原红柳也无法在这里生存。这里常年高寒大风,紫外线强,空气含氧量不到正常值的一半。守护着冰山,与雪山戈壁为伴,民警在生命禁区坚守。[②]在西藏,加查县公安局民警在海拔4800米的错那错噶沟执勤点一线执勤,高原地形地貌复杂,形成了独有的小气候,大雪、小雨、冰雹、晴天交替登场是常有的事。蜿蜒曲折的山路,连牧民养的马都不愿意上去。从呼吸困难到生活困难,"极限"值守中,民

---

① 马燕、马丽娟、代超:《海拔3150米风雪丫口,900多天执勤戍边》,《人民公安报》2022年3月7日,第5版。
② 马建华、张佳:《海拔7500米冰山下,扎根守护生命禁区》,《人民公安报》2022年3月7日,第5版。

◀ 《人民公安报》2022年3月7日5版报道新疆科克牙尔边境派出所和云南鲁掌边境派出所民警辅警的感人故事。

警们战胜各种困难，在这里守护大山、守护百姓。群众说："有你们在，我们放心，呀咕嘟（藏语'好'的意思）！"①

岁月峥嵘，山河为证。在艰苦复杂的环境中，岗位就是战位。在雪域高原，在高寒山区，在高海拔牧区，在边远复杂区域……这些特殊的岗位，既要面对雪域高原、戈壁荒漠、险滩孤岛的环境考验，还要面临对敌斗争、边境维稳、潜在危险的生死考验。在这些特殊岗位上，在生与死、血与火的考验中，公安民警用实际行动证明，他们是一支党和人民信得过、靠得住、能放心的过硬公安铁军。

公安新闻传播要更多关注聚焦这样的岗位，关心关爱在这些岗位上牺牲奉献的战友们。公安新闻传播应当而且有责任记录这些感动着我们的人、地、事，

---

① 刘建伟、高欢欢：《海拔4800米的"极限"值守》，《人民公安报》2020年6月5日，第4版。

内心肃然起敬，用情用力讲述，以优秀的公安人物报道擦亮我们的精神星空。

（四）致敬基层默默奉献的民警：植根百姓深处，奔波烟火人间

在生活深处的平凡琐事间，读懂平安中国的基石。公安新闻传播既要讲述那些刀光剑影出生入死枪林弹雨的警察故事，也要讲述那些远居村镇扎根山村驻守边关默默奉献的警察故事，让一个个动人故事跃然纸上，在满满烟火气的平淡叙事里，在针头线脑的琐屑讲述里，展现广大民警的一腔百姓情怀和对警察职业的无限热爱。

2021年4月，《人民公安报》派出融媒体报道组，深入条件艰苦的偏远地区，推出"公安机关特殊公共服务成效系列报道"，用心用情讲述公安机关以人民为中心、不断提升人民群众获得感幸福感安全感的生动实践——一对夫妻，在深山峡谷的警务室里坚守9年，为百姓排忧解难，成为群众的贴心人；一个警务室，守在港口航道的咽喉，扎在忙碌渔排的出口，24小时不打烊；一个派出所，23年扎根大漠戈壁，从"死神"手中抢回21条生命……系列报道传递温暖力量获点赞，一经推出迅速引发广大网友关注，短短几天时间视频播放量300多万。

长期扎根基层一线的基层民警，或许没有惊天动地的作为，没有惊心动魄的故事，没有慷慨激昂的话语，但他们把群众的小事当作自己的大事，以力所能及的力量，发光发热，温暖人民。他们在严寒处，在偏远处，在最一线，值得我们发现和走近、记录和致敬。

粗粝能甘，纷华不染。这些有血有肉的民警形象，让人从家长里短里真切感受到真正意义上的民生民情，从平凡小事的"小"背后，感受到广大民警饱含真情的"大"：邻里之间吵架，民警去调解；村民家的鸡丢了牛跑了，民警帮忙去找；乡道旁躺着一个醉汉，民警要去处理……民警们跑上跑下跑进跑出，时不时充当调解员、搬运工、清洁工——公安新闻传播应当把视角下沉到最习以为常的警营日常细节，在英雄化叙事模式之外，关注到公安民警的个体温度。很多默默付出的人民警察，以最平凡却又最伟大的奉献精神守护万家灯火静好岁月，在平凡岗位上铸就生命的精彩华章。为迷路的人指路，替没钱买车票的人付钱，推出陷入泥泞的汽车，清除道路的积雪……这些小事连缀成线，铺展

▶ 近年来，中央宣传部、公安部部署开展全国"最美基层民警"学习宣传活动，推出一批长期扎根一线无私奉献的公安先进典型。公安新闻传媒深度挖掘和宣传"最美"故事，推动增强公安队伍的凝聚力、向心力和战斗力。

日夜，勾勒出一幅平安中国法治中国和谐中国画卷。这样的场景里，一名民警就是一面旗，这样的公安新闻传播，轻易就能击中读者内心最柔软的部分。

（五）公安新闻传播塑造先进典型人物的"五要"基本功

善于发现和宣传典型、发挥典型引路和示范带动作用，是我们党的重要工作方法，是党的新闻舆论工作的优良传统，是新闻宣传战线的重要职责。

"加大先进典型培育和宣传力度，增强公安民警的职业荣誉感、自豪感、归属感"[①]。习近平总书记在全国公安工作会议上的殷切嘱托言犹在耳。发现、挖掘、宣传公安典型是公安新闻传播的重要任务和重点课题。从时间维度看，持续的公安先进典型报道，对于公安队伍的影响、培养和塑造是持久的深远的；从空间维度看，集群式的公安先进典型宣传报道，形成群星璀璨的规模效应，更好展示了公安队伍的良好整体形象。公安新闻传播要注重强化组织策划，创作更多精品力作，持续树起一批又一批站得稳、立得住、叫得响的先进典型，形成连续性、多层面的宣传声势，让人物典型的影响更广泛、更长远。

---

① 张洋：《习近平在全国公安工作会议上强调 坚持政治建警改革强警科技兴警从严治警 履行好党和人民赋予的新时代职责使命》，《人民日报》2019年5月9日，第1版。

——要带着真情。有真挚的情感才会有极富感染力的叙事。公安新闻传播工作者要深怀真情和热爱，与被采访对象或其身边人一起干、一起笑、一起感动，在火热警营汲取新闻报道素材的源头活水，在火热斗争实践中捕捉最生动的场景、挖掘最感人的故事。传播者先要有丰沛的情感，内心才有追求表达有效性的动力，才能以富于美感和人情味的笔触，塑造出形象饱满、气韵生动的人物典型形象。

——要注重细节。细节表现的数量一定程度上决定着人物刻画的质量。细节来自环境，细节出自现场。恩格斯在《致玛格丽特·哈克奈斯》中谈道："据我看来，现实主义的意思是，除细节的真实外，还要真实地再现典型环境中的典型人物。"[1]公安新闻传播在推树人物典型时，应当深入公安工作一线现场、深入人物工作生活环境，小中见大，由点及面，由表及里，既见事又见人，以典型事塑造典型人，记录人物的表述性语言、肢体性语言，记录人物的工作场景、生活习惯、爱好特长、待人接物等，以典型细节体现人物个性，以细节填满人物形象，以细节诠释人物精神。

——要有生活积累。进行人物报道，需要新闻传播工作者本人具有丰富的鲜活的生活体验，具有充沛的立体的情感体验。在大量细致采访、深入考察的基础上，依托惯常建立的庞大的生活体验情感体验库，有助于为所有采访素材找到合适的安放位置，跳脱人物描写时一般化的表达，摆脱对人物素材的简单加工和直白再现，向人物内心精神层面纵深构建，从而使人物报道富有深邃的精神内涵。

——要深入人物内心。重大典型的事迹、精神和影响作用，比一般的讲道理更生动、直观、鲜明，也更具有说服力、感染力和号召力。优秀的典型人物报道，最终目标是充分彰显典型人物的价值取向以凝聚士气，这个过程中，不能忽视人物的内心真实，比如，从曾经的挣扎犹豫到挑战超越直至战胜自我，越是这种充满人性真实的观察和再现，越能让人物形象展现可信的英雄之气、人性之光、精神之美，会让人物报道内容的质地和成色越发坚实厚重。

——要丰富宣传形式。典型人物报道的传统战法主要包括人物通讯、人物特

---

[1] 《马克思恩格斯全集》第37卷，人民出版社1971年版，第41页。

写等形式，辅之以评论、采访手记、群众感言、网友点评等形式，应注重"开放式+互动式"的反响报道、"情景式+访谈式"的对话报道，新媒体报道则采用图文融合、H5、短视频等在公安新闻传播阵地全平台推送。同时善于借用中央和地方主流媒体的专栏和专题报道，形成各平台内容互补、视角更加多元的立体传播架构，不断在持续发酵中扩大人物典型报道传播的"裂变效应"，持续占领典型宣传的制高点，使人物典型在公安机关内部和外部都成为"名人""明星"，使典型宣传覆盖面更广、更具吸引力、效果更好。

榜样是看得见的哲理。先进典型宣传是提升新闻传播引导力的重要方式和有效载体。公安典型人物宣传有取之不尽、用之不竭的素材源泉，有着独特丰厚的题材优势。新时代，公安机关必将孕育更多警察英雄故事，出现更多可亲、可敬、可信、可学的警察典型形象。公安新闻传播要注重发现、挖掘、宣传好人物典型，通过典型引路、辐射带动，实现"一棵树摇动另一棵树、一朵云推动另一朵云"的效果，形成"培育一粒种子、带来满园春色"的蓬勃气象，营造崇尚英雄、学习英雄、捍卫英雄、关爱英雄浓厚氛围，提升公安队伍凝聚力、向心力、战斗力。

三、把握公安新闻传播优质内容生产的若干基本要求，充分发挥警务题材的"流量体质"优势，着眼有效性，深耕传播内容，专注产品质量，以作品说话，提升信息打开率、文章阅读率、内容传播率，掌握新闻传播内容建设主动权

"文变染乎世情"，生活实践是新闻传播的不竭源泉，大有可为的新时代，新闻传播以时代强音为背景，获得源源不断的内容资源。火热的公安实践，广大公安民警每天都在书写着新的警察故事，创造着新的英雄传奇，成为公安新闻传播的源泉宝库。

新闻传播的核心路径在于传递信息。不管舆论生态媒体形态怎么变、宣传格局传播方式怎么变，原创内容始终是最关键、最宝贵的传播资源，内容生产始终是媒体阵地生存发展的根本。立足公安优质新闻资源特别是独家资源，公安新闻传播拥有警务题材的"流量体质"优势。专注公安语境，关注公安"人"

和"事"，反映公安机关维护国家政治安全和社会稳定的生动实践，反映公安机关打击犯罪、服务人民的生动实践，报道案件进展，传递法律知识，回应社会关注，满足广大群众对民主、法治、公平、正义、安全等方面日益增长的内容信息需求，公安新闻传播内容一直广受关注。

提高新闻舆论影响力，内容永远是根本。履行新闻舆论宣传职责任务，最根本的要落脚于优秀的新闻传播作品，没有优秀作品，其他形式搞得再热闹、再花哨，也只是表面文章。那么，在以正确导向为内容建设重要遵循的前提下，如何实现优秀的内容生产以更好地实现公安新闻传播有效性？

（一）强调按规律办事。以议题设置为前置路径，以渠道设置为实现路径，实现互联网思维下"传播内容+主题引导+技术应用"多方融通

规律是事物发展过程中内在的、本质的、必然的联系。规律不以人的意志为转移，遵循规律、顺势而为，就会推动发展；违背规律、逆势而动，不仅阻碍发展，还会受到规律的惩罚，付出巨大代价。新闻舆论工作是政治性很强的业务工作，也是业务性很强的政治工作。对公安新闻传播而言，必须遵循公安工作规律、现代新闻传播规律、新媒体发展规律等科学认识，把握好新闻传播规律与社会公众信息需求的结合点，强调按规律办事，不断在理念、内容、体裁、形式、方法、手段、业态、机制等方面实现创新，提升公安新闻传播有效性。

1. 遵循公安工作规律，做好议题设置和选题策划，实现"传播内容+主题引导"融通

议题设置的目的，是让我们设置的议题成为社会舆论关注的话题，而不是跟在社会舆论热点后面。高明的议题设置往往是主题、时机、节奏、方法的最佳综合运用。

公安新闻传播要遵循公安工作规律，在围绕中心、服务大局中找准方向、明确定位，聚焦为党和国家工作大局服务、为公安中心工作服务、为基层民警和人民群众服务，加强主题策划意识，结合重要时间节点，打好重大主题报道主动仗。善于把公安机关的宣传报道安排与社会公众感兴趣的话题有机结合起

来，既要强调主题信息输出，又要考虑受众需求，才能实现公安新闻传播"说了有人看"（受众认知/媒体传播率）、"看了有人信"（受众态度/媒体引导力）、"信了有人做"（受众行为/媒体影响力）。

公安新闻传播实践中，应根据时度效要求，紧扣主题主线和重要节点，提前谋划设计，找准时机、踏准节奏、持续发力、层层递进。如紧扣"三八"国际劳动妇女节这一时间节点，公安新闻传播围绕"致敬了不起的她"这一议题，提前协调安排，做好优秀女民警受表彰消息、侧记、人物事迹、评论、事迹反响等报道，新媒体要提前准备海报制作、视频合成，做好碎片化传播、直播、专栏话题等报道。在重要事件和主题报道中进行议题设置，常规动作与特别安排相结合，整体报道与碎片报道相结合，传统媒体与新媒体相结合，有助于形成新闻传播内容一次采集、多种生成、立体传播、持续发酵的传播格局，实现议题设置的"裂变效应"。

2. 遵循现代新闻传播规律，聚合社会传媒资源力量，匹配内容分发的新出口，实现"传播内容+渠道整合"融通

公安新闻传播要遵循现代新闻传播规律，在着力提升自有传媒平台核心竞争力的基础上，还应善于借助社会媒体力量，聚合各种媒介资源，进一步提升公安新闻传播内容的传播力、影响力。

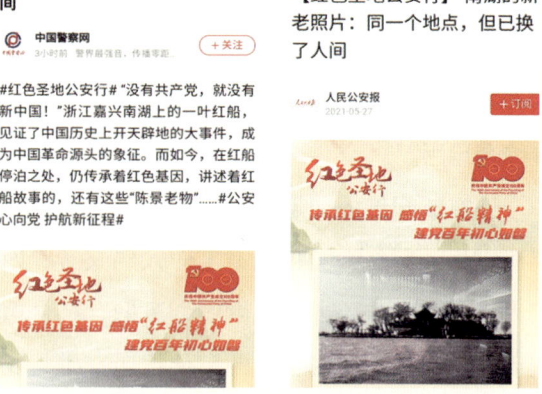

▶《人民公安报》、中国警察网的相关报道，经由人民日报新媒体、"学习强国"学习平台等媒体平台转发后，有效扩大公安新闻传播覆盖面和影响力。

公安新闻传播的渠道必须是多元的开放的，"好酒也怕巷子深"，有了好的公安新闻内容产品，还需要有力的传播渠道。"假舆马者，非利足也，而致千里；假舟楫者，非能水也，而绝江河。"公安自有媒体之外的传播平台，覆盖面极广，包括大量中央媒体和地方媒体、大量传统媒体和商业新兴媒体，都可以成为公安新闻内容生产和分发的新出口。公安自有宣传阵地的优质产品内容借力第三方平台，以内容出处备注和信源说明的形式宣传品牌形象，而商业平台借助公安新闻传播内容的权威、准确、受众关注等天然优势，丰富自身平台资讯内容，引来源头活水，激发自身活力和社会影响力。这是一种共赢。

匹配内容新出口，形成传播新合力，公安新闻传播应不断拓宽正面宣传渠道，加强与国内中央主流媒体、各地优质媒体乃至国际主流媒体的合作，拓展传播渠道，提升传播速度，扩充用户群组，衍生公安新闻影响力。

3. 遵循新媒体发展规律，强化互联网思维，推动内容生产要素有效整合立体呈现，实现"传播内容+技术应用"融通

除必须遵循公安工作规律、现代新闻传播规律外，公安新闻传播还要遵循新媒体发展规律，主动适应传统媒体与新兴媒体融合发展新趋势。

一方面，在产品形式上，文字、图片、短视频、H5、海报、影像日记、公益广告等多管齐下，新鲜的消息、深度的解读、理性的评论、直观的影像、感人的故事、及时的反馈、丰富的背景介绍全景呈现。另一方面，在产品渠道上，加强各类新平台终端建设，打通报、刊、

▲ 2023年9月30日，第十个烈士纪念日，公安部新闻传媒中心制作推出主题公益广告，向公安英烈致敬。

网、微、端，整合媒体资源向端上聚集，用好用活网站、微信、微博、抖音号、快手号、强国号、人民号，联动全国公安新媒体矩阵融合传播，构建起全方位、多层次、多声部的传播矩阵。同时，在技术利用上，充分利用互联网技术，如借助大数据技术对存量数据进行分析研究，精准分析统计研判受众对不同内容的点击量、访问时长、阅读时段等信息，借助算法推荐技术，更好把握受众特点，细分内容和受众，切实打通新闻传播的"最后一公里"，不断增强公安新闻传播的覆盖面、传播力、渗透力。从产品成果上看，近年来公安新闻传播成功打造了#我们都是追梦人#、#节日我在岗#、"致敬公安英雄"、"警徽荣耀"、"公安工作这一年"等现象级互联网产品。

（二）强调提高"一线抵达率"。警营一线是新闻内容生产的"最先一公里"，目光聚焦一线，脚步迈向一线，精力投入一线，"蹲下去才能看清蚂蚁"

实践是认识的源泉和动力。新闻传播是一门科学，但绝不是"书斋里的学问"，书写恢宏时代、记录生动公安实践、讴歌光荣公安队伍，其新闻创作方法有一百条、一千条，但最根本、最关键、最牢靠的办法是扎根警营、反映警营，扎根实践、书写实践。

县委书记的榜样焦裕禄有一句名言："蹲下去才能看清蚂蚁。"实践是一座金矿，取之不尽，只有"蹲下去"，才能取到"真经"。感人的故事来自脚下的泥，俯下身、沉下心，投身到火热的公安一线斗争中，和民警战友共同作战，是公安新闻宣传工作者的天然使命和职业优势。

优秀的公安新闻传播内容出自脚下：走大江南北，赴沿海边陲，访边防哨所，踏林海雪原，到田间地头，进街巷里弄，跟随一线民警，进农村、入社区、走企业、巡逻出警、执法审讯、抓捕追逃、处理交通事故，很多现场甚至需要共同经历艰难凶险。

2018年8月，笔者曾经到山西大同随警作战采访武装禁毒。这个叫南坑禁毒检查站的现场，位于山西省大同市灵丘县的深山老林里。

这里山高林密，坡大沟深，曾是毒品原植物犯罪的高发地，不法分子甚至用火枪看护非法种植物，一度被国家禁毒委列为重点监测区域。

光听情况介绍，就会让人暗暗叫苦："山上丛林茂盛，各种毒虫防不胜防……""野兽挺多的，毒蛇、山猪、狍子……""没有电源，没有水源，没有手机信号，无法与外界联系……""对大型野兽，还能用枪防，最怕的是一种虫子，钻到肉里抠不出来，有上山的村民被咬后昏迷了很久……"这样的采访条件，已经不仅仅是"艰苦"，可以说是有一定危险性了。

这次一线采访中，队员们配备了手枪、冲锋枪、警犬、对讲机、防割手套，每个人都穿着厚厚的长袖外套和长裤，以及长筒靴。8月的天气，全副武装起来，一下子就感到了闷热。"再闷热也不能脱。"民警说。

丛林里，会看到各种动物的脚印，得提防可能出现的毒蛇、野猪、土豹子等动物，得小心别踩进红眼蚂蚁窝，得闪避扑面而来的有毒西麻芽枝。穿行密林时遇到的一种在当地被称作"油瓶"的野生植物，会把人露在外面的手和脸割得生疼。不小心划破了，汗水一泡，热辣辣刺痒痒。通往深山老林的羊肠小道上，我们低头弯腰艰难前行，一道沟、一道梁、一片林仔细踏查。警犬也是又累又热，吐着舌头喘着粗气。

检查站驻扎点是在林业部门临时护林站的基础上搭建的，其实只是间泥土房，中间隔断成两个小间，里外各住4个人，里间睡大炕，外面睡上下铺。大炕得烧火，不然潮湿得太厉害。黑暗、低矮、狭小，可以想象潮湿炎热的季节，8条汉子挤住在一起是什么感觉。山里日头毒，上山不到三天，脖子上就能晒脱一层皮，再加上蚊叮虫咬，经常一片疙瘩一片包。想想都能感受到民警们的不易。

检查站地处大山深处，山里没有电。夜晚照明用的电是发电机临时供的，时断时续，还得供对讲机充电、手机充电。手机没有信号，队员每天要跑到几公里外的河北省一个叫四角台的村子，通过手机汇报检查站工作情况，用水也得到那里去拉。

踏查之路困难重重，我们深一脚、浅一脚，外面艳阳高照，密林底下湿滑无比，我的手也因为脚下打滑被划破了，很长时间又麻又疼。下山前，我们补充了一顿伙食。我学着队员们的样子，啃几口干方便面，再喝几口矿泉水。队

深山老林，坡大沟深，他们瞪大了眼睛

记者随警采访武装禁毒行动："绝不让一颗罂粟种子散落在大山里"

□ 文/图 本报记者 李刚

一挺冲锋枪、一支手枪、一只警犬，我们上山了。浓密丛林里，面对毒蛇、野猪、土约子等野生动物可能的攻击，千万小心；一脚踩进的红腹蚂蚁窝，扑面而来的有毒西麻芽枝，必须提防……

山上的天气说变就变，一会儿云雾缭绕，一会儿出太阳，一会儿起风，一会儿又掉几个雨点儿。

8月27日一大早，我们一行9人进山了。每个人都穿着厚厚的长袖外套加长靴，戴胶皮手套，警察着作战服，两后挎上冲锋枪，子弹上了膛——一位行兵地毯般作"跳蚤"式的"打探植物"，会让人露在外套的手臂和脸刮脚生疼。一不小心划着了，汗水一尚，热辣辣刺痒得直感抓去一场破。

这是一群地处山西东北部雁北乡名的灵丘、一道闻、右玉三县百家武装联守的禁毒检查站设立在深深山中之林。上山的石板路，坡大弯无车能走一段山路，一次次腰石头峰陡车行了，更实在没法走下，就得步行进山了。

参加禁毒检查站任务的一行共8人。这一次他们一起出发的，有灵丘县公安局禁毒大队大队长杨厅依、政法大队长杨秀、南坑禁毒检查站任长石伟、著名地级手乔乔峰、为长斌。警犬"欢欢"虫眯又叫，也着兵心豪欢喜。

过往深山老林的平静无法打破。大家坚负冲锋枪紧握手中，一道闻，几年前，中途有的那个当月开阅山谷检查的队员最终没能走迎这条内向的途径。

这里地处山西省灵丘县和河北省灵丘山之交界，地层复杂，次森林带，大大森林，林深广、能进门，树芽、万县国别都公定一度为疑雪，也几乎不通行人。

杨厂饮同记者介绍，几年前，爱抹抹迎些带烟头装之就们山里，不足...

▲踏查进中发现可能种植地块，队员们周议工作。

▶踏查进中，队员们架起"树梯"继续向前。

▶队员们沿着满是荆棘的山路疾走。

分子于每坡种植品逐层密密，特种懈悌的"风眠"，凶情悟的"风眠"，凶情悟新滋后，甚至即火枪但冒掌击的特坏烟物质。使种植违法成为非法种植毒品原植物犯罪的高发地。对此治下情况，灵丘县公安局竞集武配组成，迅速联系到公安综合执行的组织了对毒品种植物植治种实。

如何防范执法分子分不法进行山偷种？如何保护"山青水不再被被？"灵丘县禁毒队、县公安相关部门有关多部单位出支持站前，连三公安综合执法、县公安综合队等，处三公里的坡段处为队员们伤病提供保障。2014年以来有几千名上山武官装铁工下，山西禁毒抑情可嘉。

这里地处大山深处，没有饮用水源，没有通讯信号，没有生活用电。打电话得到2.5公里之外河北省一个叫四角台的村子才行，生活用水也得到那里去拉。

低矮、简陋的一处此土房前，五星红旗迎风飘扬。

检查岗挺推出的这处泥土房上，在这片森林山间门诊所在幕站底上都通的，中间是那在两个小...

山地没有电。夜晚照明用的电是靠发电机的时。电机工时，还得给过对讲机充电，手机充电，山人们在行军、打火，领导所发出一下到20公里之外队长是我们两向这个村才才行。生活用水也靠到那里去拉。队员们的一天——，一身吃开饭后的一路上享用一块，去子上泰指锅敲击敲，有的大碗处包，手8公反下桥住一起身上起来，烈情地听话就愉热得睡不着。

山里的早晨，检查点外这一轮红在上了，一群老女子的风吹，这个往车都以为几人，3号一种岗哨的老魏下了，林被很难走上几行。夜里下的水露雪雪的能看就叫五十公分。

检查站时岗，将哨，到哨、夜地点，飘起阳个区旗，特所谁坡飘得更精情感怀，他机可，飞机几天的上队员几下几个个别所有在在里一工，到了时顺间不饱武，队员才是出点冲锋枪，这样才能放心睡一会儿。

其实警情远多的警生动物防护起来的自然是准备的，动我时有...

里外各住4个人，里面都大炕，外面睡上下铺。大炊四枯大，不潮湿得太多了。存留长的就从班上往下任一个多人做上了越墙，而且话适不下了枫毯，就到了下山，一到潮湿又冷，让接头——厚了。

山里的回头奔，上山不愁少，孩子上途停便餐一点点，赶连四后半山、8条汉子齐齐一起都个一块，想想那些就得乎的人都不起。

遗话，检查点分采取吃就值到位的"群团的公班的组织轮中班工作制度，在西村方便面食品很干价，林轮流离送开上做去着。那时队员可下路上去4了，林下流离开点30公里。远的时候能有四五十分...

早新九点，朝祖饿得鸡、，得锅凉，在几米的暖风下，灵丘禁毒大队、路岗老师兵高度下了。

这些做这种大要清晨天后是气常报道雷区那可以山地...

些危险，有身体无心活的生吃，那无数负兵上山执法的民警、辅警老不得"风眠"顾种回吗子会大路散。

下班时，我们吃了一碗久食。记者学会队员的样子，咯几口干饼，喝几口水。队员说，有时候...

▲《人民公安报》2018年8月31日4版刊发笔者赴山西灵丘执法一线采访武装禁毒行动通讯报道《深山老林，坡大沟深，他们瞪大了眼睛》。

员们说，有时候直接拿凉水倒在方便面包装袋里就当泡面吃了。

这是一次一开始就提心吊胆的现场采访，这也是一次收获丰硕的现场采访。

低矮、简陋的泥土房前，五星红旗迎风飘扬。在艰苦的环境里，检查站民警辅警带着对工作的热爱、对禁毒事业的责任感，默默坚持着。通过他们的努力，该地区创造了连续多年非法种植毒品原植物"零种植、零产量"的优异成绩，山林重归往日宁静，灵丘县成功摘掉重点监测县的帽子。

民警们说，"这工作总要有人干""慢慢习惯了就不怕了""我喜欢当警察""离开灯火通明的城市来到这里，虽然有些别样的感受，但一想到自己的使命和责任，就心安理得，觉得无怨无悔"……

双脚沾满泥土，文字载满感动。说实话，不到这样的深山，就不会知道有这样一处危险的存在，不会接触到这样一群可爱的民警，也不会写出带有强烈现场感的优秀一线报道。

在火热的斗争实践中，基层一线民警每天都在书写新的警察故事，创造新的英雄传奇。优秀的公安新闻传播，以火热生动的公安工作为素材源泉，深入实践、扎根警营，用脚丈量、用心思考、用笔记录，在一次次"新春走基层""重走长征路""红色圣地行""我在一线"采访报道中，讲好警察故事、传播警营正能量，以生动的警察个人书写展示新时代人民公安队伍良好精神风貌。

只有足够近，感知才能足够真。"脚下有泥土，笔下见真情"，到现场去、到一线去，深入一线"解剖麻雀"，掌握"点"上情况，以小切口见证大时代，在波澜壮阔的人民公安奋斗现场，见证服务经济发展，见证助力脱贫攻坚，见证护航绿水青山，见证科技公安法治公安，见证强警兴警壮阔图景，见证丰富立体鲜活的警营生活警队故事，见证人民公安队伍的人情味儿和烟火气……

讲好警察故事的底气从哪里来？从对警营生活的深入体验中来，从俯下身子的挖掘中来，从耐住性子的蹲守采访中来。每一篇优秀新闻报道都没有捷径，贴近和忠实于警营战斗生活实践，才能经得起历史的检验，才能成为那段历史现实的真实反映。讲好警察故事，是公安新闻传媒义不容辞的责任。

（三）强调会讲故事。一个故事胜过一打道理。公安战线从不缺少一流的故事，讲好公安故事需要一流的表达

> 抱着自己的小外孙女，村民华欣锋笑容满面："原来住的土坯房阴暗潮湿，透风漏雨，卫生状况差，现在住上了楼房，以前想也想不到。"
>
> 黄沙村村支书黄日生介绍，村里土地流转，建起了果蔬大棚，村民收租金，也可以去大棚务工挣钱。大棚生产的百香果、火龙果通过电商销往全国。
>
> 叶坪派出所所长梁保华说，现在村民生活好了，大家心里亮堂，都想着致富奔小康呢，邻里关系和睦，纠纷也很少。
>
> 85年前的一个夜晚，17位华屋青年踏上征程。出发前，他们栽下17

棵松树，和家人约定"见松如见人"，革命胜利后再相见。

然而，17位华氏子弟都壮烈牺牲在长征途中。青松掩映下，85年后，原来低矮破旧的土房被一栋栋拔地而起的白墙黛瓦客家小楼取代。

"这几年，我们村发展越来越好，安心谋发展，平安奔小康，这离不开派出所民警们的努力。"黄日生说。

在赣南，这样的山乡巨变随处可见。

"赤橙黄绿青蓝紫，谁持彩练当空舞？"1933年，毛泽东同志写下《菩萨蛮·大柏地》，反映了红军出井冈山以来打的首次胜仗。

就在距离大柏地战斗遗址15公里左右，被绿色覆盖的万亩脐橙园生机盎然。

承包了1600多株脐橙树的当地村民邓大庆说："我们这些富起来的村民感谢党的政策，感谢公安机关的保驾护航。我们这里警民关系非常融洽。"

如这位致富带头人所言，在公安机关的保驾护航中，在平安、和谐、稳定的幸福环境中，泥泞的村道变成了水泥路，杂草丛生的荒山种上了茶树，留守村民在家门口安心生产……

让老区人民脱贫致富，不断增强人民群众的获得感幸福感安全感，这是新时代赣州公安的主动担当。

这样的文字表达，讲故事，有画面，有情节。老区发展变迁，公安机关助力脱贫攻坚，宏大主题以讲故事的形式娓娓道来，以小桥流水展现发展大画卷，比起那些正襟危坐语言枯涩、呆板、空洞的文字更加生动，更耐人寻味，更具感染力，更有现场感，更能给读者留下深刻印象。

有效的新闻传播作品，应该少一些结论和概念，多一些事实和分析；少一些空泛说教，多一些真情实感；少一些抽象道理，多一些鲜活事例。现实工作中，火热的公安实践源源不断涌现着一个个无比精彩的故事。讲好警察故事，柔性输出远胜硬性宣传，娓娓道来的讲述远胜板着面孔晦涩生硬的说教。

1. 讲故事先要有真情

感人心者，莫先乎情。对公安新闻传播来说，会讲故事既是一种能力，也是一种责任。把握好讲故事的方法要领，提高讲故事的能力水平，可以大大提高公安新闻传播有效性。讲好故事，一个很重要的前提就是要饱含真情，想要把故事讲得感人，讲故事的人先得带感情动感情，先打动自己才有可能打动他人，自己先动情才有可能以情动人。冷冰冰、硬邦邦，不真不诚，很难动人。

内心有深情，笔端涌真情。传播的感召力影响力来自真情的感染力。心有真情才能做到"落笔有情""动之以情"。新闻宣传工作者心中有情，才有调度、整合、拓展和升华题材内容的动力，才能更好地发现人物典型和先进单位的鲜活内容，讲述生动故事，塑造感人形象，创作出的报道内容才可亲可敬、有血有肉、饱满立体、可亲可学。

带着感情讲好故事，是创新表达方式的最佳载体。故事不精彩，对受众就没有吸引力。好故事既需要用真情发现，也需要用真情表达。有足够的热爱和真情，才有足够的意愿接触接近，才能在新闻传播产品中充分地表现表达。怀有对党、对国家、对人民的深爱，怀有对公安事业和广大公安民警的热爱，才能深入采访，用心写作，用情讲述，书写时代的精神与力量，讲述好动人的警察故事。

2. 讲故事需要细节化

细节是故事叙述的最小单元，却能小中见大、以形传神，展现人物性格、反映人物精神、展示事物本质。看过一部精彩影视剧或者文字作品多年之后，我们可能连剧名或书名都忘了，却仍能记得其中某个精彩瞬间或感人细节，这就是细节的魅力、故事的魅力。大历史大时代大图景，既包括大开大合的宏观叙事，也充满具体而微的细节表达，新闻传播要尽可能挖掘故事细节，将丰富的细节集合为鲜活的故事表达，在触摸细节品味故事中带领读者抵达现场。

在讲故事方面，《人民日报》注重"主题人物化、人物故事化、故事细节化"。我们来看《人民日报》一篇关于福建晋江推出社区民警背包"住村"、背包"住企"工作模式的工作通讯《小村来了"住村"民警》。

鸡叫过三声，福建晋江市东石镇潘山村村民颜老太早早搬出凳子，坐到了自家院前。阳光一点点洒满闽南古厝，颜老太不时扭头向门口张望。

光影晃动间，有人走进来。"吕警官，你来啦！"颜老太热情地打着招呼。

几天前，老人家的身份证丢了，可由于腿脚不便，出门补办成了难题。想起有位民警就住在村里，她赶紧让女儿去问问情况。

约好上门时间，第二天一大早，吕清培带着派出所户籍警来了——现场采集指纹、拍摄照片，不大一会儿，颜老太就办好了新身份证。

▲ 《人民日报》2022年2月23日11版刊发通讯报道《小村来了"住村"民警》。

循着主题挖故事，紧扣主题讲故事，这段文字，从场景描写到人物动作，从凝练的人物语言到可感的人物神态，以极富现场感的细节描写，深入浅出，娓娓道来，让读者如同置身其中。有人说好记者必然是讲故事的高手，公安新闻传播要学会寻找大时代与微叙事的连接点，用立体饱满的细节描写讲好民警故事，让故事为主题服务。

3. 讲故事就是讲道理

故事载道寓理，讲故事就是讲道理。故事里有思想和精神。我们的公安新闻传播，要用心用情，注重个体叙事、人性叙事，以富有吸引力的故事让群众爱听爱看，增强故事所蕴含精神的吸引力和感染力。那些正邪较量、善恶对峙的警察故事，那些担当履职、牺牲奉献的警察故事，那些服务人民、鱼水深情的警察故事……摒弃刻板生硬的演讲腔调，通过一个个具体生动的故事，在"陈情"中"说理"，使人听有所思、听有所得，在故事中引发共鸣共振，能让受众更快速有效认同新闻传播内容及其传递出的价值观。

公安实践从来不缺一流的故事，广大公安民警忠诚履职的故事数不胜数、荡气回肠。讲好警察故事是一门大学问，考验着公安新闻传播工作者的能力和水平。前进道路上，人民公安队伍必将不断创造新的更大成就，为人们留下更多新的动人故事。听时代声音，看美丽中国，讲好警察故事，发好公安声音，公安新闻传播要致力提升有效性，塑造公安队伍形象，更好传播正能量。

（四）强调精品意识。努力创作与公安机关一流业绩相匹配的思想精深、素材精当、报道精湛、制作精良的精品力作，提升精品新闻供给能力

内容是新闻传播的核心要素，精品内容是新闻传播的必然追求，是公安新闻传播工作者用心用情用功的集中成果体现。公安新闻传播必须重视精品创作，坚持以人民为中心，生产受众喜闻乐见的新闻产品，创作推出更多反映时代特点、展现公安工作成效、提振警心士气的精品力作，更好为改革发展稳定服务、为公安部党委中心工作服务、为公安事业发展服务。

精品之所以"精"，充分体现在思想精深、素材精当、报道精湛、制作精良等方面。精品意识的出发点，着眼于更好满足广大民警和人民群众对新闻传播内容、对精神文化产品的新期待新要求。公安新闻宣传阵地要想赢得影响力竞争，就必须强化精品意识，深耕新闻品质，实施"精品工程"，孜孜不倦地求真、求新、求准，加大新闻传播产品的有效供给。

1. 出精品需求真

事实是新闻的本源，虚假是新闻的天敌，新闻的真实性容不得一丁点儿马虎。公安新闻传播应强调真实性原则，真实展现公安机关捍卫政治安全、维护社会安定、保障人民安宁的新时代奋斗场景，真实展现广大公安民警坚持以人民为中心、用心用情用力服务群众的生动实践，在所有报道中坚持用事实说话，坚决避免出现"假大空""大而全"而影响传播可信度。比如，既展现正义战胜邪恶的辉煌战果，也讲述胜利背后的艰苦卓绝、流血牺牲；既刻画公安民警迎难而上的英武形象，也展现他们巨大压力下复杂焦灼的内心世界，有血有肉，有泪有笑，以真情感染人、用真实打动人。福建省委宣传部、福建省公安厅与福建省广播影视集团合作拍摄制作了警务纪实节目《您好，110》，聚焦真实一线，用跟拍纪实的手法拍摄制作警察故事，长达半年时间里，摄制团队贴身跟拍100多位公安民警，不摆拍，不搞现场还原，全方位表现公安民警对人民群众全天候的守护，将警察的辛勤付出无私坚守与人民群众的获得感幸福感安全感真实呈现在观众面前。因为其真实而感人，增进广大群众对基层警察工作的了解，为警察这份威严庄重的职业补足了亲和力、烟火气，《您好，110》节目全网总流量短时间内即超过12亿。

新闻真实性原则是马克思主义新闻观的基石。习近平总书记强调："真实性是新闻的生命，事实是新闻的本源，虚假是新闻的天敌。新闻的真实性容不得一丁点马虎，否则最真实的部分也会让人觉得不真实。"[①]并提出具体要求："要根据事实来描述事实，不能根据愿望来描述事实，同时要坚持马克思主义立场、观点、方法，搞清楚是个别真实还是总体真实，不仅要准确报道个别事实，而且要从宏观上把握和反映事件或事物的全貌。"[②]公安新闻传播要说真话、讲真相、道真情，大兴调查研究之风，抵达现场写出真实可信的新闻，写作时要求时间、地点、人物等新闻要素必须齐全准确，报道中的每一件事实都准确无误，坚持客观公正，坚持事实真实、总体真实和本质真实的辩证统一，努力把新闻事实完整呈现在受众面前。

2. 出精品需求新

三月的腾冲，春意融融，站在习近平总书记曾经考察过的司莫拉佤族村村口的观景台远眺，一群白鹭从天上飞过，金灿灿的油菜花在层层梯田间争相绽放。

---

① 《习近平著作选读》第一卷，人民出版社2023年版，第457页。
② 《习近平著作选读》第一卷，人民出版社2023年版，第457页。

在热带雨林西双版纳，茂密原始森林的交相掩映中，清澈悠远的澜沧江缓缓流淌。

为筑牢澜沧江流域生态安全屏障，景洪市公安局森林警察大队联合农场、蓝天救援队、沿江村寨治保会等组建水上巡逻队，对澜沧江、南阿河一线流域开展常态化巡逻。

从写景色切入，既生动又切题，简短描述就让读者产生很强的身处"云岭大地上、高山峡谷间"的现场感。通过小切口、小故事，以小见大，润物无声，这种不落俗套的写作风格，让《人民公安报》2022年5月2日1版刊发的通讯报道《云南：守护边疆 让"幸福的地方"更幸福》在"公安机关'牢记总书记嘱托 踔厉奋发新征程'系列报道"中脱颖而出。

"诗文随世运，无日不趋新。"时与势催生话语环境之变，也对文风提出新要求。语言文风是内容生产的骨肉灵魂。坚持转作风、改文风，多用一些冒着热气、沾着露珠、带着泥土芬芳的语言，将厚重的宏大叙事以精巧的架构和充满画感的描述引领读者思考，改变一些厚重叙事总是试图板起面孔说教的写作风格，让群众爱听爱看，不断提升公安新闻传播的引导力、亲和力和感染力。

内容创新是根本。习近平总书记指出："对新闻媒体来说，内容创新、形式创新、手段创新都重要，但内容创新是根本的。"①公安新闻传播有公安垂直领域的内容优势、专业优势、资源优势、信源优势，有公安行业特色和独家内容，应当守正创新，优化表达，推进传播话语、表达方式创新，坚持"短实新"报道文风，用广大公安民警喜闻乐见的形式和语言，努力创作出有思想、有温度、有品质的公安新闻作品，满足广大民警日益增长的公安新闻信息需求，切实提升主流声音传播能力。

3. 出精品需求准

公安新闻传播立足公安、依托公安、属于公安、服务公安，这使得其内容

---

① 曹智、栾建强、李宣良：《习近平在视察解放军报社时强调 坚持军报姓党坚持强军为本 坚持创新为要 为实现中国梦强军梦提供思想舆论支持》，《人民日报》2015年12月27日，第1版。

生产具有很强的政治性、政策性、法律性、程序性，突出地具有很强的专业性、严肃性。公安新闻传播作品要坚持求准，依托权威资源，建立话语权威，用事实说话，用数据说话，做到准确可信，形成内容优势。

在法律法规、公安行业术语、公安专有名词、数据表格等方面，必须突出严肃、严谨、严格、严密的写作要求，不能变形走样，不能加料注水，高度强调专业优势和行业权威。"吟安一个字，捻断数茎须"，刻意求工、细针密缕，从主题思想、篇章结构，到语言文字、表现形式等全流程求准求精，求教专家学者，送审权威部门，一次次审看稿件，一遍遍修订勘误，以"为伊消得人憔悴"的境界予以打磨淬炼。

要提升运用法治思维和法治方式推进新闻报道的能力。推理，破案，追捕；诈骗，拐卖，绑架，凶杀，枪战，贩毒；正与邪，善与恶，法与理，爱与恨，恩与怨，生与死……这些词语背后关联的是扣人心弦错综复杂的公安斗争实践，一方面使得公安新闻传播内容广受关注，另一方面也对公安新闻传播提出了更高要求。公安新闻宣传工作者要做尊法、学法、守法、用法的表率，强化法治意识，以法律为遵循，使用法言法语，尊重执法司法，尊重报道对象，维护执法司法公正，捍卫执法司法权威，推动法治精神法治理念更好地深入人心，发挥好公安新闻舆论宣传在法治建设和社会治理中的重要作用。

有思想、有温度、有品质的精品力作才能成功走进更大视野、赢得更多认同。公安工作的鲜明特征使得公安新闻传播内容具有鲜明的职业辨识度。新时代新语境，公安民警和广大群众对公安新闻传播作品提出了更高要求，逐渐从"有没有""够不够"向"好不好""精不精"发展。当公安新闻传播内容精品不断刷屏，公安新闻宣传阵地就会拥有更大的用户黏性，从而让新闻更有力、传播更有效。

四、评论类内容是新闻传播内容生产的重要组成，揭示本质，提炼意义，深化主题，是媒体发挥舆论导向作用的重要手段。有效的公安新闻传播，必须重视优质观点生产，用优秀的公安新闻评论激发正能量

习近平同志在浙江工作期间，高度重视新闻舆论工作，提出宣传思想战线要打好主动仗。要按照中央要求和省委部署，组织新闻媒体发挥各自优势和特点，在重要版面、黄金时段开辟专栏专题专访，多层次、多角度地推出一批有深度的社论、评论、言论和理论文章，提高舆论引导水平。①当时的《浙江日报》在1版开设了特色专栏——"之江新语"。在浙江工作期间，习近平同志连续数年坚持为这一专栏撰写稿件，发表了大量思想性、针对性、指导性都非常强的评论文章，引起很大反响。这些评论，今天读来仍然具有磅礴思想力、强大生命力。

毛泽东同志也非常重视评论，其创办的《湘江评论》开设有"东方大事述评""西方大事述评"等专栏。在战争年代和新中国成立以后，他亲自撰写发表大量评论文章，如《将革命进行到底》《丢掉幻想，准备斗争》《别了，司徒雷登》等名篇。

评论是激扬思想的力量。作为最重要的观点生产形式，评论文章对于揭示新闻事实的本质及其发展趋向、提炼事件的意义、深化新闻报道的主题，更好地分析问题和解决问题，有着非常重要的作用，其态度最鲜明、思想最精练，激浊扬清正本清源的舆论引导效果最直接。宣传思想工作致力解决思想问题、寻求"最大公约数"、画出"最大同心圆"，评论无疑是有力有效的武器。全媒体时代，各类信息纷繁庞杂，但思想深刻、见解独到、价值独特的优秀评论仍然是珍贵内容资源。

（一）优秀公安新闻评论的重要作用

众声喧哗中，各种纷乱中，人们总想知道"主流媒体怎么看？""权威媒体阵地如何发声？"就像人声鼎沸的车站，乘客们总会特别留意收听站台广播的播报。评论就是舆论场里态度最明晰、导向最权威的声音。

在重大主题宣传中，中央主流媒体会常态化配套推出大型政论栏目、打造重磅评论品牌，占领舆论制高点。有一些耳熟能详的时评品牌，如《人民日报》的"任仲平""人民论坛""钟声""国纪平"，以及中央广播电视总台旗下

---

① 田玉珏、薛伟江、李政：《习近平同志既重视战略谋划又强调狠抓落实》（上）》，《学习时报》2021年3月5日，第4版。

的"央视快评""央视短评""国际锐评"等，这些时评品牌，有主流媒体背景加持，体现和增强了主流媒体的权威性和引导力。

新闻报道和新闻评论是新闻传播中的两种基本文体。新闻是事实的客观记录，新闻评论则是基于事实发表的意见或观点。很明显，新闻评论是一种"意见性信息"或称"观点性信息"，是新闻宣传阵地对当前重大新闻事件或重要社会问题发议论、讲道理、明是非的一种议论文体。新闻界的普遍观点认为，评论是媒体的旗帜和灵魂，代表媒体的观点和立场，体现媒体的舆论引导水平，是媒体思想导向和价值追求的具体承载，是新闻媒体发挥正确的舆论导向作用的重要社会公器，在举旗定向、担负使命、展现形象、凝聚人心方面，具有不可替代的重要作用。

1．激扬主流价值，凝聚同心共识

公安新闻报道告知新闻事实，公安新闻评论则阐述新闻事实的意义、产生原因及发展方向等。公安新闻传播有特有行业资源背景和优势，公安新闻评论必须紧跟党中央决策部署、公安部党委重点工作，依托权威资源，发挥专业优势，建立话语权威，加强对重大主题、重大事件和社会热点的舆论引导，举旗定向，统一思想，凝聚力量，以观点内容生产发好公安声音、讲好警察故事、服务公安中心工作，为公安工作营造良好舆论环境。

▶ 重庆民警杨雪峰执勤时遇袭牺牲后，《人民公安报》第一时间刊发评论《为有牺牲多壮志》，致敬英雄、缅怀英烈，被人民网等多家媒体转载，引起较大反响。

权威及时的评论必定起到舆论引领作用。重庆公交坠江事故发生后，面对这一公众关注度极高的新闻事件，《人民日报》通过微博、人民网、人民视频等多平台深入挖掘真相，还原事发现场，推送权威评论，迅速反转了以讹传讹的各种说法，起到了一锤定音的作用。接着，《人民日报》评论部围绕"如何提升我们的社会文明"这一主题，分别以《构建匹配时代的精神文明》《涵养全社会的法治意识》《培育深入人心的规则意识》等为题推出6篇系列评论，鲜明提出应加强社会文明建设，推动践行社会主义核心价值观，净化社会风气、提升法治思维，充分发挥了新闻评论的针对性和有效性，增加了新闻事件的报道厚度、主流媒体的引领高度。重庆民警杨雪峰执勤时突遭歹徒袭击，为避免歹徒伤及群众，他身中数刀仍与歹徒搏斗，终因伤势过重壮烈牺牲。《人民公安报》第一时间刊发评论《为有牺牲多壮志》，致敬英雄、缅怀英烈："他留下的所有感动，是烛照梦想的光芒，是战友昂然前行的力量""他们是奋斗者，他们是人民警察。他们有坚定的执着，有虔诚的热爱，忠于自己的职责使命甚至不惜献出生命"。评论深化新闻报道主题，有效实现价值引导，被人民网、央视网等多家媒体转载，引起较大反响，壮大了公安主流舆论声音，有力引导了社会舆论。

2. 举旗亮剑、澄清谬误的思想利器

优秀的公安新闻评论旗帜鲜明亮剑发声，澄清谬误，明辨是非。当出现是非之争时，以有高度的立意、有深度的思想、有力度的语言，帮助公众辨识真假、校准偏差，澄清各种似是而非、模棱两可的思想认识，巩固主流思想舆论，有效引导社会舆论。当出现涉及公安机关的虚假信息时，迅速发声评论，针锋相对予以批驳，坚决反击各种抹黑警队形象的言论，以独家观点努力打造富有公安行业特色的评论，发出主流权威声音。

评论的针对性越强，就越有战斗力，就越凸显特有功能，让评论的每一次出击都使宣传阵地的声音更加响亮。网民"辣笔小球"在网络上公开发表诋毁戍边英雄的违法言论，2021年5月31日法院宣判后，《人民公安报》第一时间刊发评论《"辣笔小球"获刑八个月属罪有应得》并引起较大反响，多家媒体转发，体现了较强的导向性、战斗力。

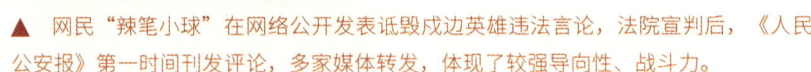

▲ 网民"辣笔小球"在网络公开发表诋毁戍边英雄违法言论，法院宣判后，《人民公安报》第一时间刊发评论，多家媒体转发，体现了较强导向性、战斗力。

3．讲通讲透道理，指明指准方向

评论的目的在于解决问题指导实践，既讲怎么看又讲怎么干，既讲是什么又讲为什么，既讲现在做什么又讲将要做什么，既提出目标要求又解决船和桥的问题，既在思想上把道理讲通讲透又把实践中的方向指明指准，以突出的指导性体现强烈的内容有效性。

公安新闻评论在公安新闻宣传中不可或缺，占据举足轻重的位置。在媒体融合纵深发展的大潮中，公安新闻评论还担负着向公安新媒体舆论场传播主流舆论强音的光荣使命，其作用不是小了，而是更大了；地位不是轻了，而是更重了；影响力不是弱了，而是更强了。面对媒体格局和舆论生态的发展变化，公安新闻评论要保持强烈的敏感嗅觉，抓住热点，有的放矢，增强网络受众黏性，借助矩阵宣传和算法技术更多地推动全网转发，短时间就能形成强大的舆论影响力。2021年10月21日，《人民公安报》评论版头条刊发评论《"涉毒艺人不得复出"应成为社会共识》，由中国警察网转发后，网易新闻在手机端弹窗推送，新浪、腾讯、中国网等大量网站转发，形成较强的社会舆论影响。有效的新闻评论要把握好政法公安工作规律、新闻传播规律和网络传播规律的结合，针对性越强，指向越精准，就越有战斗力，就越能让新闻传媒成为思想奔腾、价值饱满、信息丰富的平台。

（二）优秀公安新闻评论的写作要求

1. 必须强调政治性

没有清醒的政治头脑，就无法做好党的新闻舆论工作；不注重提升政治判断力、政治领悟力、政治执行力，想要提升评论的思想引领力就无从谈起。公安新闻评论工作是政治性很强的业务工作。公安新闻评论工作者要全面贯彻习近平新时代中国特色社会主义思想，掌握思想武器，做到心明眼亮，不断增强政治敏锐性和政治鉴别力，具备敏锐的政治眼光、开阔的政治视野，牢牢坚持正确政治方向和正确舆论导向，及时、准确、有力地宣传党的理论路线方略，宣传报道好党中央重大决策部署。

2. 必须强化专业性

公安新闻评论工作是政治性很强的业务工作，也是业务性很强的政治工作。世情、国情、党情不断发展变化，新情况、新问题每天都在出现，各种困难、风险、挑战层出不穷。公安新闻评论工作者应该有对时代的深刻思考、对公安实践的充分了解、对社会问题的敏锐洞察。要强化调查研究和分析问题的能力，发现真问题、新问题，着眼公安民警和广大群众的现实关切，写出"既接天线，又接地气"的评论，用主流观点引导社会认识，启迪人们对新闻事件的判断、对社会问题的思考。公安新闻评论的写作是各方面知识的综合运用，没有高素质、好把式、真功夫是干不出漂亮活的，必须加强知识业务修养，加强学习钻研、懂得融会贯通，具有广泛的兴趣，掌握丰富的知识。要培养严谨的评论写作态度和作风，只有事实和逻辑构成的有机整体才能催生更强大的说服力和公信力，观点清晰、论据准确、论述透彻、逻辑严密，才能确保评论作品经得起推敲和检验。

3. 必须强化斗争性

舆论场上，团结鼓劲的主旋律之外也会有些刺耳的杂音噪音滋扰甚至各种敌对势力制造的舆论。面对各类复杂情况，公安新闻传播要提高政治敏锐性和政治鉴别力，保持清醒头脑，不被杂音噪音干扰，不被错误思想迷惑，公安新闻评论要发挥思想利剑作用，随时出击亮明态度，批判各种歪理邪说，起到"一锤定音""拨云见日"的效果。对事关意识形态领域政治原则和大是大非问题，旗帜鲜明、果断斗争，勇于举旗帜、打头阵、当先锋，坚决维护国家政治安全和意识形态安全，对各种困扰人们思想的现象适时发出强有力声音。

信息时代，不缺新闻和消息，高质量的原创评论才是稀缺的传播资源。作为新闻宣传阵地重要的"观点车间""价值出口"，评论必须有鲜明判断、有深刻思考，彰显主流价值，体现专业水准，占领舆论阵地。在主题宣传和意识形态舆论斗争中，评论起到"定盘星""压舱石"作用，是鼓舞士气凝心聚力的响亮号角。作为公安新闻传播的重要内容产品，新闻评论是提升宣传阵地影响力的重要因素，应积极探索做好公安新闻评论的新思路、新办法，生产更多有思想力的观点产品，以评论的力量维护法律尊严、维护公平正义、维护群众利益，为公安机关更好地履行职责使命提供强有力的思想舆论支持。

※ ※ ※

提升新闻传播有效性，内容永远是根本，拥有内容优势才能最终赢得影响力优势。特别是在分众化差异化信息传播时代，优质内容更是被公认是有效传播的基础，一般化同质化的产品只会淹没在海量信息之中。

优质传播内容的源泉从哪里来？"只有在生活的激流中，才能写出时代的篇章。"客观世界是不断发展的，实践是不断发展的，新时代的洪流散发着绵绵不尽的蓬勃魅力，给新闻传播提供了绵延流长的源头活水。

当代中国，江山壮丽，人民豪迈，前程远大，更加辉煌的历史图景正徐徐展开。生逢伟大时代，抒写多彩的中国、进步的中国、团结的中国、发展的中国，新闻传播工作者拥有前所未有的广阔舞台，躬逢难得机遇，肩负神圣使命。

登高使人心旷，临流使人意远。

站在历史和未来的交汇点上，在这个大有可为的新时代，公安机关有壮美的奋斗，有动人的实践，有磅礴的力量。公安新闻传播工作者置身历史发展洪流，要坚持围绕中心、服务大局，充分展示在习近平总书记治国理政新理念新思想新战略指导下平安中国法治中国建设伟大进程，深刻解读经济快速发展和社会长期稳定"两大奇迹"背后所蕴藏的内在逻辑，捕捉最生动的场景，挖掘最感人的故事，发现更多先进典型，统一全警对党和国家各项事业取得重大成就的认识、对中国特色社会主义制度和国家治理体系显著优势的认识、对坚决维护党中央权威和集中统一领导的认识，以优秀作品鼓舞斗志，以正确舆论凝心聚力，热情歌颂人民公安为人民的伟大实践，展现新时代人民警察的爱党之心、报国之情、奋斗之志。

乘风好去，长空万里，直下看山河。

新时代的公安工作，厚实地扎根在公安实践和警营生活的土壤里，枝蔓延伸至经济社会发展的方方面面，每时每刻都在发生着生动感人的警察故事。开启充满光荣与梦想的远程，公安新闻传媒必须紧紧围绕举旗帜、聚民心、育新人、兴文化、展形象的使命任务，提升公安新闻传播产品内容生产质量，不断提升公安新闻传播有效性，创作更高质量、更有影响力的新闻传播作品，讴歌伟大新时代，书写人民公安为人民的动人篇章。

第五章

网络场域新语境新媒体新表达

——传播格局发生深刻变革的背景下,应准确把握网络传播规律,运用好形式增量,发挥好技术含量,掌握好表达变量,坚持好价值常量,积极打造富有公安特色的新型传播平台和新型主流媒体,运用好信息革命成果强化公安新闻传播的有效性

清醒洞察大势，准确把握信息化发展趋势，科学把握媒体融合发展趋势和规律，党的十八大以来，习近平总书记对新媒体传播、新兴媒体融合发展等作出一系列重大部署，擘画媒体融合发展的路线图。

这是一个日新月异的时代，科技牵动着时代列车上的每一样事物，比如，互联网。互联网是20世纪最伟大的发明之一。在我国，自1994年全功能接入国际互联网以来，互联网络迅速发展普及，正成为信息传播主渠道。

2023年1月30日，《人民日报》1版刊发消息《我国移动物联网连接数占全球70%》称，我国网络基础设施更加坚实，网络覆盖能力持续提升，4G网络实现全国城乡普遍覆盖，5G网络已覆盖全部的县城城区。

2023年8月28日，新华社发布消息称，中国互联网络信息中心发布第52次《中国互联网络发展状况统计报告》显示，截至2023年6月，我国网民规模达10.79亿人，较2022年12月增长1109万人，互联网普及率达76.4%。

互联网正深度嵌入我们的生活，上网的人越来越多，移动新兴媒体越来越多。5G、大数据、云计算、物联网、区块链、人工智能、元宇宙……互联网高速发展，现代信息技术迭代提速，在媒体领域催生前所未有的变革，推动媒体生态、传播格局、舆论环境、传播方式发生深刻变化。

人在哪里，新闻舆论阵地就应该在哪里，舆论生态和传播方式不断变革，宣传思想工作也需要与时俱进。以习近平同志为核心的党中央从党和国家事业发展全局的高度，科学指明舆论宣传工作一系列具有方向性、原则性、根本性的重大理论和实践问题，深刻把握新闻传播规律和新兴媒体发展规律，成为指引我们前进的强大思想武器和行动指南。

公安新闻传播要认识到意识形态领域愈加尖锐复杂的斗争带来的新挑战，认识到人民群众对民主法治公平正义安全的美好生活需要日益增长带来的新挑战，认识到舆论生态和传播格局持续发生深刻变革带来的新挑战，适应信息化要求，强化互联网思维，运用好形式增量，发挥好技术含量，掌握好表达变量，坚持好价值常量，积极打造富有公安特色的新型传播平台和新型主流媒体，进一步做大做强主流舆论，提升公安新闻传播平台的传播力、引导力、影响力、公信力，通过运用好信息革命成果强化公安新闻传播的有效性。

一、形式增量：积极拥抱新媒体技术新蓝海，以传播介质多样化促进传播形态多样化。媒体终端更丰富，传播平台更趋多元化；资源整合更有效，传播单元更趋集群化

跨屏，多终端，无延时衔接，新技术推动媒体格局发生深刻变革，催生了一众新媒体。不同于报纸、杂志、广播、电视等传统媒体，各类新媒体以数字信息处理为技术基础、以互联网络为传播渠道，其主要特点突出表现在，传播速度更快，传播范围更广，传播形式更多样，接收信息和参与传播更便捷。

从平台形式上看，包括门户网站、博客、微博、微信、客户端、播客、网络杂志、网络电视、移动电视、楼宇电视、手机报、电子阅报栏等。

从制作形式上看，包括图文、图表、音频、视频、Vlog、海报、MV、H5、长图、动漫、移动直播、虚拟现实VR、增强现实AR、网络直播、弹幕等。

从平台主体上看，包括各类网站如人民网、新华网、中国网、中国新闻网、中国青年网等，各类客户端如人民日报客户端、新华社客户端、央视新闻客户端等，各类视频平台如人民视频、央视频、抖音、快手等，以及其他各类新媒体平台如"学习强国"学习平台、微博、微信、今日头条、哔哩哔哩、爱奇艺、知乎等。公安新媒体平台包括公安网站、官方微博、官方微信公众号、网上公安局、网上派出所、网上警务室、公安新媒体矩阵等。

提升公安新闻传播有效性，需要深刻认识互联网技术给信息传播带来的巨大冲击，重视互联网语境传播手段建设和生产创新，推动新闻选题、信息采集、内容生产、智能分发等流程再造，更好提升公安新闻信息在新媒体阵地引导舆论的能力。

（一）从一次"评论+"创新，看新媒体传播的移动化+可视化特征，看新闻内容的打开场景+呈现方式变化，看融媒传播实现的"二次方效应"+"传播长尾效应"

2020年全国两会上，民法典草案审议成为最受瞩目的热点之一。2020年5月26日，《人民公安报》1版刊发短评《积极回应人民法治需求》，从民法典编纂

的重大意义、树立以人民为中心的立法理念、满足人民群众不断增长的法治需求等方面进行分析评论。中国警察网根据评论内容制作了视频版评论节目，以评论文字为基础读本，主持人出镜播报评论内容，插入新闻图片、漫画等多种元素，成为公安新闻传播实践中传统纸媒评论与新媒体传播的融合创新之举。

这样的可视化新闻评论，是一次成功的针对传统体裁的"新型表达"和"全视域传播"，在内容上突出原创优势，在形式上突出互联网引流，将文字评论与图像视频成功嫁接，将文字书写转为视频语言，将"无声评论"升级为"融合评论"，以主持播报模式给受众带来新感受。这一视频版评论，先后在人民日报人民号、"学习强国"学习平台、新浪微博、今日头条等平台播出，流量不断放大，形成突出的融合传播效果，将主流思想观点有效嵌入互联传播信息流，充分利用和展现了互联网媒体融合优势，探索出主流媒体掌握麦克风、抢占网络舆论场的有效路径。

新媒体语境下的新闻传播，呼唤内容丰富、形式新颖的新媒体作品，通过话语表达、传播方式、表现形式创新，以易于读者接受的表达方式，适应多渠

▲ 人民日报人民号转发中国警察网制作的"有声评论"，体现新媒体传播的移动化+可视化特征。

道多终端分发传播需求和多屏化移动化场景特点，如推出海报、H5、动漫新闻、15秒短视频、长图文图解等形式，如推出主播播报和论坛对话类音频视频，多样化展示，多介质推送，不断丰富产品形态，提升内容传播效果。中央广播电视总台《新闻联播》推出"主播说联播"，新华社推出"辛识平"融媒评论专栏，《新华每日电讯》依托抖音等短视频平台推出短视频评论栏目"每日快评"，通过主持人评论员出镜、花式字幕、素材拼贴等多种方式，让传播内容可视可听，产生入眼入耳入脑入心的更佳传播效果。

推动公安新闻传播动起来、活起来、火起来，需要公安新闻传播阵地因时而变，充分运用网络平台，做精内容、做宽渠道、做强平台，个性化制作、创新化表达、可视化呈现、全方位传播，在公共空间的意见竞争中增加"有效供给"，发出响亮声音。

▲ 这一视频版评论，先后在新浪微博、"学习强国"学习平台、今日头条等平台播出，流量不断放大，形成突出的融合传播效果。

（二）从人民日报第一条法人微博，看中央主流媒体不断丰富的新媒体传播产品新样态，以及不断出新的24小时全天候传播生态传播方式

2012年7月21日的北京，暴雨倾盆。次日凌晨4点58分，人民日报新浪微博发出宣告自己诞生的第一条微博："北京暴雨，整夜无眠。《人民日报》官方微博与大家共同守望。为每一位尚未平安到家的人祈福，向每一位仍然奋战在救援一线的人致敬！北京，加油！"①这条法人微博成为当日热帖，抓住了一次绝佳

---

① 安晶丹、许宁、范泽瑾：《新媒介环境下党报的舆论引导创新——以〈人民日报〉法人微博为例》，人民网2014年3月20日，http://media.people.com.cn/n/2014/0320/c150616-24693298.html。

的"一鸣惊人"的机遇。

报纸、杂志、网站、网络电视、网络广播、电子屏、手机报、微博、微信、客户端……人民日报全媒体传播阵地不断拓展,由过去的一份报纸转变为全媒体形态的"人民媒体方阵"。2016年10月,人民日报融媒体工作室机制正式推出,产生"一本政经""麻辣财经"等一批专业化、垂直化的品牌工作室。① 2018年6月11日,人民日报客户端推出的全国移动新媒体聚合平台"人民号"上线,吸引越来越多创作者入驻。② 人民网着力建设"人民视频""人民党建云""地方领导留言板",强化观点评论、政策解读、深度调查等精品内容的原创能力。

新华社坚持走融合发展道路,加快实现"一次采集、N次加工、多元分发、全媒体覆盖"。2015年,新华社推出自主研发的"快笔小新"机器人写稿系统,成为国内首个使用写稿机器人的媒体机构。2017年底,新华社发布全球媒体首个人工智能平台"媒体大脑",提出建设智能化编辑部。2018年11月,全球首个合成新闻主播——"AI合成主播"亮相第五届世界互联网大会,在新闻领域开创了实时音视频与AI真人形象合成的先河。③ 中央广播电视总台不断完善全媒体传播网络,重大报道推出"央视快评"、独家V观、H5页面、原创特稿等产品于全网转推,构建"全流程融合"产品链,成功营造中央电视台、中央人民广播电台、中国国际广播电台合并后"1+1+1>3"的整体传播声势。打造"央视新闻"新媒体、短视频栏目"主播说联播"以及《新闻联播》微信公众号等,形成立体多样的传播矩阵。

推动主流思想观点进入各类用户终端,努力占领新的舆论场,这是媒体的一次自我革命,更是一场必须赢的传播战。公安新闻传播阵地要向中央主流媒

---

① 黄小希、史竞男、王琦:《守正创新 有"融"乃强——党的十八大以来媒体融合发展成就综述》,新华网2019年1月26日,http://www.xinhuanet.com/politics/2019-01/26/c_1124046980.htm。
② 唐胜宏、燕帅、赵光霞:《与党和人民同呼吸 与时代发展共进步——全国新闻舆论战线新作为新气象》,人民网2018年8月21日,http://media.people.com.cn/n1/2018/0821/c120837-30240182.html?from=singlemessage&isappinstalled=0。
③ 黄小希、史竞男、王琦:《守正创新 有"融"乃强——党的十八大以来媒体融合发展成就综述》,新华网2019年1月26日,http://www.xinhuanet.com/politics/2019-01/26/c_1124046980.htm。

体学习，充分运用新兴传播技术和渠道优势，创新传播手段，优化战略布局，不断放大在网络空间的音量，做到互联网新应用发展到哪里、公安好声音就覆盖到哪里，为推进平安中国法治中国建设营造良好的社会舆论环境。

（三）短视频、云直播、公益海报、公益广告等移动端微传播轻量化产品成为新风口

短视频，时长虽短但优势明显：可视可感，内容集中，主题聚焦，传播速度快，分发范围广。凭借这些天然优势，短视频快速吸引了大量用户特别是年轻用户的注意力，各类短视频平台爆发式增长，每天发布海量内容，构建起用户群基数大、聚合分发内容规模大的信息分发通道。

新中国成立70周年宣传报道中，人民日报客户端联合各地推出《中国24小时》地方篇系列微视频、《我爱我的国，56个民族同唱这首歌》等短视频，让人们切身感受祖国发展成就，激发起更加自信一起向未来的豪情；中国共产党成立100周年宣传报道中，新华社推出大型MV短视频《江山如画》、沉浸式视频交互产品《关键一步》等融媒体产品，浓墨重彩展现中国共产党走过的光辉历程、取得的伟大成就、作出的历史贡献，生动讲好中国共产党的故事，引导广大干部群众坚定不移跟党走、同心创造新辉煌。

警务短视频是公安新闻传播的重要手段，是传播公安好声音的重要方式。公安新闻传媒应加强新媒体短视频产品设计研发，充分利用移动互联网时代新媒体的碎片化影响力，增强公安正能量的冲击力影响力。2021年9月30日是我国第8个烈士纪念日，中国警察网策划制作短视频《今天，他们让我们分外思念》，呈现了民警牺牲瞬间的英勇无畏和战友亲人对他们的深切思念，感人至深、催人泪下，新华社微信视频号等转发，央视新闻客户端进行推荐，累计播放量200余万次。2021年国际禁毒日前夕，宁夏回族自治区公安厅所属"平安宁夏"新媒体账号策划短视频《这不是电影 这是缉毒民警的日常》，国际禁毒日当日视频号播放量572万次，转发量达4.5万次，新华网、人民网等媒体及网友接力转发致敬，视频中"这样，你痛吗"更是燃爆泪点，评论区纷纷为冲锋在禁毒一线的铁血警察点赞。

互联网时代要有互联网思维，传播策略亦需应势而动。云直播、云宣传、云宣讲、公益海报、公益广告等传播形态在移动互联网赋能加持下，在移动收听收看、碎片化阅读和随手转发中实现传播量井喷式释放。

2023年3月8日，"三八"国际劳动妇女节当天，一场名为"公安心向党 护航新征程——致敬了不起的她"活动，对优秀女民警、好警嫂、爱警母亲先进事迹进行"云"展示。活动由"学习强国"学习平台、人民网、央视网、中国妇女网、女性之声以及中国警察网、全国公安新媒体矩阵等同步直播。活动综合运用情景讲述、视频展示、文艺呈现等手段，生动诠释广大女警巾帼不让须眉、忠诚履职、拼搏奋斗的职业精神，展示好警嫂、爱警母亲理解支持公安工作，主动承担家庭重担，弘扬优良家风的时代风貌。活动的直播信号传遍大江南北，一位位优秀女民警、好警嫂、爱警母亲的先进事迹、动人故事引发广大公安民警的深情共鸣。

▲ 2023年3月8日举行的"公安心向党 护航新征程——致敬了不起的她"优秀女民警、好警嫂、爱警母亲先进事迹"云"展示活动海报。

在公安新闻传播中，各类主题公益广告、公益海报，凝练核心主题，固化感人瞬间，实现"一图看懂"，以创意体现敬意，以设计推动话题，通过全网分发推送，成为重要的新闻传播方式和信息流转手段，不少精品海报设计值得品读和收藏。

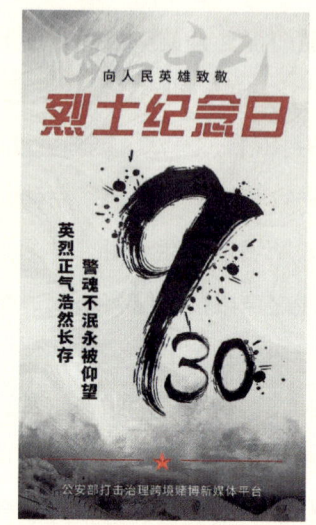

▲ 这些精心设计的公安公益广告宣传海报产品，所承载的核心价值、精神内涵具有润物细无声的效果和力量。

从公安新闻传播实践看，受众对一些艺术性较强的公益广告宣传海报持欢迎态度。这些精心设计的公益广告宣传海报产品，融主题表达和美术创意于一体，简洁明了，迅速有力，其所承载的核心价值、精神内涵，具有润物细无声的效果和力量，很多精品力作进入民警的微信朋友圈，成为手机屏保和电脑桌面背景图。这种视觉表达形式在新闻传播实践中正越来越受到重视。

（四）握指成拳，聚合发力。以既有体量又有质量的新媒体传播矩阵实现集群式网络传播，以整体联动实现传播效益最大化，不断扩大主流价值影响力版图

公安新闻传播内容资源丰富，公安新闻传媒要充分发挥优势，适应网络新媒体时代社会舆论环境、媒体传播格局和受众阅读习惯的鲜明变化，不断拓展新媒体传播渠道，提升公安机关舆论引导能力。

实践证明，打造内外联动全时响应的新媒体矩阵，重点报道统一发力，能有效推动公安新闻传播实现"矩阵联动、波次效应"。2018年初，公安部新闻宣传局联合《人民公安报》、中国警察网发起组建了全国公安新媒体矩阵，矩阵成员由部省两级公安政务新媒体账号、有一定影响力且资质较好的民警自媒体账号、具有专业特长的公安新媒体人才组成。中央主要新闻媒体网站和重点新闻商业网站及其新媒体成为首批矩阵媒体支持单位。[1]全国公安新媒体矩阵的成立宣告着全国公安新媒体从之前的各自为战转为协同作战，逐步搭建起多层级、全方位、立体化的传播矩阵，成为功能互补、覆盖广泛、便捷高效的公安舆论宣传阵地体系。以公安部头条号、@中国警方在线、@中国反邪教、@国家移民管理局、@公安部交通管理局、@公安部网安局、@中国警察网等部属新媒体平台为代表的头部账号充分发挥引领带动作用，北京、江苏、浙江等地结合自身实际推出各具特色的新媒体作品，形成波次推进、高潮迭起的宣传声势，使公安正能量充盈网络舆论场。这种矩阵式兵团作战方法，弥补了"单兵作战""各自为战"的不足，以集群形式入驻覆盖面、传播面更为广泛的聚合类平台，进一步整合公安新媒体优质资源，更好发挥长尾效应，实现"破圈传播"，影响力、传播力得以数倍放大。

新媒体矩阵加强议程设置和选题策划，围绕重大主题、重大活动、重要节日，同策划、同部署、同实施，一次采集、多种生成、多元传播，矩阵联动，协同作战，从公安部层面到省市县四级公安机关"齐头并进、多点开花"，覆盖微博、微信、央视频、人民号、今日头条、抖音、快手等平台，矩阵成员账号

---

[1] 王旭东：《占领主阵地 传播正能量 全国公安新媒体矩阵内外联动讲好公安故事》，《人民公安报》2018年7月6日，第3版。

间优质内容联动并向权威账号推荐，同频共振，联动发声，发挥矩阵强大优势，先后打造出"党旗在基层一线高高飘扬""致敬公安英雄""警徽荣耀""我们这一年""护航高考"等多个现象级话题，有力展现公安工作和队伍建设的生动实践和显著成效，在发好公安声音、树立队伍形象、密切警民关系等方面发挥重要作用。

二、技术含量：适应受众"触媒习惯"，用好信息技术革命成果，探索公安新闻传播新技术应用模式，加强新技术在新闻传播领域的前瞻性研究和应用

2023年3月召开的全国两会，是在全面贯彻落实党的二十大精神开局之年召开的一次重要会议，意义重大、影响深远。为做好全国两会报道工作，《人民公安报》、中国警察网紧跟信息技术发展潮流，创新新媒体技术运用，首次采用"虚拟主持人"进行播报、首次使用"元宇宙"数字技术，以传播新技术前瞻性应用探索出公安新闻传播新路径。

"各位网友大家好，欢迎收看今天的'两会播报'……"2023年3月4日，"虚拟主持人"准时出镜带来第一次播报。"虚拟主持人"技术极大缩短了视频拍摄制作时间，增强了视频时效性与可看性。节目一经推出，便引发网友大量关注和点赞。《两会播报》累计制作发布8期视频，播放量超过310万次。

"各位网友大家好，欢迎大家来到《人民公安报》、中国警察网'元宇宙'演播室！"2023年的两会报道工作中，《人民公安报》、中国警察网持续播出节目《与公安代表委员"云"对话：我的两会"关键词"》，并首次使用"元宇宙"数字技术，尝试在"元宇宙"空间内搭建节目场景，通过虚拟主持人和来自公安系统的代表委员进行"云"对话。在新技术的加持下，虚拟场景、虚拟主持人与真实的公安代表委员之间形成新颖有趣的互动，节目一上线便引发大量网友关注，播放量超过250万次。

新华社北京2021年11月19日电播发"新华视点"《什么是元宇宙？为何要关注它？——解码元宇宙》指出，元宇宙始于1992年国外科幻作品《雪崩》里提到的"Metaverse"（元宇宙）和"Avatar"（化身）这两个概念。人们在

"Metaverse"里可以拥有自己的虚拟替身,这个虚拟的世界就叫作"元宇宙"。该报道援引专家观点称,"元宇宙是整合多种新技术而产生的新型虚实相融的互联网应用和社会形态,它基于扩展现实技术提供沉浸式体验,以及数字孪生技术生成现实世界的镜像"。从新闻传播实践看,元宇宙技术在新闻行业的运用范围不断扩展,这一整合不同技术的新形态,基于扩展现实技术为受众提供沉浸式体验,基于数字孪生技术让受众可以在元宇宙里看到很多自己的虚拟分身、看到镜像到虚拟世界里的现实世界。这种"穿越式"虚拟体验让人身临其境,从而增加了对传播内容的参与感、认同感。

2020年9月,中共中央办公厅、国务院办公厅印发了《关于加快推进媒体深度融合发展的意见》。意见指出,要以先进技术引领驱动融合发展,用好5G、大数据、云计算、物联网、区块链、人工智能等信息技术革命成果,加强新技术在新闻传播领域的前瞻性研究和应用,推动关键核心技术自主创新。①网络数字新技术、新兴传播技术迭出,技术创新引发舆论场域转型、媒体形态演变,为媒体发展提供了发动机和加速器。以中央主流媒体为引领,各媒体不断加强新技术在新闻传播领域的前瞻性研究和应用,积极适应技术赋能下的移动传播、社交传播、视频传播趋势。

2018年6月13日发布的新华社媒体大脑2.0——"MAGIC"智能生产平台,首次应用在2018年俄罗斯世界杯报道中,31天内生产37581条短视频新闻,在全网实现超1.16亿次播放。②2018年12月,中央广播电视总台与三大电信运营商、华为公司合作建设了我国首个国家级"5G新媒体平台",设立了5G媒体应用实验室。总台下属中国国际电视总公司与阿里巴巴集团签订技术合作协议,并在春晚、两会和"一带一路"高峰论坛及北京世园会报道中实现了"5G+4K、

---

① 《中办国办印发〈意见〉 加快推进媒体深度融合发展》,《人民日报》2020年9月27日,第1版。
② 唐胜宏、燕帅、赵光霞:《与党和人民同呼吸 与时代发展共进步——全国新闻舆论战线新作为新气象》,人民网2018年8月21日,http://media.people.com.cn/n1/2018/0821/c120837-30240182.html?from=singlemessage&isappinstalled=0。

5G+VR"的全流程、全要素制播,产生了广泛影响。①2019年,新中国成立70周年主题报道中,新华社使用全球首台"5G+8K"转播车进行24小时超高清"慢直播",充分展现前沿技术应用能力。央视新闻首次将AI人工智能技术运用于阅兵式短视频剪辑,以AI引擎自动编辑70余个机位的画面内容并生成短视频,广泛分发至央视网、央视新闻App及合作平台。②2020年全国两会报道中,人民日报首次将5G、人工智能、虚拟现实等互联网前沿技术运用到两会报道中,成立"两会AI智能编辑部",通过"云访谈""云客厅"等把代表委员"请"进人民日报社大院,在"云端"同亿万网民互动交流。③人民网智慧党建系列产品采用3D成像与智能化视频讲解技术,让网友沉浸式体悟长征精神;新华媒体创意工场运用XR扩展现实拍摄、VR绘画等技术,生动解读政府工作报告;中央广播电视总台使用"时间切片"技术将滑雪大跳台运动员从起飞到落地的过程完整呈现于一帧画面……④毫无疑问,新技术已经显著影响了主流媒体的内容生产,5G、人工智能、超高清移动视频等应用在新闻传播、舆论引导方面的作用日益彰显。新技术让新闻传播速度更快、指向更准,让新闻传播载体更多样、渠道更丰富、覆盖更广泛。近年来,公安新闻传播较好地适应传播新技术发展态势,以先进技术为引领和支撑,不断提升传播有效性。

(一)VR、H5、动画新闻等创新手段,丰富新闻获取渠道,降低信息获取门槛,以更活跃的内容形态,增强新闻传播表现力影响力,提升传播效果

包括H5制作手段在内,多种传播新技术将文字、图像和声音有机组合,支

---

① 唐胜宏、燕帅、宋心蕊、高春梅:《让党的声音传得更开、更广、更深入!——媒体融合发展这5年》,人民网2019年8月18日,http://media.people.com.cn/n1/2019/0818/c120837-31301456.html。
② 雷洁、郭钦、黄丽媛:《全媒体时代重大主题报道策划的"大检阅"——主流媒体庆祝新中国成立70周年报道的创新实践》,《新闻战线》2020年10月(上)。
③ 人民日报社两会报道领导小组:《激发策采编评新动能 凝聚人民矩阵融力量——人民日报社2020年两会报道纵览》,《新闻战线》2020年6月(上)。
④ 《中国网信》杂志编辑部:《彩云长在有新天——习近平总书记指引清朗网络空间建设纪实》,《中国网信》2022年第2期。

持播放音乐、短视频、动画效果等多媒体素材,形式新颖,画质优良,体验流畅,信息丰富,大大增强对受众的影响力感染力,吸引大量受众参与转发。依靠虚拟现实(VR)、增强现实(AR)技术,全方位、立体化地展现新闻现场的实时状态,营造逼真体验效果,形成"体验式"新闻场景。

  面对各类新技术带来的媒体传播形态深刻变革,各路媒体从自主研发到多方合作,纷纷投入技术创新使用大潮,让自身植入更多互联网基因。2017年八一建军节前夕,人民日报客户端推出互动型H5产品《快看呐!这是我的军装照》,上线不到10天,浏览量就突破10亿次,超过1.55亿网民参与,创下业界单个H5产品访问量新高[①]。新中国成立70周年庆祝活动报道中,人民日报推出的H5产品《56个民族服装任你选》页面浏览量近2亿次,用户生成照片超7.38亿张,成为全媒体时代守正创新的典型案例。[②]2018年清明节,@警民携手同行、警苑心语、《人民公安报》、中国警察网新媒体平台共同发布用H5技术制作的"清明祭英烈——公安英烈网络纪念馆",采用地理定位等新技术,引发全国网友自发向公安英烈致敬,发布后很短时间内,就有超过11万名网友在线献花留言、寄托哀思。2018年7月1日,全国公安新媒体矩阵推出"@所有人,报出坐标,共同祝福中国共产党生日快乐"的H5,民警输入自己的党龄、警号和所在城市便可以生成祝福页面,一时间"晒党龄"成为一股风潮霸屏朋友圈,短短3天,H5阅读量就超过580万次。运用H5等新媒体技术制作重要会议"动新闻";采取条漫、H5等方式生动呈现"群众放假我在岗"的警察故事;以图解、动漫、H5、短视频等方式推出健康科普报道;在"寻找最美基层民警"等主题报道中,拍摄优秀民警事迹制作Vlog、短视频和海报进行推送……公安新媒体打造多元化、分众化原创作品,以群众喜闻乐见的方式,引关圈粉、凝聚人气,有效提升公安新闻生产力和传播有效性。

---

① 汪晓东、张炜、钱一彬:《风雨兼程,与党和人民同行——写在人民日报创刊七十周年之际》,《人民日报》2018年6月14日,第1版。
② 盛玉雷:《做好媒体融合大文章》,《人民日报》2019年10月30日,第5版。

（二）网络直播广泛应用，传递信息最直接最直观，现场感最强烈，实现公安新闻传播内容从静态到动态、从可读到可视的迭代升级

信息技术的蓬勃发展成为传媒业转型升级的重要驱动力，特别是5G、云计算等信息传播技术的快速发展，使得网络视频直播逐渐成为日常。

"最美基层民警"先进事迹"云"推介活动中，新华社客户端、"学习强国"学习平台、人民网、人民视频、央视频、中国网、今日头条、全国公安新媒体矩阵等平台同步直播，让最美事迹广泛传播，引发热烈反响；高考期间，全国公安新媒体矩阵会同社会媒体新闻网站开展"护航高考 成就梦想"公安机关护航高考"云"直播；扶贫专场直播中，中国警察网策划开展"助力脱贫攻坚·公安在行动"公益扶贫助农系列直播活动，邀请公安扶贫干部走进直播间为绿色农产品打通销路推动消费扶贫；中国警察网官方微博联合多地公安机关官方微博开展"新春走基层"全国公安政务新媒体春节直播活动，展现公安民警辅警坚守岗位、无私奉献的良好风貌……

近年来，各地公安机关业务警种和新闻宣传部门共同组织开展执法直播活动，有效提高执法透明度，更好满足群众知情权，成为开展法治宣传教育的新阵地、动员组织群众参与法治建设的新路径。在系列公安英模先进事迹"云"宣讲活动中，通过公安英模个人讲述、视频展示等形式，展现他们不忘初心、

直播夜查酒驾

公安部交通管理局部署全国公安交管部门9月13日起开展为期10天的整治酒驾醉驾执法直播联动，边执法边宣传，最大限度警示提示群众自觉抵制酒驾醉驾，最大限度将安全风险排除在萌芽阶段。

图为9月13日晚，河北省沧州市公安局交警支队民警在夜查酒驾醉驾并现场直播执法过程。 孔大龙 摄

◀ 公安机关业务警种和新闻宣传部门共同组织开展执法直播活动，有效提高执法透明度。

忠诚履职、拼搏奉献、不负人民的感人事迹和崇高精神，在中国警察网、新华网、"学习强国"学习平台、央视频、央视新闻、今日头条等同步推出，以直播带给受众"一起到达"的现场感。在这些多场景、交互式的专题直播活动中，全国公安新媒体矩阵统一加挂微话题对相关消息进行推送转发，对直播视频片段进行碎片化传播，各地市级公安机关积极调动当地媒体矩阵，各区县公安机关调动基层科所队共同联动，形成全矩阵覆盖、各层级联动、多平台齐发、多波次推送、多亮点呈现的强大宣传声势。

（三）算法推荐：公安新闻传播产品与传播平台功能耦合，实现优质内容在垂直领域更快抵达更优分发，"让酒香飘出深巷子"，提升有效信息到达率

随着新媒体技术广泛应用，媒介正变得更加智能。算法推荐技术贴心地"猜你喜欢"，个体受众越关心什么就会接收到更多关联内容，算法技术为用户量身打造"内容圈层"，实现信息传播"私人定制"。如人民日报社新媒体中心"人民号"不断优化算法推荐技术，形成主流价值导向的"党媒算法"[①]，新华社深化构建以主流算法为引领的智能化技术体系，推进智能化工具全流程应用，进一步探索打造智能化编辑部新模式[②]。

以往，内容生产者只知道新闻推送了、播出了，却不知道谁看了报道、反响如何、影响几分，现在可以借助算法技术，分析用户兴趣和专注内容，过滤用户毫不关心或极少打开的内容，通过数据分析，根据信息智能匹配的相互作用，可以较为精确地了解到：

传播终端信息的打开率/及其与时间段的关系；

受众年龄分布/地域分布/性别分布/受教育程度分布等；

受众最感兴趣的内容/阅读量/停留时间最长的内容分析；

受众点赞/转发/评论的热点走向及舆情分析；

---

① 本报评论部：《让主流媒体成为"全媒体"——回答好媒体融合发展的时代课题②》，《人民日报》2019年1月30日，第5版。
② 《中国网信》杂志编辑部：《彩云长在有新天——习近平总书记指引清朗网络空间建设纪实》，《中国网信》2022年第2期。

受众的其他个性画像和习惯分析……

算法推荐技术在海量信息和海量用户间建立起精准高效的连接，既帮助传播平台找到感兴趣的受众，又帮助受众轻松获得想要的平台信息，正在成为信息传播的重要逻辑和法则。算法推荐技术赋能下的传播媒体，对新闻传播的数据挖掘与分析效率显著增强，提升了速度和效益，优化了内容发分路径，完成"用户使用—数据分析—数据挖掘—算法编辑—智能推送"技术流程，实现"平台海量内容"与"用户特定需求"的对接。

讲好新时代警察故事，重要的是做到内容的有效生产、精准投送和高效抵达。要科学合理利用算法推荐技术，让优秀公安新闻传播作品"被看到"，"让酒香飘出深巷子"。要有效分析用户数据，精准定位、精准投放、精准传播，在新闻采集、生产、分发、反馈各环节，借力第三方优质平台为公安新闻传播内容提供"流量支持"，向公众特别是特定用户人群提供新闻产品服务，让公安新闻传播更精准有效。

当然，要清醒认识到，技术毕竟只是技术，工具必定只是工具。分众传播场景下，优质内容始终是增强传播有效性的基础。必须强调，技术再怎么发展，传播渠道再怎么迭代，"内容为王"的判断没有变也不会变，价值导向的根本标准也永远不会变。要用主流价值驾驭算法推荐，强化算法推荐的价值观引领，实现媒体的社会公共价值功能。业界早已观察到，即使是偏重算法的技术型公司，也都设立了人工编辑岗位——无论技术驱动下的传播业态如何改变，人类丰富的情感体验和社会价值判断远非技术所能全部替代。

习近平总书记指出："从全球范围看，媒体智能化进入快速发展阶段。我们要增强紧迫感和使命感，推动关键核心技术自主创新不断实现突破，探索将人工智能运用在新闻采集、生产、分发、接收、反馈中，用主流价值导向驾驭'算法'，全面提高舆论引导能力。"[①]互联网语境中，积极拥抱新技术浪潮正让公安新闻传播深切感受着"技术流"带来的宣传报道和舆论引导倍增效应。公安新闻传播要主动适应新媒体时代社会舆论生态环境、信息传播格局和公众参与方式的深刻变化，与时俱进地提升理念、创新机制，主动融入新媒体洪流，抢

---

① 习近平：《加快推动媒体融合发展 构建全媒体传播格局》，《求是》2019年第6期。

占舆论宣传阵地，优化以数字为支撑的生产流程，升级以算法为基础的技术平台，把内容建设摆在突出位置的同时，高度重视传播技术的引领和驱动作用，实现技术与内容双轮驱动，在新媒体场域积极弘扬主旋律、传播正能量，有效展示公安队伍形象，增进社会理解支持。

三、表达变量：移动互联思维下的传播形态基本特征发生鲜明改变，内容被细分，受众被细分，形式被细分，有效传播必须适应和跟进这些表达变量，激荡中国警察故事的"内容池"产生互联网表达的动人浪花

"知其事而不度其时则败。"世间万物，变动不居；凡益之道，与时偕行。准确识变、科学应变、主动求变，才能捕捉机遇、创造机遇。

信息革命时代潮流涌动，媒体格局深刻变化，公众对新闻传播产品的需求处在一个明显的"消费升级"过程之中。如何提升新媒体场域新闻传播有效性，吸引受众进而影响受众，这是做好舆论传播必须要思考的问题。

想要打动人，得先让人看得进去进而接受得了，这就要求作品必须要有吸引力。吸引力从哪里来？坚持内容为王的基础上细分内容，坚持服务受众的原则下细分受众，坚持优化形式的前提下细分形式，从构成新媒体传播的三个主要表达变量中寻找机遇，让新闻信息分发更垂直更细分更有效，让内容生产及传播更加契合网络传播规律。

（一）细分内容——坚持内容为王的基础上细分内容：从"内容供给精准度"出发，一个主题用足"十八般武艺"，一条新闻实现"一鱼多吃"，充分解构和使用传播内容，扩大优质内容产能，做到既有"内容定力"，也有"内容魅力"

依托内容核心资源，对重大主题宣传报道进行融合传播，同一主题内容根据传播需求进行解构使用，已经成为中央主流媒体的共性做法——

受到广泛关注和好评的重大主题宣传电视专题片《将改革进行到底》《法治中国》《大国外交》《巡视利剑》《辉煌中国》等，生动讲述以习近平同志为核心的党中央治国理政的"中国故事"。为了适应新媒体终端的传播特点,这些专题片还专门制作了适合在手机上观看的时长仅几分钟的"干货"版,成为广大党员干部每晚的"必修课"和许多百姓家庭的"必追剧"。通俗理论电视节目《厉害了,我们的新时代》,不仅邀请理论专家系统解读、青年学者和基层代表畅谈体会,还引入动画、说唱等趣味形式;不仅通过电视播出,还在融媒体平台同步推出,成为通俗易懂的大众理论"公开课"。有网友留言说:"党的理论接地气,学起来更有动力。"

庆祝中华人民共和国成立70周年预热报道中,《人民日报》推出任仲平文章《奋斗创造人间奇迹》《初心铸就千秋伟业》后,人民系的网、端、微、屏等多形态、全媒体的传播终端相继转载,影响面迅速扩大。新华社长篇通讯《人间正道是沧桑——献给中华人民共和国70周年华诞》,在传统通稿线路、新媒体专线以及新华网、新华社客户端等社属新媒体终端、微信公众号、微博平台等进行发布,新华每日电讯报则在特刊版予以刊登,形成波状传播。公安新闻传媒具有其他行业媒体无法比拟的优势,内容资源丰富,社会关注度高,很多内容在互联网上"自带流量"。全媒体时代,公安新闻传播应坚持内容为王,在深入挖掘内容资源"富矿"的基础上,专注内容质量,细分内容使用,创新表达方式,扩大优质内容产能,以富有创意的新媒体优质内容吸引订阅型新媒体市场。

细分内容,即差异化传播,突出地要求增强内容供给的精准性、契合度,提供更多个性化、特色化新闻信息产品,目的是通过提升内容吸引力强化用户阅读访问习惯和黏性。2019年5月全国公安工作会议前,中国警察网根据习近平总书记近年来对公安工作作出的重要批示指示,梳理出《习近平总书记对公安队伍讲话十大金句》,制成海报和短视频,被"学习强国"学习平台连续3天在推荐栏置顶,获百万点赞。全国公安工作会议召开后,中国警察网根据会议内容制作的《新时代公安工作怎么干?习近平总书记这样说!》九宫格在朋友圈刷屏,被新媒体广泛转发。一首禁毒MV《不染》令上海市公安局官方新媒体"警民直通车—上海"成功"出圈",24小时微博播放量破千万,"高架上车辆拉链式交替通行"视频引发全网热议,被誉为"教科书式通行"。多站在受众角度考虑内容制作,打破模式化套路,将刻板的宣传材料转化为易于被网民接受的网言网语，能有效提高文章打开率、阅读率，大大提高传播有效性。公安新闻传播要适应移动互联网传播规律，加强整体谋划，找准报道角度和切入点，寻找好内容与新创意的结合点，把主题宣传开展得更加精彩。

（二）细分受众——坚持服务受众的原则下细分受众：从"传播抵达率"出发，强化受众意识、用户意识，树立以受众为核心的新闻产品思维，做到分众化传播、智能化推送，提高新闻产品供给的精准度和有效性

当下的新闻传播呈现人人传播、多向传播、海量传播的特征，以前是"人找信息"，现在是"信息找人"。提升新闻传播有效性，必须深入研究和把握新闻传播规律和新兴媒体发展规律，其中关键的一点就是研究受众特点和接受规律，从用户的不同需求偏好、阅读习惯等出发，调整内容生产和传播策略，以精准滴灌的分众传播"引关圈粉"，完成高质量输出和高效率接受的闭环。

分众，简单从字面理解就是细分受众、区分受众，即信息传播要考虑受众需求差异实际，结合不同群体的兴趣关注，提升新闻传播产品和服务的供给能力，有针对性地推出特定群体的个性化内容。"分众"的核心就是"量体裁衣"。当受众需求越来越多样，一个腔调难以唱遍天下，倒逼新闻传播成为分众化、对象化传播，通过市场细分，聚拢用户、构建用户系统，进而对用户社群延伸价值进行深度开发。

内容海量，受众需求差异明显，主流媒体的创新机会在哪里？新华社推出中央主流媒体首个青春版客户端的创新之举值得思考借鉴——2021年5月4日，新华社推出青春版客户端，讲青年故事、聊青年话题，定位于青年、服务于青年。在五四青年节之际发布《@所有年轻人，一起听总书记讲他的成长故事》，用总书记的青春岁月与成长经历教育和引领青年，让青年有共鸣点；在母亲节这天发布《离家去插队前，妈妈在他的包包上绣了三个字》，视频里，红线穿过麻布，丝丝缕缕，凝聚成"娘的心"。除"求职""四六级""就业创业"等青春服务栏目，还不断完善和拓展就业、实习、心理咨询等服务，探索交友功能，为青年受众提供尽可能丰富多元的泛资讯服务。营造青春气息，适应青年口味，青春版客户端争取到大量年轻受众，正式上线仅一天有余，相关微博话题总阅

读量即破亿，讨论近150万次。这一创新之举，将内容生产及传播运营向年轻态转型，成为新华社新闻供给侧改革的又一突破口。①在细分受众的基础上，对优质内容进行差异化表达，这种定向传播和内容分发，对用户"画像"，精准划定群组，根据兴趣与需求的强烈程度进行推送，满足不同受众的个性化需求，实现了因人而异、精准传播、精准引导，增强了新闻信息传播的针对性和实效性。

马克思十分强调宣传工作要注重了解宣传对象，在给约瑟夫·魏德迈的信中说："你知道，在不了解读者等等情况下，给在大洋彼岸出版的报纸撰稿，是多么困难。"②了解受众需求才能更好地从供给侧和需求侧双向出发，在服务议题设置的基础上，关注受众群体需求，推进新闻传播内容生产的供给侧结构性改革。

坐拥新闻富矿，公安领域从来不缺乏好故事。公安新闻宣传阵地要准确把握信息需求和传播规律特点，针对不同受众群体设置宣传切入角度，以精准的内容定制，实现高效的分众化、精准化传播。在这方面，公安新闻传媒进行了一些成功尝试。比如，面向女民警，2022年全国两会期间，《人民公安报》、中国警察网融合冬奥会、国际劳动妇女节等元素，推出《致敬！了不起的她们》原创手绘长图及视频等新媒体作品，向警营女同胞、向每一名无私支持公安事业的警嫂和爱警母亲送上节日问候。面向青年民警，安徽省淮南市公安局制作的视频作品《致青春路上的我们》记录青年民警日常学习工作的点点滴滴："时间在变，初心不变，愿每一个你永远年轻，永远热泪盈眶。"公安新媒体矩阵同步推送，先后被《人民日报》、人民网、央视网等中央级各类媒体平台转发，中国大学生在线、中国警察网及全国多省市新媒体微博微信平台转载，总播放量超过500万次。面向警察家庭，"平安宁夏"视频团队拍摄视频《我的选择》，"爸妈对不起，穿上这身警服，我就不再是孩子了，坚守是我的选择。"视频中群众司空见惯的民警真实工作场景与他们的儿女情长、父母牵肠挂肚形成了强烈反差，引发网友对民警的关注、支持和心疼，总播放量350多万次；《人民公安报》、中国警察网策划制作的融媒体作品《长大后，我就成了你》同样引发热烈反响。

---

① 王若辰、莫鑫：《"青春端"在手，点开就是"良师益友"——新华社推出中央主要媒体首个青春版客户端》，《新华每日电讯》2021年5月14日，第4版。
② 《马克思恩格斯全集》第28卷，人民出版社1973年版，第493页。

互联网有独特的话语体系，有特殊的信息传播规律。没有对受众需求的精准把握，就无法实现对舆论的精确引导。契合不同受众的关注点，贴近其信息获取诉求，完成传播平台与受众的良性互动，能更好地在议题设置和达成共识中实现价值传播，实现对社会舆论的有效引导。对公安新闻传播来说，应更好掌握分众化、差异化、个性化传播规律，紧紧抓住广大民警关注的热点问题，生产广大民警乐于接受的内容产品，反映民警心声，展现民警风采，使公安新闻传媒与受众群体建立高效连接，努力成为广大民警和人民群众的"贴心人"。

（三）细分形式——坚持优化形式的前提下细分形式：从"内容打开率"出发，强化引流意识，丰富个性化传播场景，用足用好移动互联网络各种媒介形态，加强传播形式创新，以"强烈网感"催生"火热爆款"

受众在哪里，宣传报道的触角就要伸向哪里。当受众涌向互联网、手机端，媒体格局、传播方式发生深刻变化，新闻传播就需要应势而变，尝试以新的互联网话语、新的互联网形式满足受众需求。

近年来，中央主流媒体致力于让重大主题宣传出新出彩、把正能量报道做精做活。党的十九大召开期间，人民日报"中央厨房"出品闪卡H5产品《燃爆！史上最牛团队这样创业》，将中国共产党的"创业史"以酷炫的快闪形式进行呈现；新华社推出的"点赞十九大，中国强起来"系列活动，5亿人次接力，创造史上首个"30亿级"国民互动产品。①2018年3月，人民日报新媒体推出原创音乐MV《中国很赞》，启动"中国很赞"全民互动活动，线上发起手指舞挑战，线下开展主题地铁列车、音乐快闪等宣传活动，同时推出主题共享单车、瓶装水等系列产品，实现了立体传播，#中国很赞#微博话题获得1121万讨论和11.7亿次阅读量，有网友评价称："人民日报有点潮，为创意叫好，为中国

---

① 唐胜宏、燕帅、赵光霞：《与党和人民同呼吸 与时代发展共进步——全国新闻舆论战线新作为新气象》，人民网2018年8月21日，http://media.people.com.cn/n1/2018/0821/c120837-30240182.html?from=singlemessage&isappinstalled=0。

点赞!"①丰富立体的传播形式提升了互动效果,吸引受众关注,点燃参与激情。

新闻传播善于创新、做到常新,是决定传播阵地发展壮大、保持强大生命力的关键。网络新技术新应用新业态的不断涌现,为新闻传播提供了更多创作手段和传播载体,更丰富了传播形式。近年来,公安新闻传播创新采用广大民警和人民群众喜闻乐见的形式,不断增强新闻传播的生动性、可看性,努力提高新闻传播质量和水平,新媒体领域"爆款"不断,提升了公安新闻传播质效。MV、H5、动画、短视频、海报、说唱,以及背景音乐、花字、网络金句、花式剪辑……"十八般武艺"齐上阵,移动端精彩纷呈,网络生态制作手法为公安新闻传播语言叙事锦上添花,通过受众喜闻乐见的方式将有效信息迅速分解、立体提取、精准推送,成功引关圈粉、凝聚人气。

上海公安新媒体根据热播电视剧改编了一首MV《知否知否,这是骗子的计谋》,短短一首歌信息量极大,涉及求职诈骗、养生诈骗、冒充公检法诈骗、农产品滞销诈骗等10余种诈骗方式,MV风靡网络后,不少网友表示:"还怪好听的,已经忘了原版,只记得小心各种诈骗了。"重庆公安新媒体推出MV《爸爸,等你回家》,从孩子的视角表达了对警务人员的牵挂与支持,礼赞所有坚守在一线的公安民警,引发强烈共鸣。

中国警察网微信公众号发布H5作品《总书记,我想对您说》,9名公安民警面对镜头说出自己的心里话,誓言将牢记公安民警的使命,做党和人民的忠诚卫士,引发广泛转载。2022年全国两会报道中,中国警察网制作的H5作品《我们的答卷,请您审阅》,围绕历年来习近平总书记"下团组"参加审议、讨论的关注重点,设置全面依法治国、社会治理、扫黑除恶、舌尖上的安全等9个关键词,网友只需轻点手机,就可在线查看全国公安机关在相关领域取得的优异答卷,同时生成创意海报,为平安守护者点赞,极具趣味性、互动性、直观可视性,引发大量网友关注。

中国警察网推出"我们这一年——深入学习贯彻习近平总书记'5·19'重

---

① 唐胜宏、燕帅、宋心蕊、高春梅:《让党的声音传得更开、更广、更深入!——媒体融合发展这5年》,人民网2019年8月18日,http://media.people.com.cn/n1/2019/0818/c120837-31301456.html。

要讲话精神"九宫格主题海报，受到网友的广泛关注和赞誉。从电影《中国机长》中找到灵感，乌鲁木齐铁路公安机关新媒体推出图片海报《铁路公安特警版"中国机长"》，"社会热点+公安民警+铁路+平安归途+中国速度+职责使命"，创作元素丰富，语境新颖有趣，配合社会热点的广泛讨论，让铁路公安民警的身影多角度展现、故事走进网友视野。

公安新媒体充分把握受众阅读心理和习惯，制作短视频宣传公安正能量。交通普法宣传短视频《让生命无憾》以写实风格戳中泪点，达到普法警示的教育作用，纪实短片《惊魂六小时》真实展现公安办案能力，《此生无悔披战甲 来世还要做警察》《对不起，我是警察》《速度与警情》等一系列有思想、有温度、有品质的短视频作品在网络引发广泛好评热议。

喜闻乐见的形式+独出心裁的创意，实现了好听好看进而入脑入心的效果。一次采集、多元生成，多形式制作，多渠道传播，变"大水漫灌"为"精准滴灌"，实现"一鱼多吃"，通过优秀优质内容生产与合理有效投送渠道的结合，传播上快捷精准，展示上新颖生动，使公安新闻传播动了起来、活了起来。

守正创新，因新而强。总体看，在内容供给侧方面，公安新闻传播与广大民警和人民群众日益增长的更好更优公安新闻信息需求还有一定差距，必须更新观念、顺应形势，紧跟"全媒体时代"和"互联网+时代"形势发展，在宣传方式和手段上"求新""求变"，以广大民警和人民群众喜闻乐见的形式生动反映公安实践，使受众爱听爱看、引发共鸣共情，提高公安新闻传播的感染力和亲和力，进一步增强公安新闻传播有效性。

四、价值常量：内容为王，导向为魂。导向即是价值，是新闻传播内容池里的定盘星，抢占舆论场必须增强"内容定力"，坚持"正能量是总要求、管得住是硬道理、用得好是真本事"，不断增加"有效内容供给"

互联网络深度融入社会生活，仅凭一部手机，人们即可进入舆论场发声，社交媒体成为"人人媒体"。

当前，我国社会主要矛盾发生新变化，价值多元，利益多元，各种信息在网络涌动。舆论传播平台不仅存在新闻业务竞争、资讯速度竞争、发行市场竞争，更有认识上的引领、观点上的交锋、价值观的较量。

2023年7月，习近平总书记对网络安全和信息化工作作出重要指示强调"坚持正能量是总要求、管得住是硬道理、用得好是真本事"①。新闻舆论工作的对象是人，其重要任务是不断凝聚共识、汇聚力量，促进全体人民在理想信念、价值理念、道德观念上紧紧团结在一起，巩固全党全国人民团结奋斗的共同思想基础。习近平总书记指出："凝聚共识工作不容易做，大家要共同努力。为了实现我们的目标，网上网下要形成同心圆。什么是同心圆？就是在党的领导下，动员全国各族人民，调动各方面积极性，共同为实现中华民族伟大复兴的中国梦而奋斗。"②面对不断扩大的网民规模，面对各种价值观念和社会思潮碰撞交织，面对各种认知判断、言论意见的众声喧哗，主流媒体特别是网络新媒体必须坚持价值常量，科学设置有效议题，以正确价值理念为引领，占领互联网信息传播制高点，掌握舆论引导主动权，让互联网这个"最大变量"变成"最大正能量"。

（一）正能量是总要求。公安新闻传播要主动拥抱互联网，善于利用互联网，在网络端释放法治正义、便民利民的"指尖正能量"

人在哪里，充沛的正能量和高昂的主旋律也必须在哪里。网络空间已经成为人们生产生活的新空间，也应该成为我们凝聚共识的新空间。公安新闻宣传阵地应当利用新技术带来的渠道创新，坚持正确导向引领，弘扬主旋律、传播正能量，激励警心斗志、弘扬英模精神、展示队伍形象、密切警民关系，为公安事业营造良好舆论环境。

正能量是总要求，主流网络媒体要充分发挥塑造主流社会价值、夯实共同思想基础的重要渠道作用，加强和改进网上正面宣传，以正确的宣传舆论导向汇聚起推动发展、拼搏逐梦的磅礴力量。当前，人民群众对民主、法治、公平、

---

① 徐隽：《习近平对网络安全和信息化工作作出重要指示强调 深入贯彻党中央关于网络强国的重要思想 大力推动网信事业高质量发展》，《人民日报》2023年7月16日，第1版。
② 习近平：《在网络安全和信息化工作座谈会上的讲话》，《人民日报》2016年4月26日，第2版。

正义、安全等方面的要求日益增长，对公安机关提出了新期待新要求。公安新闻传播要准确把握新媒体时代受众特点，锚定正能量价值标准，不断优化传播内容，创新传播方式、丰富传播渠道，努力提高公安新闻传播的影响力、公信力和有效性。

1. 做正能量的"扩音器"，让正能量成为大流量、大音量

网络空间已经成为我们党汇聚正能量的新场域新空间。主流媒体必须坚持正确的政治方向、舆论导向、价值取向，唱响时代主旋律，扩大主流声音影响，让正能量始终充盈网络空间。

"我是谁？是什么样的人？"一个男低音问。中央电视台推出宣传中国共产党主题短片《我是谁》，选择了教师、环卫工、医生、交警等六位基层普通党员，构成党员形象的个体缩影："我是离开最晚的那一个；我是开工最早的那一个；我是想到自己最少的那一个；我是坚守到最后的那一个……我是中国共产党，始终和你在一起。"这部长度仅有1分钟的短片一经推出，很快就在社交媒体上走红，产生巨大影响，堪称政党宣传和党政机关形象宣传的典范案例。

凝聚共识、汇聚力量，是媒体扩大主流价值影响力版图的价值观和方法论。围绕正能量总要求设置议题，以先进技术支撑内容呈现，着力打造"爆款"新闻产品，提升传播力、引导力、影响力、公信力，已经成为主流媒体的一致追求。人民日报客户端推出3集国家形象系列宣传片《中国一分钟》，以快速的剪辑、精美的画面、直观的数字，展示了党的十八大以来中国发生的历史性变化，上线一天全网浏览量突破1.58亿；人民网推出互动融媒产品"我的年代照"、表情包"喜迎国庆"，线下开展"祖国在我心中"界碑描红主题活动；央视频推出的互动融媒产品"人民方队阅兵有我"……这些入脑走心的报道，不仅是时代风云的真实记录，也让主旋律在网络空间高高飘扬。

公安新闻传播要围绕正能量总要求，宣传好习近平总书记重要讲话重要指示精神，深入宣传习近平法治思想和习近平总书记关于新时代公安工作的重要论述，让习近平总书记和党中央的声音传得更开、更广、更深入。要紧跟党中央节拍，围绕公安中心工作，抓好选题设置、内容策划，聚焦平安中国法治中国建设、护航中国式现代化等全局性工作，聚焦公安机关严格规范公正文明执

法生动实践，切实发好公安声音、讲好警察故事，牢牢占据思想引领、舆论引导、服务人民的传播制高点。从实践看，公安新闻传媒近年来推出大量优秀主题报道，包括"牢记总书记嘱托 踔厉奋发新征程""践行总要求·致敬公安英雄""革命老区公安行"等精品策划，在网络宣传阵地营造高昂主旋律和充沛正能量。

2. 做正能量的"定音锤"，旗帜鲜明，敢于斗争，勇于亮剑

意识形态领域是没有硝烟的战场。当前，我们面临的各种风险挑战严峻复杂，意识形态斗争十分尖锐。必须增强政治敏锐性和政治鉴别力，善于从政治的角度观察问题分析问题，善于辨别各种社会思潮和理论观点，敢于斗争、勇于亮剑，旗帜鲜明支持正确思想言论，旗帜鲜明反对和抵制各种错误思潮和错误观点。

意识形态阵地必须始终成为传播先进思想文化的坚强阵地，决不给错误思想观点提供传播渠道。一条信息经由网络能迅速形成爆发式传播，一些不怀好意的话题设置夹杂各种谣言很容易引发网络质疑甚至网下跟风。准确、权威的信息不及时传播，虚假、歪曲的信息就会搞乱人心；积极、正确的思想舆论不发展壮大，消极、错误的言论观点就会肆虐泛滥。这方面，主流媒体守土有责，更要守土尽责，及时提供更多真实客观、观点鲜明的信息内容，牢牢掌握舆论场主动权和主导权。

敢于引导、善于疏导，原则问题要旗帜鲜明、立场坚定，一点都不能含糊。公安新闻宣传阵地要着力提升公安新媒体网上斗争能力，把党和政府的声音传播好，把"中国共产党为什么能、马克思主义为什么行、中国特色社会主义为什么好"的道理讲深讲透，把经济快速发展和社会长期稳定"两大奇迹"以及我们的制度优势阐释好，把平安中国、法治中国、过硬队伍建设的成效展示好，讲导向不含糊，抓导向不放松，坚决同各类错误观点和错误倾向开展舆论斗争，用满满的"正能量"驱散各种"负能量"、营造出强大"正气场"，凝聚起奋进新时代、护航新征程的强大精神力量。

从新闻业务看，公安新闻传播严肃、权威、庄重，必须自觉讲品位、讲格调、讲责任，坚决抵制低俗庸俗媚俗，避免为引起话题而猎奇，避免过度追求

流量而伤害自身威信，从话题设置、采访撰稿、编辑制作全流程掌控质量，坚决克服一味迎合市场带来的低俗化现象。

（二）管得住是硬道理。正面引导要"导之有力"，做到"花繁柳密处拨得开，风狂雨急时立得定"，主流媒体应该有这样的担当，也应该有这样的能力

互联场域新媒体若缺乏有效治理，就如同没有装好刹车就开上高速公路的汽车。互联网不是净土，有的无中生有、歪曲事实，有的格调低俗、片面追求流量、追逐商业利益，有的别有用心、攻击抹黑、在不怀好意的传播中撕裂社会共识。各种网络信息传播乱象，不是主流，却极易引发舆情，破坏网络秩序，加剧社会焦虑和恐慌，给广大群众造成困扰，甚至给公安机关维护国家安全和社会稳定带来风险挑战。

管得住是硬道理。坚持党对新闻舆论工作的领导，党和政府主办的媒体必须姓党，必须自觉在思想上政治上行动上同党中央保持高度一致，体现党的意志、反映党的主张，做到爱党、护党、为党，成为党和人民的喉舌。要把党管媒体的原则贯彻到新媒体领域，所有从事新闻信息服务、具有媒体属性和舆论动员功能的传播平台都要纳入管理范围，所有新闻信息服务和相关业务从业人员都要实行准入管理。要从维护国家意识形态安全、政治安全的高度来看这个问题，无论什么形式的媒体，无论网上还是网下，无论大屏还是小屏，都没有法外之地、舆论飞地。

把好"方向盘"。"造谣张张嘴、辟谣跑断腿"，各种虚假信息很大程度上消解着网络媒体的公信力。当有谣言发生时，权威主流媒体如果不及时发声、不主动引导，就会让谣言虚假信息有机可乘，让个别媒体渠道成为传播有害信息、造谣生事的平台。发布权威声音、及时辟谣止谣、批判不良内容、澄清事实真相、消除公众误解，这些是主流媒体的职责所在和担当体现。比如，面对一些网民对执法司法工作的误解，公安新闻传媒要主动发声，及时说明真实情况、迅速回应社会关切。公安新闻传播的有效性之一就体现在，通过大量及时、客观、准确的宣传，充分展现公安机关忠诚履职、维护国家政治安全和社会稳定的突出成就，充分展示广大公安民警舍小家顾大家，为坚决捍卫政治安全、维护社会安定、保障人民安宁而不懈奋斗的精神风貌，增进群众对公安工作的理解和支持，改善涉警舆论生态，不断营造良好舆论氛围，形成全社会共同维护公安机关执法权威的共识。有质疑就有回应，有误读就有校正，有抹黑就要激浊扬清，对大是大非问题不能绕着走，协助相关部门做好事件的信息发布、舆论引导、媒体服务等工作。

当好舆论"压舱石"。"文者，贯道之器也。"任何新闻报道，都有导向，报什么、不报什么、怎么报，都包含着立场、观点、态度。互联网已经成为舆论斗争的主战场。好的舆论可以成为发展的"推进器"、民意的"晴雨表"、社会的"黏合剂"、道德的"风向标"，不好的舆论可以成为民众的"迷魂汤"、社会的"分离器"、杀人的"软刀子"、动乱的"催化剂"。坚持正确舆论导向，是新闻舆论工作的生命线。主流媒体应牢牢坚持正确舆论导向，强化阵地意识，加强网络媒体内容建设，在互联网传播场域快速出击，守土尽责、敢于亮剑，解疑释惑、正本清源，鼓舞士气、凝聚力量，让党的声音在互联网上更响亮、传得更远，切实发挥好主流舆论"压舱石""定海神针"作用。

（三）用得好是真本事。互联网既是生活新空间，也是国家和社会治理新领域，主流新媒体既是信息提供者和传播者，还应有效融合到社会治理过程中

互联网已经成为人们生活的新空间，也是国家和社会治理的新领域，网络不只是新闻信息的集散地，也是社会治理的新平台。从这个角度看，网络场域新闻传播不只是一个传播命题，同时也是一个社会治理命题。

各类新媒体畅通群众参与社会治理渠道，听民意、汇民智、解民忧、聚民心，走好网上群众路线，建设网上群众工作平台和多样化社会治理平台，在提升社会治理效能方面的作用日益凸显。老百姓上了网，民意也就上了网。人民网主办的《领导留言板》成为媒体践行网上群众路线的生动样本，"留言板"平台接收网民留言，各地领导干部通过平台了解群众意愿，解决网民诉求，媒体平台在社会治理中的作用发挥明显，架起了党和群众的连心桥，开辟了网络群

众工作向纵深发展的新路径。用得好是真本事，群众在哪里，我们的媒体宣传就要到哪里去，倾听群众呼声、解决群众难题，发挥新闻传播作用更好服务人民。

1. 成为服务群众的重要渠道

网络新媒体突出地具有互动性强、受众参与性强等特点，在与受众的连接方面优势明显，网上收集信息，网下解决问题，方便搭建媒体与受众、政务部门与群众的多维度沟通交流机制。公安新媒体需要不断升级匹配参与社会治理所需的信息传播能力、社会动员能力、服务群众能力。

2016年底，笔者曾赴福建省福州市公安局调研采访。当时的福州市公安局已经在探索互联网条件下如何依托微信平台创新开展信息发布和便民警务工作。时任福建省公安厅党委委员、福州市副市长、公安局局长潘东升在接受笔者采访时表示："以市公安局官方微信为龙头，串联盘活全市广大警务工作微信公众号及微信群，形成具有集群效应的'微矩阵'，打造出高度整合、广度共享、深度应用的'微警务'模式，这是互联网时代公安机关适应实战需求、提升便民服务质效的必然选择。"（潘东升同志2021年9月因积劳成疾牺牲在岗位上，后被追授"时代楷模"称号）为拓展便民通道，当年，新版"福州公安"微信上线运行，成为广受欢迎的网上便民服务"微警局"，囊括285项办事服务项目，努力为群众提供高效便捷的办事、查询服务和互动体验。上下班想要避开交通高峰拥堵，点击"福州公安"微信里的"实时路况"，可以随时查看福州城区路网通行状态；要到派出所办业务又不认识路，进入"警务地图"，里面有全市各公安窗口单位的准确定位；电动车需要补换领号牌或行驶证登记，打开"电动车业务办理"，即可在线受理，省去来回奔波。

有求迅速应，有问及时答。民意沟通表达是互联网信息平台交互性的重要体现。群众关心什么问题，需要什么信息，公安新媒体就致力解决什么问题、提供什么信息。公安部儿童失踪信息紧急发布平台"团圆"系统与媒体平台合作，发布儿童失踪信息，强化反拐安全教育和防拐常识宣传，营造"人人参与，全民支持"的反拐寻亲浓厚氛围。各类公安新媒体平台积极研发小程序，让群众通过一部手机就能最大化享受公安机关的便民新举措，如"通行证业务办理""车驾管人工窗口业务预约""学法减分"等深受群众喜欢和好评的便民服务板块,大大提高了公安新媒体和网民的黏合度,搭建起高效便捷的为民服务平台。

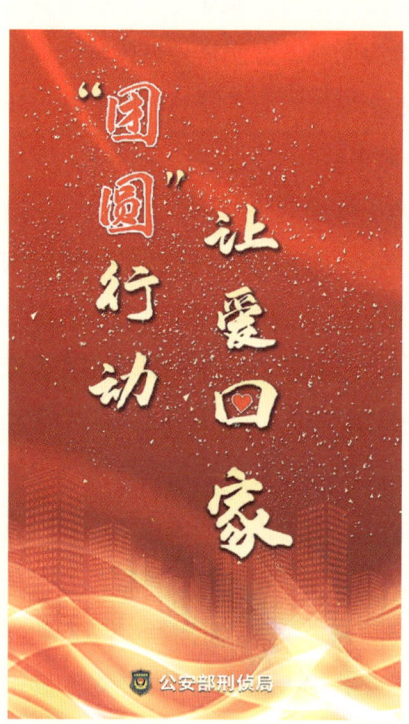

▲ 公安机关发布信息,通报进展,深入开展反拐宣传教育,提高群众反拐安全意识和自我保护能力,着力营造全民反拐社会氛围。

建议公安新媒体平台建立完善接收、处理、回复网民信息(跟帖评论)工作机制,随时关注、掌握、研判民之所需所急所盼,从互联网舆论场了解民意,收集意见建议、举报投诉,借助网络特别是在信息传播发布与反馈的良性互动中实现对民意的全面把握、科学把握、准确把握,以群众需求为导向,为群众提供更便捷实用的公安政务信息服务,积极回应人民群众对公安工作的关切,更好地提升公安新闻传播有效性。

2. 成为法治宣传的重要渠道

2010年7月29日,"平安北京"微博上线并发布第一条信息,开启了探索新媒体时代北京公安群众工作的创新之路。十几年来,"平安北京"致力于做群众的网上贴心人,倾心讲好警察故事,搭建警民互动和法治宣传服务渠道。王某因家庭矛盾为发泄情绪将花盆等物品从13楼的家中抛出,被群众摄录上网引发热议。北京警方经过工作,嫌疑人当天落网,"平安北京"第一时间发布情况通报,及时回应群众关切,并详细介绍高空抛物触犯的法律条文和量刑标准,起到了积极的教育引导效果。宣传典型案例,推进执法公开,宣讲法治精神,公安机关新媒体已经成为开展法治宣传、推动法治建设的重要渠道。

公安新闻传媒天然地具有向广大群众普及法律知识的特有优势,应主动发挥舆论传播的法治教育功用,担负起向群众开展法治宣传教育的职责任务。每一起案件的进展通报,每一个热点事件的是非交锋,都是一堂生动的普法教育公开课。公安新闻传播要彰显法治底色,用足用好得天独厚的公安法治题材优势,从法治视角观察,以法治思维切入,报道典型案例警示人,传播法律知识启迪人,做好案件评析、释法说理、普法宣传等工作,提升法治内容传播力引导力,成为法治教育的讲堂、公平正义的展台。

信息技术和传播平台的发展,使得社会公众能够通过更多渠道及时了解公安工作信息。通过有效的公安新闻传播,传播法治,震慑犯罪,弘扬正气,引导舆论,既有力促进公安工作和队伍建设,又增进广大群众对公安工作的理解和支持,还大大增强人民群众对科学立法、严格执法、公正司法、全民守法的信心信任,提升广大群众自觉尊法学法守法用法的意识和能力。

3. 成为密切警民关系的重要渠道

扫黑除恶专项斗争中,一个个扫黑英雄的感人事迹通过公安新媒体呈现在亿万网友面前;抗洪抢险中,公安民警逆水而行守护群众安全,公安新媒体对典型人物及先进事迹联动推送,引发社会广泛关注;"枫桥式公安派出所"创建活动中,公安新媒体积极推送相关内容,各地经验、先进做法被大量转发、评论;业务技能练兵工作中,一大批生动的图片和视频被广大网友转发和点赞,"太帅了""有警察在,我们放心"等成为评论区的高频词……在脱贫攻坚斗争中，在火热的公安斗争实践中，公安新媒体大力传播公安队伍忠诚担当、英勇奋战的感人故事，展现新时代公安机关和公安民警的良好风貌，赢得人民群众对公安工作的理解和支持。

围绕重要时间节点和重大典型宣传，公安新媒体协同用力，打造了#致敬公安英雄#、#警徽荣耀#、#最美基层民警#、#节日我在岗#等多个现象级话题，话题阅读量持续跻身各新媒体平台榜单前列，大批公安新媒体优秀作品不断进入公众视野，在全社会营造弘扬正气、理解支持公安工作的良好氛围，形成警民同频共振、聚力向前的可喜局面。

公安新闻传播新媒体平台作为公安宣传思想工作的重要阵地和社会治理的重要工具，要着眼于共建共治共享，注重发挥网络新媒体在加强和创新社会治理中的重要作用。海南儋州警方在新媒体平台发布悬赏举报电信诈骗在逃人员的通告，群众纷纷提供线索，通告发布18小时后，有34人主动投案自首，发布20小时后，这一数字攀升至53人，发布两天后，悬赏通告里的110名嫌疑人全部投案自首；为救一名危在旦夕的儿童，辽宁、河北、北京三地警方通过微博联动，开辟紧急救助绿色通道；多地多级公安机关官方微博接力，迅速寻回出走少女；网友举报交通违法行为，交管部门第一时间堵控查处，及时消除交通安全隐患……借力公安新媒体，从网络舆情中发现治理课题，从网友建议中看到群众所需，推动公安机关和社会各方形成社会治理合力，不断拓展网上网下各方参与社会治理的深度，实现新闻传播的最大化应用。

总的来说，公安网络新媒体要成为服务群众的重要渠道，成为法治宣传的重要渠道，成为密切警民关系的重要渠道，用人们喜闻乐见的网络语言网络方式传递正能量、凝聚共识，在众声喧哗的网络舆论场，宣讲党的政策主张，讲好公安故事，了解社情民意，引导社会情绪，动员人民群众，推动各方面工作。

※ ※ ※

"每一次产业技术革命，都给人类生产生活带来巨大而深刻的影响。现在，以互联网为代表的信息技术日新月异，引领了社会生产新变革，创造了人类生活新空间，拓展了国家治理新领域，极大提高了人类认识世界、改造世界的能力。"2015年12月16日，习近平总书记在第二届世界互联网大会开幕式上发表重要讲话时作出上述深刻判断。① 以互联网为代表的信息技术日益成为创新驱动发展的先导力量，深刻影响和重塑媒体格局、传播方式、新闻业态、舆论生态。置身信息技术新场域，公安新闻传媒要深入学习贯彻习近平总书记关于媒体融合发展的重要论述，顺应互联网发展大势，积极打造富有公安特色的新型传播平台和新型主流媒体，坚定不移加快推动公安媒体融合发展，进一步做大做强公安主流舆论。

——从技术建设上看，互联网新兴技术为公安新闻传播事业发展催生无限创造活力。高速移动网络加速覆盖，传播技术保障更趋成熟。公安新闻传播应把握机遇，遵循媒体发展规律和新闻传播规律，推进理念、内容、手段、体制、机制等全方位创新，充分利用互联网特点优势，形成集海量信息资源、高度信息共享、智能信息服务、舆情信息应对于一体的传播应用新平台，着力提高新闻传播和舆论引导能力水平。

——从阵地建设上看，受众在哪里，宣传报道的触角就要伸向哪里。公安新媒体要更好把握新闻传播规律和公安工作规律，大胆运用新技术、新机制、新模式，着力打造一批形态多样、手段先进、具有竞争力的公安新媒体平台，做强网上正面宣传，实现公安新闻传播的全方位覆盖、全天候延伸、多领域拓展，使公安新媒体成为公安机关传播正能量、引导社会舆论、推进政务公开、提供便民服务、维护社会稳定的重要阵地。

——从内容建设上看，无论传播渠道如何更迭、传播技术如何升级、传播速度如何迅捷，内容是永远的王道，价值是永远的灵魂。必须大力加强互联网传播内容建设，抓住重大主题，围绕重要节点，主动设置议题，契合网络传播特点，探索网络表达方式，打造更多精品力作，展现公安队伍良好形象，让正能量更强劲、主旋律更高昂。

公安心向党，网聚正能量。传播有效性是检视公安新媒体作用的关键标尺。必须始终坚持党的领导，坚持围绕中心、服务大局，坚持正能量是总要求、管

---

① 习近平：《在第二届世界互联网大会开幕式上的讲话》，《人民日报》2015年12月17日，第2版。

得住是硬道理、用得好是真本事，坚持正确的政治方向、舆论导向、价值取向，坚持以互联网思维为引领、内容建设为根本、先进技术为支撑、人才培养为重点、创新管理为保障，整合发挥报、刊、网、微、端等各平台优势，不断推进公安新媒体有序发展、创新发展、融合发展，进一步做大做强公安主流舆论，为公安机关忠实履行新时代职责使命提供有力思想保证和强大精神力量。

潮平海阔风正劲，扬帆起航正当时。插上信息技术的翅膀，新媒体发展没有确定的模式和答案，前面是无限丰富精彩的可能性。

第六章

"媒体竞争关键是人才竞争，媒体优势核心是人才优势"

——人才队伍建设是公安新闻传播有效性的重要保障。事业要发展，关键是要有一支忠诚干净担当的高素质人才队伍。新时代的公安新闻传播工作者必须政治过硬、本领过硬、作风过硬，努力成为党的政策主张的传播者、时代风云的记录者、社会进步的推动者、公平正义的守望者

"媒体竞争关键是人才竞争，媒体优势核心是人才优势。"[①]"要做党和人民信赖的新闻工作者。"[②]习近平总书记高度重视新闻舆论工作和新闻队伍建设，关心关爱新闻工作者队伍，多次作出重要论述和指示，对新闻工作者的政治素养、理论修养、政策水平、业务能力建设提出明确要求，为我们推进新闻队伍建设指明了方向。

人才是第一资源。我们党始终重视培养契合时代需要的人才队伍，其中就包括大批优秀新闻工作者，为党的新闻事业长期健康发展提供了有力的队伍保证。风雨苍黄奋进路，穿越烽火岁月的硝烟，闯过建设年代的激流，激荡改革开放的风云，书写新时代新征程新成就，新闻宣传工作者始终砥砺前行。特别是党的十八大以来，在以习近平同志为核心的党中央坚强领导下，新闻工作者队伍牢记职责使命、奋发有为担当、铁肩担道义、妙手著文章，记录国家发展、书写民族奋斗、见证时代飞跃，为实现中华民族伟大复兴凝心聚力发挥了不可替代的重要作用。

公安新闻舆论宣传工作是党的新闻宣传工作的重要组成部分，也是公安工作的重要组成部分。公安机关首先是政治机关，公安工作的特殊性决定了公安新闻舆论宣传工作的特殊性，决定了公安新闻舆论宣传队伍有着特殊的建设标准和要求。记录新时代公安工作，讲好警察故事，发好公安声音，提升公安新闻传播有效性，推动新时代公安新闻舆论工作高质量发展，需要一支高质量的人才队伍作为支撑和保障。

一、做好党的新闻舆论工作，关键在人。加强新闻人才培养和新闻队伍建设在新闻工作中具有极其重要地位

重视新闻人才培养和队伍建设是马克思主义新闻观的重要内容。马克思、恩格斯对党报的编辑、撰稿人、政论作者的素质提出了很高的要求。恩格斯

---

① 杜尚泽：《习近平在党的新闻舆论工作座谈会上强调 坚持正确方向创新方法手段 提高新闻舆论传播力引导力》，《人民日报》2016年2月20日，第1版。
② 张烁：《习近平在会见中国记协第九届理事会全体代表和中国新闻奖、长江韬奋奖获奖者代表时强调 做党和人民信赖的新闻工作者》，《人民日报》2016年11月8日，第1版。

1854年3月在自荐为《每日新闻》军事专栏撰稿时关于军事记者须具备的素质的概括，给我们做好新闻传播特别是公安行业新闻传播提供了参照。这些素质包括写过"一系列关于各种军事题目的论文"并且"可以让任何一个军事问题权威加以审阅"，"受过军事教育"，会多种语言从而"有可能利用一些最好的报道资料"，"对军事科学的一切部门进行研究"，以及亲自参加过战斗活动，等等。① 在恩格斯看来，优秀记者应接受过专业学习教育并且具备一定的理论研究能力、实践实战经验、语言运用能力等。

在《共产主义者和卡尔·海因岑》一文中，恩格斯提出党刊的任务"首先是组织讨论，论证、阐发和捍卫党的要求"，为此，"党的政论家需要更多的智慧，思想要更加明确，风格要更好一些，知识也要更丰富些"②。

加强党的新闻人才培养和新闻队伍建设始终是马克思主义新闻观的重要方面，在党的新闻工作中具有极其重要地位。恩格斯的上述部分观点对当下我国新闻人才培养和队伍建设依然具有重要的启示意义。

政治路线确定之后，干部就是决定因素。工作越是重要，任务越是艰苦，就越需要一支素质过硬的队伍去完成，这是我们党在革命、建设和改革实践中得出的一条宝贵经验。早在1941年6月，中共中央宣传部发布的《关于党的宣传鼓动工作提纲》就强调："培养掌握马列主义而又富于实际工作经验的宣传干部，这是党的一个严重的和长期的任务。"③闻鼙鼓而思良将。历史演进，时代发展，国家进步，百舸争流、千帆竞发，伟大的新时代给新闻宣传工作提供了广阔的舞台。党的二十大报告强调"建设堪当民族复兴重任的高素质干部队伍"，强调"加强实践锻炼、专业训练，注重在重大斗争中磨砺干部，增强干部推动高质量发展本领、服务群众本领、防范化解风险本领"④。做好党的新闻舆论工作，事关旗帜和道路，事关贯彻落实党的理论和路线方针政策，事关顺利推进党和国家各项事业，事关全党全国各族人民凝聚力和向心力，事关党和国家前途命运。

---

① 《马克思恩格斯全集》第28卷，人民出版社1973年版，第607-608页。
② 《马克思恩格斯全集》第4卷，人民出版社1958年版，第300、304页。
③ 《中国共产党宣传工作简史》上卷，人民出版社2022年版，第130页。
④ 《习近平著作选读》第一卷，人民出版社2023年版，第54页。

中国特色社会主义进入新时代，必须把统一思想、凝聚力量作为宣传思想工作的中心环节。今天，我们党团结带领中国人民豪情满怀、意气风发，踏上了实现第二个百年奋斗目标新的赶考之路。当此之时，更加需要坚定自信、鼓舞斗志，更加需要同心同德、团结奋斗，更加需要新闻宣传战线唱响主旋律、壮大正能量，凝聚起战胜一切风险挑战的强大合力，汇聚起同心共筑中国梦的磅礴力量，为实现"两个一百年"奋斗目标和中华民族伟大复兴的中国梦而奋斗。

多士成大业，群贤济弘绩。人，永远是公安新闻传播中最积极、最活跃、最关键的要素。不断推进新闻传播的理念、内容、体裁、形式、方法、手段、业态、体制、机制创新，归根到底在人的转型创新。没有人，没有人才，更高质量的新闻传播就是镜花水月。无论与新闻活动有关的技术如何迅猛发展，新闻活动中最活跃的因素仍然是新闻传播主体本身。

当前，我国社会大局持续稳定，平安已成为亮丽的国家名片，国泰民安拥有更加坚实牢固的基础。但也要清醒看到，受国内外各种复杂因素影响，各类风险叠加、联动、传导、共振效应可能增强，给社会大局稳定带来更大压力、更多挑战。随着形势任务不断发展，统一思想、凝聚力量任务之艰巨、建设具有强大凝聚力和引领力的社会主义意识形态任务之艰巨前所未有。在新的历史起点上，沐浴着发展的阳光，如何取得"接力赛"中我们这一棒的优异成绩？

"绳短不能汲深井，浅水难以负大舟。"没有一支优秀的新闻宣传队伍，就难以做好新闻传播工作。伟大时代呼唤新闻工作者具备与之匹配的表达传播能力。公安机关担负着为新时代中国特色社会主义保驾护航的职责使命，任务艰巨繁重，挑战严峻复杂。公安机关要以强烈的责任感、使命感、紧迫感，以守土有责、守土负责、守土尽责的担当精神，紧紧围绕贯彻落实党中央重大决策部署，扎实推进公安新闻传播各项工作，守好阵地、管好导向、建好队伍，唱响主旋律，传播正能量，为公安队伍发展稳定提供强有力的舆论支持。

公安工作蓬勃发展，公安队伍不断从胜利走向新的胜利，公安新闻宣传队伍要注重加强自身建设，更好适应时代所需、公安工作所需，适应新兴媒体格局和舆论生态深刻变化，淬火炼钢，砺兵磨剑，围绕中心、服务大局，兢兢业业、尽职尽责，做到政治可靠、业务精良、作风顽强、能打胜仗，更好记录奔腾向前的新时代，见证新时代的激情和雄伟，成为时代风云的记录者、公安事业发展进步的观察者、公安动人故事的传播者、公安时代精神的讴歌者，成为一支具有坚强战斗力的队伍。

二、高素质公安新闻传播人才队伍，要求既要政治能力强又要业务能力高，还应具备较强的学习能力、法治素养、创新创造等综合能力

新闻舆论宣传工作是做人的工作的，新闻传播工作者是引导人、教育人、影响人的人，必须有更高的能力要求、更严的纪律要求、更硬的作风要求。

"要加快培养造就一支政治坚定、业务精湛、作风优良、党和人民放心的新闻舆论工作队伍。"[①]习近平总书记的重要论述，为加强新闻舆论工作队伍建设、培养新闻舆论人才指明了方向与路径。

奋进新时代，公安机关承担的职责使命更加繁重，人民公安队伍在错综复杂中抱元守正，在矛盾风险中胜利前进，以昂扬的姿态披荆斩棘，正在不断推进更高水平的平安中国法治中国建设伟大征程上阔步前行。伟大的时代，火热的警营，生动的实践，给了公安新闻传播更多养分、更大舞台，也对公安新闻传播工作者提出了练好内功、增强能力、提升本领，坚决做到政治坚定、业务精湛、具备较强综合能力、具有优良过硬作风的更高要求。

（一）政治坚定：强化政治家办报意识，不断提高政治素养，坚持正确政治方向，让有信仰的人传播信仰

党的新闻舆论工作是政治性、政策性很强的工作，从来不是单纯的业务工作，讲政治是第一位的。习近平总书记指出，新闻舆论工作者要增强政治家办报意识，在围绕中心、服务大局中找准坐标定位，牢记社会责任，不断解决好"为了谁、依靠谁、我是谁"这个根本问题。[②]没有清醒的政治头脑，就无法做好

---

① 《习近平谈治国理政》第二卷，外文出版社2017年版，第333页。
② 杜尚泽：《习近平在党的新闻舆论工作座谈会上强调 坚持正确方向创新方法手段 提高新闻舆论传播力引导力》，《人民日报》2016年2月20日，第1版。

新闻传播工作。培养高素质公安新闻传播人才队伍，必须把讲政治作为根本要求，做政治上的明白人，使自己的政治能力与担负的职责任务相匹配。

1. 提高政治能力

在做好公安工作所需的各种能力中，政治能力是根本；在队伍建设各方面要求中，讲政治是第一位的要求；在公安新闻传播活动中，政治方向是灵魂，是根本，是基础。

——对党绝对忠诚。政治能力过硬，最紧要的就是对党绝对忠诚。对党绝对忠诚，是公安队伍代代相传的政治基因，是公安新闻宣传战线的坚定信仰。公安机关是人民民主专政的重要工具，是党和人民手中掌握的"刀把子"，必然地对公安新闻传播队伍在对党忠诚上有更高更严的要求。无论是传统媒体还是新兴媒体，在全部公安新闻传播工作中，做到对党忠诚，就要自觉在思想上政治上行动上同以习近平同志为核心的党中央保持高度一致，旗帜鲜明地体现党的意志、反映党的主张。要大力加强政治建设，着力提升政治站位和政治能力，对国之大者心中有数，时刻关注党中央在关心什么、强调什么，深刻领会什么是党和国家最重要的利益、什么是最需要坚定维护的立场，把绝对忠诚绝对纯洁绝对可靠的要求落实到行动上，做政治坚定、听党指挥的新闻工作者。

——旗帜鲜明讲政治。公安机关首先是政治机关，旗帜鲜明讲政治是第一位的要求。公安新闻宣传阵地要认真贯彻落实习近平总书记重要讲话重要指示精神和党中央决策部署，不断增强"四个意识"、坚定"四个自信"、做到"两个维护"，进一步提高政治判断力、政治领悟力、政治执行力。做好公安新闻传播，要坚持党性原则，牢牢把握正确政治方向，提高从政治上谋划部署推动公安新闻传播的能力，重点做好习近平总书记和党中央时政新闻传播报道，确保党的声音第一时间落地，让党的声音传得更开、传得更广、传得更深入。要保持强大的政治定力，遇到问题多从政治上思考，善于从政治高度把握形势变化，在攻坚克难中凝心聚力，在大是大非前清醒坚毅，在开展新闻传播的任何时段任何环节都能"不畏浮云遮望眼""乱云飞渡仍从容"。

——革命理想高于天。一支队伍信念坚定才能拥有无比强大的力量。理想信念是我们精神上的"钙"，理想信念不坚定，精神上就会"缺钙"。做好公安新闻传播，必须加强理想信念教育，补足精神上的"钙"，把理想信念内化于心、外化于行，坚守党和人民立场，忠诚于党的事业，坚持正确舆论导向，服务公安中心工作，强化公安正能量宣传。"欲人勿疑，必先自信。"公安新闻传播要传播好科学思想理论、传播好党的声音，首先自己要做到真学真懂真信真用，心中有信仰，做政治上的"明白人""老实人"，讲出的话、写出的文章才能有灵魂、有根本。对马克思主义的信仰、对共产主义和中国特色社会主义的信念、对中华民族伟大复兴的信心，只有在新闻传播工作者心中扎下根，才能在新闻传播作品和传播受众心中开花结果。

提升新闻传播有效性的根本原则是党性原则，提升新闻传播有效性的根本途径也是党性原则。无论社会如何发展、科技如何发达、媒体格局如何调整，公安新闻传播的党性原则都不能动摇和改变，坚持党性原则，最根本的是坚持党对新闻舆论工作的领导，新闻传播阵地在哪里，党管媒体的原则就要落实到哪里。一切新闻传播活动都必须坚持党性原则，以党的旗帜为旗帜、以党的方向为方向、以党的意志为意志，对这一点，公安新闻传播工作者在认识上必须十分清醒、行动上必须十分自觉。

2．要有大局意识

"不谋万世者，不足谋一时；不谋全局者，不足谋一域。"善于观大势、谋全局，是我们做好事业必须具备的素质和能力。新闻舆论宣传工作同其他任何工作一样，没有大局全局方面的深谋远虑，不能从趋势规律上准确把握，就难以做到领先一步、棋高一着，就会上演"各拿各的号、各吹各的调"，难以形成统一的思想、统一的意志、统一的行动，难以把主动权牢牢握在手中。要增强大局意识，站在国家发展高度，放眼全局谋划宣传报道，以站位的高度、思考的广度、思想的深度，不断提高新闻传播有效性。

——心系"国之大者"。"登高使人心旷，临流使人意远。"胸怀大局、把握大势、着眼大事，才能找准方向定位，才能更好找到公安新闻传播的切入点和着力点。公安新闻传播要有全局视野，谋划宣传报道思路需要观大势、思大局，认真学习领会、深刻理解把握党中央决策部署要求，时刻关注党中央在关心什么强调什么，深刻领会什么是党和国家的重要利益、什么是最需要维护的立场，准确把握公安部党委的重要部署是什么，强调的工作重点有哪些，聚焦时代亮点，报道社会热点，回应关注焦点，前瞻性思考、全局性谋划、战略性布局、整体性推进，从时代之变、中国之强、公安之进中提炼主题、萃取题材，书写好中国故事和中国人民的奋斗之志、创造之力，讴歌人民公安队伍维护安全稳定、服务人民群众的牺牲奉献精神，把新闻传播做实、做细、做好。

——善谋全局长远。做好公安新闻传播，应善于从全局角度、以长远眼光看问题，善于把行业部门单位工作放在党和国家事业发展全局中把握，善于从全局高度和广度把握发展变化，善于把眼前与长远统一起来，善于透过表象把握发展走向，正确处理局部与全局、个体与整体、当前与长远的关系，不能只见树木、不见森林。要坚持以习近平新时代中国特色社会主义思想凝心铸魂，认真学习贯彻习近平文化思想，掌握其中蕴含的思想方法、工作方法，帮助我们从更高视野观察和展现新时代中国的壮阔行进，从全局高度呈现我们党治国理政新气象，以开阔的思路、宽广的眼界，长远纵深展现经济社会和公安工作发展变化。

开阔的思路、宽广的眼界从何而来？要以历史的眼光和视野分析问题、把握规律。比如，以更加宽阔的视野，结合丰富生动的实践，深刻认识新时代伟大变革的重大意义，进一步深刻领悟"两个确立"的决定性意义，深刻领悟党的二十大关于党和国家事业发展大政方针和战略部署的历史逻辑、理论逻辑、实践逻辑，更好展现中国制度的显著优势。

开阔的思路、宽广的眼界从何而来？要以全局的眼光和视野策划选题、开展报道。眼纳千江水、胸起百万兵，胸中有千山万壑，笔下才能气象万千。当代中国，经济发展，社会稳定，国泰民安，成就非凡；人民公安队伍，不忘初心，知所趋赴，担当有为，书写华章。立足全局观察局部，把新闻报道放到大局中去思考和定位，新闻产品才可能产生全局影响力。公安新闻传播工作者要从当代中国的伟大创造中发现报道主题、捕捉鲜活内容，深刻反映我们这个时代的历史巨变。比如，把基层群众日常生活喜人变化的微观具象同百年伟业的宏阔历史图景联系起来，深入阐释一个百年大党为中国人民谋幸福、为中华民族谋复兴的初心使命；比如，把社区民警守护万家灯火柴米油盐岁月静好的默默奉献同公安机关全面贯彻落实党中央决策部署的坚定决心联系起来，生动诠释人民公安队伍对党忠诚、服务人民、执法公正、纪律严明的新时代铁军形象。在围绕中心、服务大局中策划选题，从大局出发考量和执行新闻报道，才能更好地以大格局大视野成就大文章。

3. 要有斗争能力

党的二十大报告提出"三个务必"的伟大号召，为坚定走好新的赶考之路提供了强大精神动力，将"务必敢于斗争、善于斗争"作为其中一条。报告同时强调前进道路上必须牢牢把握"坚持发扬斗争精神"的重大原则。

敢于斗争是我们党的鲜明品格。我们党依靠斗争走到今天，也必然要依靠斗争赢得未来。新时代新征程，国际国内形势错综复杂，改革发展稳定任务艰巨繁重，各种风险挑战不确定难预料，意识形态斗争激烈复杂尖锐，统一思想、凝聚力量的任务更加繁重。新闻舆论工作处在意识形态斗争最前沿，面对尖锐复杂的意识形态领域斗争带来的挑战，面对传播格局持续发生深刻变革带来的挑战，公安新闻传播工作者必须始终保持清醒头脑，积极应对，敢于斗争，着力做新做强公安正面宣传。

——新闻传播要善于"奋楫于中流"，正向引领凝心聚力敢于担当。党的新闻媒体的所有工作，都要体现党的意志、反映党的主张，维护党中央权威、维护党的团结，做到爱党、护党、为党。公安新闻传播要坚持正确政治方向、正确舆论导向、正确价值取向，在主旋律正能量上舍得下气力、用功夫、花版面，以团结稳定鼓劲、正面宣传为主，用心用情用功书写时代之变、中国之强、公安之进，让主旋律和正能量主导各媒体平台阵地。

——新闻传播要敢于"快刀斩乱麻"，批驳错误举旗亮剑毫不含糊。舆论场中，有别有用心者，或造谣蛊惑，或恶意攻击，或蓄意炒作，或制造恐慌，处心积虑争夺新闻舆论阵地。公安新闻传播要始终做政治上的"明白人"，听党指挥，能打敢拼，在重大原则问题上敢于发声、敢于斗争，坚决不给谣言传播留出时间空间。凡是危害党的领导和我国社会主义制度的，凡是危害我国主权、安全、发展利益的，凡是危害我国核心利益和重大原则的，凡是危害我国人民根本利益的，凡是危害我国实现"两个一百年"奋斗目标、实现中华民族伟大复兴，以及所有危害社会稳定的各种谣言、错误言论和有害信息，只要出现了，就必须进行坚决斗争，而且必须取得斗争胜利。要以主流思想、价值观念和道德规范坚决回击，旗帜鲜明发出正确声音，在大是大非面前敢于亮剑，在矛盾冲突面前敢于迎难而上，在危机困难面前敢于挺身而出，在歪风邪气面前敢于坚决斗争。要注重在公安新闻传播中加大新闻评论力度，运用马克思主义立场和观点分析问题，精准识别现象本质、清醒明辨行为是非，激浊扬清，及时有效引导统一思想认识，划清是非界限。对突发事件和社会法治热点，公安新闻传播要全面客观公正地报道事实和发表评论，及时表态发声，回应社会关切，权威澄清事实，有效引导社会舆论。

新闻舆论工作是做人的工作的，新闻宣传阵地必须牢牢掌握在真正忠诚于马克思主义、忠诚于党和人民的人手里。公安新闻传播工作者要增强阵地意识，把准斗争方向，坚定斗争意志，增强斗争本领，提高斗争能力，做到守土有责、守土尽责，不给错误思想言论传播渠道，坚决维护意识形态安全。

（二）业务精湛：增强"四力"既是构成新闻工作者业务能力的重要内容，也是提升新闻工作者业务能力的方法路径

习近平总书记提出不断增强脚力、眼力、脑力、笔力的"四力"要求，饱含着对新闻宣传战线的殷切期待，是对马克思主义新闻观的丰富与发展，也为我们更好地践行马克思主义新闻观指明了方向。

"深入一线、扎根警营、随警作战"，"用脚丈量、用心思考、用笔记录"，"贴近实际、贴近生活、贴近民警"……长期以来，公安新闻宣传工作积累了大量丰富宝贵经验，推动公安新闻宣传队伍整体素质实现大提升，重要关口显本领，关键时刻经考验，不断展现新风貌、焕发新气象、创造新作为。迈上全面建设社会主义现代化国家新征程，公安新闻传播工作者要适应新要求、解决新问题、开创新局面，就必须在不断增强"四力"中提升业务本领，练就一身好把式、真功夫，提升脚力深入警营一线，提升眼力发现优秀公安素材，提升脑力激发报道灵感，提升笔力书写公安新闻传播精品力作，不断增强公安新闻传播的吸引力、感染力，展示新时代人民公安良好风貌，取得良好政治效果、社会效果

和舆论效果的统一。

1．增强脚力

道理既写在书本里，也写在大地上。认识来源于实践，新闻来源于实践，基层实践是一座金矿，有取之不尽的好故事。脚力是新闻报道的力量之源，也是新闻传播的根基所在。增强脚力，就要把实践和基层当作最好的课堂，迈开双脚，到现场去，到一线去，俯下身、沉下心、察实情，使我们的新闻报道饱含泥土芬芳和生活气息。

人民在哪里，哪里就是中心；生活在哪里，哪里就是舞台。范长江行走了大半个中国，创作出力透纸背的《中国的西北角》和《塞上行》，穆青把创作的根扎在最深厚的土壤里汲取最肥沃的养分，树立起县委书记的好榜样焦裕禄……只有扎根群众、扎根实践，新闻之树才能根深叶茂。

——提升脚力到一线去，那里有不尽的丰沃的创作宝库。"耳闻之不如目见之，目见之不如足践之。"好的新闻作品是在基层一线、社会实践的大课堂里"跑"出来的。谈及禁毒之苦、之难、之险，我们往往只是停留在别人的陈述和记录描写中。直到2018年笔者深入山西省大同市灵丘县的深山老林，才有了切身体会：深山老林，丛林茂盛，各种毒虫防不胜防，毒蛇、山猪、狍子等各种野兽出没，一脚踩到大红眼蚁窝里，蚂蚁转眼就爬到大腿处，还要防范用火枪看护非法种植物的不法分子；禁毒检查站是一间泥土房，潮湿炎热的季节，8条汉子挤住一起，上山辛苦一天，出一身汗回来还不能洗澡："水太珍贵了，那是用来喝的，不敢拿来洗澡……"不到这样的深山，就不会知道有这样一处危险的存在，不会接触到这样一群可爱的民警辅警，也不会写出带有强烈现场感的优秀一线报道。

——提升脚力到一线去，那里有可亲可敬可爱的民警。枪林弹雨里打击犯罪，风里雨里走访万家，红绿灯下迎晨曦送晚霞，每一位民警都是一首歌，走到他们身边，笔触对准他们，热情讴歌他们。到打击犯罪一线去，到服务群众一线去，到偏远的科所队去，到英雄闪光的生活土壤中去，基层有最闪亮的名字，有最闪光的故事。提升公安新闻传播有效性，要真正融入火热的警营生活，走到一线民警身边，发现典型人物、典型事迹，挖掘最生动、最精彩、最感人的故事，充分彰显公安机关在履行新时代使命任务中的新作为新担当。

——提升脚力到一线去，那里有最好的课堂和最好的老师。共和国顶级公安刑侦专家乌国庆生前经常说一句话："现场，现场，还是现场，现场是破案的源泉。"对新闻传播来讲，同样适用。"离基层越近，离真理越近。"广阔的基层一线处处有清新的气息，到处是鲜活的生动的成功的探索实践，公安新闻传播工作者既要读万卷书也要行万里路，既要多读有字之书也要多读无字之书，情况在一线掌握、经验在一线总结，把实践和基层当作最好的课堂，把广大民警和人民群众当作最好的老师。通过组织参与"重走长征路""平安中国行""红色圣地公安行""新春走基层""记者走基层·蹲点一线""我在一线"等大型主题采访活动，与基层民警并肩作战，人员沉下去，新闻摸上来，鲜活经验带回来，在接受精神和思想深刻洗礼的同时，努力创作与公安机关一流业绩相匹配的精品力作。

好新闻是走出来的，"到现场去、到一线去"应该成为新闻传播工作者的不懈追求。接地气才能有灵气，练好"脚力"才能行得远、走得快，收集到更多"沾泥土""带露珠""冒热气"的鲜活素材，推出更多有思想、有温度、有品质的公安新闻传播作品。在新闻传播实践中，公安新闻工作者要增进同人民群众和广大民警的感情，回答好"为了谁、依靠谁、我是谁"的问题，用脚步丈量祖国大地，准确把握人民群众的利益关切，用心感受公安事业发展脉搏。

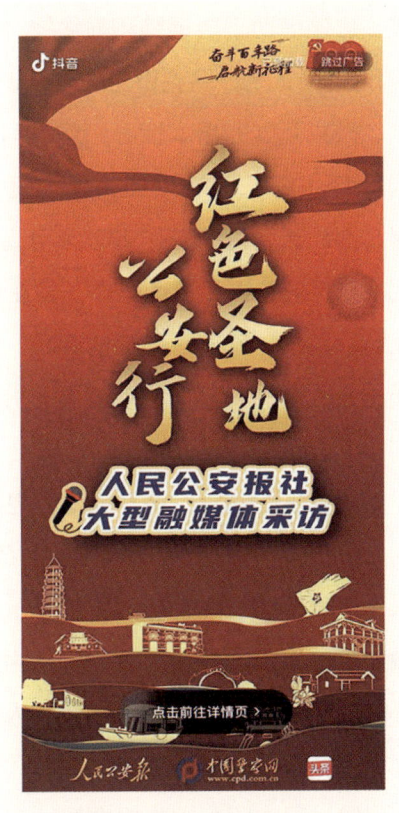

▲ 通过"红色圣地公安行""新春走基层""记者走基层·蹲点一线""我在一线"等大型主题采访活动，走进基层警营，走到民警身边，才会有鲜活的写作素材，有原汁原味的故事，有浓厚的现场感。

2. 增强眼力

"观水有术,必观其澜。"强调眼力,就要求以开阔的眼界挖掘素材、发现题材,要有一双善于发现新闻的眼睛,敏锐捕捉新闻线索,既见人之所见,亦见人之所未见,从"看得见"到"看得准"再到"看得深",反映真实的公安工作,反映火热的公安实践。

——掌握提高眼力的武器。眼力,就是大局眼光、历史视角,善于观察、善于发现、善于辨别,透过现象看本质。练就这样的眼力,首先得方法路径对头。毛泽东同志在《中国革命战争的战略问题》一文中曾形象地说:"我们的眼力不够,应该借助于望远镜和显微镜。马克思主义的方法就是政治上军事上的望远镜和显微镜。"[①]马克思主义是认识世界、改造世界的科学真理,是我们立党立国、兴党强国的根本指导思想。习近平新时代中国特色社会主义思想是当代中国马克思主义、二十一世纪马克思主义,是我们认识世界和改造世界的强大思想武器。新闻传播工作者必须用马克思主义中国化的最新成果武装自己,用以观察分析形势进而推动工作。要在科学思想指导下,加强对世情、国情、党情、社情、民情、警情、舆情的观察,提升敏锐见事、见微知著的本领,学会用发展的、联系的、辩证的观点去分析和研究问题,科学观察,看清是非曲直,做到"不畏浮云遮望眼"。

——独具慧眼,善于观察,提高眼力。"太山之高,背而弗见;秋毫之末,视之可察。"雄伟高耸的大山,若是背对着必然也看不见它;渺小细微如秋毫之末,只要仔细观察也能看得清楚。新闻传播工作者要善于观察、善于发现,见微知著、作出判断,在看似平常中发现价值。改革开放之初,家庭联产承包责任制开始在农村试行,著名新闻人范敬宜凭借过人眼力,敏锐捕捉到其中的新闻价值,深入基层调研写成新闻述评,在全国引起很大反响。安徽民警鲍志斌在出警过程中因车祸失去左臂,但他选择继续留在派出所工作。公安新闻宣传干部采访时注意到独臂的鲍志斌用牙齿咬开矿泉水瓶盖喝水的细节,随即用手机拍摄下这一过程。"独臂警察的瓶盖挑战"视频得到中央媒体转发,评论点赞10余万,全网阅读量超亿。眼界决定境界,练就发现好故事的慧眼,有了敏锐

---

① 《毛泽东选集》第1卷,人民出版社1991年第2版,第212页。

的眼力，才能在纷繁复杂的素材中发现好故事、找到好角度、提炼好观点。

时代给我们提供了最丰富、最壮阔的观察素材，实践给我们提供了最宽广、最生动的视角场域，公安新闻传播工作者要练就好眼力，既看得广、见得远，又看得清、看得细、看得准。做时代的观察者、社会的瞭望者、公安新闻的挖掘者，生动记录国家发展，深刻反映社会进步，全方位展现新时代公安机关的"人"与"事"，讲好警察故事，展现公安形象，更好服务公安中心工作。

3. 增强脑力

"理辩则气直，气直则辞盛，辞盛则文工。"只有思想深刻，方能立意高远，提出独到见解，从而使整篇文章有高质量的说理和表达，这样的文章才有分量和生命力。一定意义上说，"脑力"是新闻传播流程的先遣总指挥。

延安时期，毛泽东同志为《新中华报》题词"多想"，鼓励报纸工作人员多动脑、多分析。报社将题词制成匾额，悬于编辑部窑洞重要位置，激励大家身体力行。①多想，就是善思考勤思考，让脑子动起来、活起来，提高思考能力和抓问题能力。公安新闻传播工作者不断增强脑力，想全面、想清楚、想透彻，去粗取精、去伪存真，才能生产出更多客观真实、富有价值的新闻传播内容。

——增强脑力就是动脑、多想、深思。刀磨则快，不磨则钝；人思则明，不思则愚。新闻传播实践中，自觉运用马克思主义基本原理和党的创新理论武装头脑，胸怀大局，把握大势，调动战略思维、历史思维、辩证思维、创新思维、法治思维等各种思维认知，辩证把握好局部与整体的关系、当前和长远的关系、表面与本质的关系、守正和创新的关系等，强化新闻敏感性，提高新闻发现力，坚持发展地而不是静止地、全面地而不是片面地、系统地而不是零散地、普遍联系地而不是单一孤立地采访观察调研，在芜杂信息中探骊得珠，善于发现和挖掘警营实践生活金矿。

——运用脑力就是主动思考、善于思考、独立思考。以"求是"为目的，充分发挥主观能动性和积极创造性，以脑力牵引采访、写作和表达，调动脑力捕捉细节、判断价值、筛选信息、生动表述，思考广大民警和人民群众喜闻乐见

---

① 吕毅品：《从党史中汲取智慧和力量》，《人民日报》2021年12月28日，第5版。

的新闻传播形式，推敲更加准确生动鲜活的语言，力求新闻传播产品内容生动、结构灵活、逻辑清晰，能透过一棵树、一片林，挖掘"绿水青山就是金山银山"的时代意义，能通过一件事、一家人，讲述"家是玉麦、国是中国"的家国情怀，能通过一地奋斗实践，揭示喜人发展变化背后蕴含的内在逻辑。开动脑筋，注重总结，在一线采访中体验、挖掘、提炼，善于从一般事物表象中发现倾向性、苗头性问题，提升采访调研成果的思想分量、价值含量。

4．增强笔力

"龙文百斛鼎，笔力可独扛。"语言是思想的直接现实，文字是思想的外化表达，笔力是新闻传播工作者的基本功。内心有精神，笔端有力量，作品既要有厚重的主题内容，又能将这些内容充分表现出来，考验体现着一个人的能力功底。如何增强笔力？不妨试试"正、深、实、多"四字法。

——正。即方向正，做到正确表达。做政治坚定的新闻工作者，以传达正确的立场、观点、态度为己任，坚持党性原则，体现党的意志、反映党的主张，在政治立场、政治方向、政治原则、政治道路上自觉同以习近平同志为核心的党中央保持高度一致，让党的主张成为时代最强音，让新闻传播产品主题鲜明、重点突出，以正确的舆论引导人，唱响主旋律，传播正能量。

——深。即感情深，做到用情表达。驾驭文字要有情用情，怀着对党的浓厚感情，对人民公安队伍的深切喜爱，深入基层一线，镜头笔尖对准一线民警，特别是带着感情深入条件艰苦、任务艰巨的地区和岗位，深情讲述民警无私奉献的感人故事，记录每一个担当的身影。警营有太多生动的场景、感人的故事，要将真情实感倾注于笔端，用心记录，用情表达，以匠心写作，杜绝冷冰冰、硬邦邦，实现对报道对象最大限度的精彩传达，让作品有思想、有品质、有温度，言之有理、言之有情。

——实。即文风实，做到鲜活表达。在立意高远、主题明确的大前提下，倡导短、实、新文风，"沾泥土""带露珠""冒热气"，用活的语言反映活的实践，多用生动有趣、活泼灵动、通俗易懂的文字表述，让人愿意听、听得懂，愿意看、看得进去，达到打动受众、引发共鸣的效果。叙事真实有据，述评高屋建瓴，通讯扣人心弦，人物栩栩如生，抒情发自内心，材料丰富全面，价值判断准确，这样的传播作品才能引发受众的强烈共鸣、真正走进受众心坎。

——多。即多动笔，做到推敲琢磨。所谓"玉经琢磨多成器"，优秀文字成品的出现是不断打磨得出的成果。优秀的公安新闻传播作品，要求严谨、精准、凝练，删繁去芜，文字干净，当然少不了反复打磨、反复雕琢。要有钻研的韧劲、能吃苦的精神，有"吟安一个字，捻断数茎须"的态度，有"为伊消得人憔悴"的境界，在多写多改多练中，体会推敲之妙，提升写作能力，成为驾驭文字的行家里手。

脚力、眼力、脑力、笔力，这"四力"是内涵丰富、有机联系、相互促进的整体，是认识和实践的统一，是对公安新闻传播工作者综合素质的必然要求。迈开双脚贴近警营生活，睁大眼睛发现生动精彩，开动脑筋推敲思考，匠心写作反映警队实践，在路上心里有伟大时代，在基层心里有基层民警，在现场心里有温暖感动，倾注更多的精力和热情，才能创作出更多准确把握时代脉搏、精准聚焦火热公安实践、生动反映新时代公安工作的精品力作。

（三）具备较强综合能力：公安新闻传播政治性强、业务性强、综合性强，需要一支有较强综合能力的专门人才队伍，具备持续学习能力、突出专业能力、优秀法治素养以及较强的调查研究能力、较强的创新能力等

1. 提升学习能力

好学才能上进。学习，是我们党与生俱来的鲜明品质。重视学习是我们党推动事业发展的成功经验。

习近平总书记十分重视学习，多次论述加强学习的重要性和必要性，多次强调"中国共产党人依靠学习走到今天，也必然要依靠学习走向未来"，在党的二十大报告中提出了"建设马克思主义学习型政党"的重大任务。东汉思想家王充在《论衡》中说："人才有高下，知物由学。"没有哪一项本领是天生的，只能靠不断学习获得。

——态度上，要肯学乐学。"学所以益才也，砺所以致刃也。"学习是增长才干的"磨刀石"。时代不断发展，要做好我们的工作就一刻也不能放松对知识的追求。欲成栋梁之材，唯有学习。要养成学习习惯，强化学习意识，做到肯学认学，提高业务水平，掌握综合技能。要时刻保持学习"饥饿感"、本领"恐慌感"，掌握新知识、熟悉新领域、开拓新视野，不断拓宽互联网、区块链、媒介形式等内容领域的知识学习，提高应对公安新闻传播全流程各种新型问题挑战的能力。学习要下得苦功夫，肯吃苦才能求得真学问，像海绵吸水一样如饥似渴增长真知，持续学习、不断充电，丰富学识、增长见识，努力成为专家型新闻工作者。

——方法上，要突出重点。要胜任公安新闻传播工作，需要掌握的本领是很多的，在精力有限、时间有限的情况下，必须明确一点，最紧要的、最首要的学习内容就是理论学习。加强理论学习是提升党性修养的内在要求，实践如果没有正确理论的指导，容易出现"盲人骑瞎马，夜半临深池"的情况。习近平总书记指出："在学习理论上，干部要舍得花精力，全面系统学，及时跟进学，深入思考学，联系实际学。"[①]科学理论是我们推动工作、解决问题的"金钥匙"，引领我们以思想上的团结统一保证行动上的坚定有力。马克思主义是新闻传播工作者做好工作必须掌握的看家本领。要坚持用习近平新时代中国特色社会主义思想武装头脑，用以指导实践、推动工作，自觉用新时代党的创新理论观察新形势、研究新情况、解决新问题，使我们的工作朝着正确方向、按照客观规律推进。

——原则上，要拓宽视野。当今时代，科学技术迅猛发展，新生事物层出不穷，知识总量几何级数增长，知识更新速度大大加快。做好新闻宣传工作要成为"杂家"，"累土而不辍，丘山崇成"，不坚持拓宽学习层面，我们的思维层次就不会高，思考问题就可能不深、工作思路就可能不够宽。学习范围要广，政治经济、历史文化、法律社会、生态科技、军事外交等各方面知识，直至具体细微到语法中的字词句和标点符号使用，向书本学，向广大民警和人民群众学，不断汲取智慧和营养。

——目的上，要善于运用。学习的目的全在于运用，要在系统化学习、精

---

① 张洋：《习近平在中央党校（国家行政学院）中青年干部培训班开班式上发表重要讲话强调　在常学常新中加强理论修养　在知行合一中主动担当作为》，《人民日报》2019年3月2日，第1版。

准化学习、常态化学习基础上，把自己摆进去、把职责摆进去、把工作摆进去，做到学、思、用贯通，知行合一、以知促行、以行求知。通过坚持不懈学习，学会运用马克思主义立场、观点、方法观察和解决问题，努力将规律性认识转化为新闻传播的创造性实践。

老一辈新闻人范长江说："新闻记者不是有了一支笔，就可以信口开河，也不是会有什么天才记者，而是要有终身不停的刻苦学习。""时代进步得太快，我们不加紧学习，是无论如何赶不上的。"①有充足的综合知识库存，有勤勉的新闻实践探索，我们的新闻传播产品就会更鲜活更丰富更有力。所有的知识库存，在脑海中如火山岩浆般活跃涌动，会在任何被需要的时候，灵感闪现，火花迸发。

2. 提升专业能力

事成于行，业贵于专。面对新发展新要求，只有不断培育专业精神、学习专业知识、锤炼专业素养、掌握专业方法、提高专业能力，才能更好地适应时代所需、人民所需、做好各方面工作所需。深耕垂直领域，专业能力强才能成为新闻传播的行家里手，专业业务能力不过关，专业工作如同无源之水无本之木，履行新闻传播职责使命就是空话。

提升公安新闻传播有效性，必须进一步突出专业化导向，强化专业化建设。"褚小者不可以怀大，绠短者不可以汲深。"小袋子里装不下大物件，短井绳没法从深井里打水，能力短缺的人难以担当重任。干一行，专一行，精一事。公安新闻传播工作者需要具备"硬核技能"从而成为某一方面的专家，可以成为重大主题通讯、重要述评评论、重大人物报道等不同内容专长的专家，可以成为党建队建思政、治安管理领域、基层社会治理领域等不同方面专长的专家，可以成为具备政策法律运用能力、舆情分析舆论引导能力、传播智能科技应用能力等不同方面专长的专家，干什么练什么强什么，锤炼业务内功，不断提升专业履职能力，朝着专业化、专家化的方向努力。

业精于勤，功成于专，专业的人做专业的事。公安新闻传播具有很强的政

---

① 贾永：《弘扬长江精神，不断增强"四力"》，《新闻战线》2020年6月（上）。

治性、政策性、法律性，更突出地具有行业性和专业性。要立足公安新闻定位和行业特色，走专业型专家型路子，熟悉掌握公安工作和公安队伍建设规律经验和要求，成为精于一定领域、一定方面的专家。在选题策划方面，能捕捉具有新时代特征、体现公安工作发展规律、展现公安工作新成就的好题材，做到定位准、选题精；在采访写作方面，能聚焦报道主题，善于发现线索，找准新闻点，获得最有报道价值的新闻信息，并以高质量的文图或视频等形式呈现；在编辑业务方面，能准确理解并落实时度效要求，通过扎实的知识储备、文字功底，推动从采到编的效能转化；在稿件审核方面，强调纪律规矩意识，严格执行三审三校制度，提升发现谬误、纠正偏差的能力，对稿件内容质量进行准确把关并作出正确评价。

术业有专攻。习近平总书记在党的新闻舆论工作座谈会上强调："要提高业务能力，勤学习、多锻炼，努力成为全媒型、专家型人才。"①公安新闻传播工作者要不断强化专业能力和职业素养，遵循新闻传播规律和政法公安工作规律，加大公安新闻传播产品的有效供给，更好发挥公安新闻宣传阵地在宣传党的主张、服务政法公安工作、推动法治建设、弘扬社会正气、促进社会和谐中的重要作用。

3. 提升法治素养

法者，天下之准绳也。法治素养是公安新闻传播工作者的基础必备能力素质。公安新闻传播工作者担负着普及法律知识、弘扬社会主义法治精神的职责。不懂或缺少法律常识，不会用法言法语，说外行话，就不会让人信服。公安新闻传播工作者必须提高运用法治思维和法治方式的能力，深入学习宣传贯彻习近平法治思想，不断增强法治意识，提升法治素养，让尊法学法守法用法成为自觉行为和必备素质。

公安新闻传播实践中，如果没有较强的法治素养，就会出现这样那样的问题。比如，可能会分不清罪犯与犯罪嫌疑人的区别，以及行政拘留与刑事拘留、被告与被告人、缓刑与缓期执行、抢夺与抢劫等概念的差别；也有可能事无巨

---

① 《习近平谈治国理政》第二卷，外文出版社2017年版，第333页。

细地讲解公安机关如何讨论案件和研究布控，犯罪嫌疑人如何组织预谋、如何置人于死地、如何逃跑和反侦查逃避抓捕，甚至如何在逃亡过程中骗取他人信任，产生负面传播效果。还有的，在传播过程中暴露侦查办案手段和保密措施，不恰当引用法律法规条文，不规范使用警务标识，不懂得保护当事人隐私信息权益，泄露案件进展，干预影响办案，为追求轰动效应公开血腥场面迎合部分受众，等等。不严谨的报道，以及五花八门的错误漏洞，都是公安新闻传播需要避免的问题。

公安新闻传播立足公安、依托公安、属于公安、服务公安，社会公众关注，法治专业要求高。对公安新闻传播队伍而言，在法治建设方面必须有更高标准、更严要求。

一是做到"学法懂法"。公安机关是国家重要的行政执法和刑事司法力量，几乎所有的工作都是执法工作、所有的活动都是执法活动，这使得公安新闻传播天然地具有显著的法律性、专业性。宣传法治必须先学法懂法，这是一个基本逻辑。公安新闻传播工作者要深入学习贯彻习近平法治思想，坚守社会主义法治信仰，系统学习中国特色社会主义法治理论，加强专业法律知识储备，用法说话，确保公安新闻传播作品的内容规范权威。要结合自身工作实际有针对性地加强法治学习，加强刑法、民法典、刑事诉讼法、民事诉讼法等法条内容学习，学习与新闻传播相关的行政法规、部门规章及其他规范性文件，自觉研读、分析、思考，不断提升法律素养。

二是做到"尊法宣法"。新闻传播法治思维是一个由学习到践行、边践行边宣传的过程，是一个长期渐进、循环上升的过程。公安新闻传播工作者要尊崇法治、敬畏法律，进而把对法治的尊崇、对法律的敬畏转化成思维方式和行为方式，在新闻传播工作中不断提高法律运用能力，运用法治思维判断是非曲直，运用法治观念、原则和逻辑来认知、分析和解决问题，发挥好新闻舆论宣传在社会治理中的作用。要当好法治宣传员，用好媒介阵地平台，大力传播法治精神法治理念，引导广大受众在潜移默化的公安新闻传播中受到法治教育、增强法律意识。要旗帜鲜明捍卫法律权威，始终秉持公平正义，让公众在每一起热点案件事件的进展回应、每一次公安新闻报道中，感受到法治精神，体会到法治中国建设的进步，感受到公安机关的执法公信力，感受到公平正义就在身边。

三是做到"知法守法"。法治之下，任何人都不能心存侥幸。公安新闻传播工作者要遵纪守法，言必合法，行必守法，时时处处用法律标尺考量自身行为。要以法律为遵循，按法定权限和规定程序开展新闻传播工作，使用法言法语，坚持客观公正，掌握宣传报道分寸，规范涉警舆情引导，坚决杜绝一味追求"刺激"和"现场感"、一味追求收视率和经济效益的想法和做法。有的纪实类报道对一些犯罪嫌疑人作案策划过程、反侦查手段展现过细，容易起到不良示范作用；一些不宜出镜的民警不加镜头处理，一些侦破手段和办案平台和盘托出，对警察的侦控、网络锁定、弹道检验、技术认定等手段详尽展示，可能泄露公安工作秘密，暴露公安机关侦查手段，干扰公安机关侦查工作。要严格遵从法律程序，严肃宣传纪律，重要稿件严格落实审核审批程序，做到客观严谨、充分理性。懂执法办案，懂法治语言，懂警营规范，懂警察生活，公安新闻传播内容才会展现出"内行"才能写出的"门道"。

用法先懂法，宣法先学法。公安新闻传播担负着发挥舆论传播作用、推动法治中国建设的职责使命，建设一支学法懂法、尊法宣法、知法守法的高素质法治传播队伍至关重要。公安新闻宣传工作者要不断强化法律意识，将法治精神内化为工作理念，将法治情怀转化为工作动力，将法治理念和法治内容贯穿新闻采集、撰写、编排、发布各个环节，将法治思维贯穿公安新闻传播全过程。

4．提升调查研究能力

重视调查研究是坚持马克思主义认识论的重要体现。《摩泽尔记者的辩护》发表在1843年1月出版的《莱茵报》上，它是马克思在担任《莱茵报》主编的第二年发表的文章。马克思以摩泽尔记者的名义，在仔细分析了各种材料，对摩泽尔河沿岸地区居民生活状况进行深入调查研究的基础上，以极其详尽的事实和无可辩驳的论证对总督的指责以未署名的形式作出了客观的答复，从而揭露了摩泽尔河沿岸地区政府脱离人民的管理机构的"官僚本质"。这篇文章也被认为是马克思关于调查研究的开篇之作。[①] 调查研究是我们党的传家宝，是党的新

---

① 陈安杰：《马克思关于调查研究的开篇之作——重温〈摩泽尔记者的辩护〉》，《学习时报》2020年5月13日，第5版。

闻舆论工作的优良传统。在早年的革命活动中,毛泽东同志坚持从中国革命实际出发做了大量调查研究工作,为我们党正确认识农民在民主革命中的地位和作用奠定了重要基础,建立在深入调查研究基础上的光辉著作包括《中国社会各阶级的分析》《湖南农民运动考察报告》《寻乌调查》等。在新闻实践中,指导《红色中华》报参加查田运动调查研究,为中央起草了解决土地斗争中一些问题的文件。毛泽东同志亲自撰写署名文章,集中反映了他对战争动员、经济建设、查田运动和文化教育工作的调查和思考。该报深入实际调查研究蔚然成风,经常组织开展调查研究的新闻竞赛,指导通讯员学习运用调查研究的工作方法。① 习近平总书记强调指出,调查研究是谋事之基、成事之道,没有调查就没有发言权,没有调查就没有决策权;正确的决策离不开调查研究,正确的贯彻落实同样也离不开调查研究;调查研究是获得真知灼见的源头活水,是做好工作的基本功;要在全党大兴调查研究之风。② 新闻是对新近发生的事实的报道,占有事实的最好办法就是开展调查研究,只有进行扎实的调查研究,才能把事件的真实状况摸清楚,才能准确把握被报道问题的始发过程和现实状态,才能真正去粗取精、去伪存真,由此及彼、由表及里,找到解决问题、推动工作的有效办法和途径。

新闻采访和调查研究应常做常新常效。公安新闻传播调研选题必须紧扣党中央决策部署,紧跟时代发展步伐,紧贴人民群众所需所盼,紧扣公安工作现实需要。将调查研究工作同中心工作和决策需要紧密结合起来,更好为科学决策服务,围绕贯彻落实习近平总书记重要指示批示精神和党中央决策部署的主要情况和重点问题,围绕推进平安中国建设法治中国建设两大战略部署的主要情况和重点问题,围绕健全完善同国家安全体系和能力现代化要求相适应的捍卫政治安全体系、维护社会稳定体系、公共安全治理体系三大职能体系的主要情况和重点问题,围绕大力加强法治公安建设、智慧公安建设、基层基础建设、过硬队伍建设的主要情况和重点问题,以及围绕统筹发展和安全、防范化解风

---

① 邱明:《毛泽东与〈红色中华〉报》,《学习时报》2021年1月29日,第5版。
② 新华社:《中办印发〈关于在全党大兴调查研究的工作方案〉》,《人民日报》2023年3月20日,第1版。

险、重大突发公共事件处置、化解社会矛盾纠纷、强化社会治安整体防控、意识形态领域挑战、新闻舆论引导、网络综合治理等展开采访调研，调研了解各地推进公安工作现代化、以高水平安全保障高质量发展的成功探索，研究探讨更有靶向性、开创性、实效性的思路举措，为公安工作科学发展增智添力。

2016年2月19日，习近平总书记到新华社考察，调研中他语重心长地对采编人员说："基层干部要接地气，记者调研也要接地气。"①这给新闻传播队伍开展采访调研指明了方向、提供了遵循。接地气，到一线，以脚力为基础的调查研究是马克思主义新闻观的重要方法论。不断创新调研方式方法，提高调研能力水平，加快调研成果转化，必定能从社会实践的丰厚土壤中获取养料养分。做好公安新闻传播采访调研工作，要深入基层一线所队去，深入基层民警和广大群众中去，蹲点下去"解剖麻雀"，既"身入"又"心入"，听原汁原味的乡土话，知真实可信的一线情况，找切实存在的真问题。要通过大兴调查研究之风，记录火热警营一线的生动实践，展现基层民警和广大群众的奋斗干劲，了解他们的喜乐与烦忧、困难和意见，做到具体问题具体分析，对各地公安机关创造的成功创新进行提炼推广，把点上的精致"盆景"变为面上的精彩"风景"，把采访调研成果转化为助力上级决策部署的有益参考进而成为推动公安工作不断发展的推动力。

5. 提升创新能力

创新是引领发展的第一动力。现代信息技术迅猛发展，经济社会日新月异，各种新生事物不断涌现。随着国内外形势深刻变化，新闻宣传工作面临许多新问题新挑战，做好新闻舆论宣传工作，比以往任何时候都更加需要创新思维。

时代在变，技术在变，新闻传播工作方式和社会舆论引导方式也在变。面对新的媒体舆论环境，应清醒认识公安新闻传播工作中一定程度上存在的创新认识不够、理解不深、理念滞后的问题。习近平总书记指出："守正创新是我们党在新时代治国理政的重要思想方法。守正才能不迷失方向、不犯颠覆性错

---

① 张晓松、姜潇、史竞男：《激发团结奋斗圆梦中国的强大力量——写在习近平总书记"2·19"重要讲话发表一周年之际》，新华社北京2017年2月17日电。

误，创新才能把握时代、引领时代。"①提升公安新闻传播有效性需要守正创新，既要继承发扬长期以来公安新闻传播工作中积累的丰富经验、形成的优良传统，又必须克服观念束缚、工作惯性和方法守旧，从公安工作实际和舆论场发展实际出发，认真研究新形势下新闻传播的特点，探寻新形势下公安新闻传播工作的发展方向，增强公安新闻传播的吸引力和感染力，不断提升公安新闻传播有效性。

准确识变、科学应变、主动求变。在新闻传播机制方面，应着力推进新闻传播理念创新、传播基础工作创新、传播手段方式创新；在新闻传播队伍建设方面，应注重不断掌握新知识、了解新领域、开拓新视野；在新闻传播业务方面，应突出报道内容创新、报道方式创新、报道语言创新、运作流程创新。特别是，信息技术蓬勃发展，互联网技术广泛应用，5G、移动应用、社交媒体、区块链等新技术新模式层出不穷。要主动顺应传统媒体和新媒体融合发展新趋势，积极运用大数据、云计算、人工智能等新技术新应用，不断丰富适应互联网发展的传播方法和传播途径，加强传播手段和话语方式创新，提升公安新闻传播"引关圈粉"水平。

关于公安新闻传播创新，包括对创新重要性的认识、实现传播创新的方法路径等，在本书第八章会有专章论述。新技术新模式新业态层出不穷，既为公安新闻传播队伍施展才华、竞展风采提供了广阔舞台，也对能力素质提出了新的更高要求。这支队伍始终洋溢创新的澎湃激情，公安新闻传播工作定能在锐意改革、大胆创新中赢得优势，推动公安新闻传播产品创作生产质量不断提升、有效性不断提升。

做好公安新闻传播工作，不仅需要政治过硬，也需要本领高强。随着形势和任务不断发展，如果不抓紧增强综合能力，久而久之，我们就难以胜任所担负的公安新闻传播任务。能力需要是多方面的，除了上述重点提及的学习能力、专业能力、法治素养以及调查研究能力、创新能力，还包括舆情应对引导、社会协调能力等。新时代的公安新闻传播队伍，正在学习中增长知识、练就本领，在工作中增长才干、锤炼品格，在实践中积累经验、破解难题，推动公安新闻

---

① 习近平：《推进中国式现代化需要处理好若干重大关系》，《求是》2023年第19期。

传播工作不断发展前进。

（四）具有优良过硬作风：挑战越多、风险越大、任务越重，越要加强作风建设，以好的作风振奋精神、激发斗志。公安新闻传播队伍要加强作风历练，敢啃"硬骨头"、善接"烫山芋"，以顽强作风、严明纪律、奋进姿态担负起新时代使命任务

立德树人的人，须先立己；铸魂培根的人，须先铸己。

新闻传播队伍的作风建设直接关系新闻传播效果。新形势下，公安新闻传播工作面临着意识形态领域愈加尖锐复杂的斗争带来的新挑战，面临着人民群众对民主法治公平正义安全的美好生活需要日益增长带来的新挑战，面临着媒体传播格局持续发生深刻变革带来的新挑战。应对新形势下的新挑战，公安新闻传播工作者必须涵养顽强作风、严明工作纪律，始终保持干事创业的奋进姿势，在大风大浪中经历考验，在复杂环境中增长才干，勤奋工作、甘于奉献，胸怀坦荡、公而忘私，做作风优良的新闻传播工作者。

1. 顽强作风

宋代苏轼在《思治论》中说："犯其至难而图其至远。"其基本立意是，向最难之处攻坚，追求最远大的目标。

新时代，公安新闻传播工作取得前所未有的发展，面临前所未有的机遇，也遇到前所未有的挑战。公安新闻传播队伍要有闯关夺隘、攻城拔寨的决心和勇气，敢于面对重大风险挑战、重大工作困难、重大矛盾斗争，不负使命之重，不畏跋涉之苦，在风险考验攻坚克难中磨砺意志锤炼作风。

——要特别能吃苦。艰难知勇毅，磨砺得玉成。优秀新闻作品从来都不是轻而易举得到的，很多求得精品的采访和写作本就清苦，需要静下心、沉住气，花精力、耗时间，需要强健的脚力、靠脚底板一步一步行走，需要洞察事物本质的眼力、用眼睛一点一点发现，需要过硬的脑力、用头脑时刻思考，需要不凡的笔力、用笔一字一句书写，需要历经早起晚睡、反复推敲、推倒重来甚至在汗水泪水中锻造。还有很多新闻采访工作是在艰苦条件下完成的，有的采访需要面对恶劣的交通环境，需要面对地质灾害雨雪霜冻等自然环境，需要面对随警作战抓捕现场可能存在的风险……千锤百炼的钢最硬，事不避难、义不逃责，苦差事面前不怕苦，敢于肯于到最边远、最困难、最危险的地方去，以牺牲奉献精神扛起责任担当，采访中要有"望尽天涯路"的求索，写作中要耐得住"昨夜西风凋碧树"的清冷，等待中要耐得住"板凳坐得十年冷"的寂寞，秉烛夜读时要受得了"独上高楼"的孤独。

——要特别能担当。有多大担当才能干多大事业，尽多大责任才会有多大成就。党的二十大报告强调："加强干部斗争精神和斗争本领养成，着力增强防风险、迎挑战、抗打压能力，带头担当作为，做到平常时候看得出来、关键时刻站得出来、危难关头豁得出来。"①关键时刻考验人，艰巨任务锻炼人，任务面前不提困难，压力面前不躲不闪，敢于到困难多、任务重的地方，啃硬骨头、接烫手山芋。快刀是在石头上磨出来的，公安新闻传播队伍要加强作风锤炼、专业训练、实践磨炼、斗争历练，确保在重大宣传任务中拉得出、冲得上、打得赢。

2．严明纪律

"加强纪律性，革命无不胜。"打最硬的铁，须是铁打的人。

严明的纪律是我们党克敌制胜的重要保证，也是公安队伍的光荣传统。公安新闻传播工作者必须在纪律作风建设上有更高的标准、更严的要求，在政治纪律、组织纪律、保密纪律、宣传纪律等各方面严格要求自己，坚持严字当头，把纪律挺在前面，以严明纪律保障公安新闻传播有效性。

——要严守政治纪律。公安新闻传播必须坚决落实讲政治要求，不断提高政治判断力、政治领悟力、政治执行力。始终以国家政治安全为大、以人民为重、以坚持和发展中国特色社会主义为本，时刻同党中央精神对标对表，做到党中央提倡的坚决响应、党中央决定的坚决执行、党中央禁止的坚决不做，不折不扣抓好党中央精神的贯彻落实。要善于从政治上观察和处理问题，使讲政治的要求从外部要求转化为内在主动，确保在任何时候任何情况下都做到政治立场不移、政治方向不偏。坚持正确的政治方向是做好新闻舆论宣传工作的灵魂和

---

① 《习近平著作选读》第一卷，人民出版社2023年版，第54-55页。

生命线，必须不断提高政治觉悟，保持政治清醒，增强政治定力，站稳政治立场，严守政治规矩，履行政治责任，面对意识形态领域歪风邪气，要挺身而出、坚决斗争，在重大问题和关键环节上头脑特别清醒、眼睛特别明亮。

——要严守组织纪律。组织纪律是规范和处理党的各级组织、党组织与党员之间以及党员与党员之间关系的行为规范，是维护党的集中统一和保持党的战斗力的重要保证。公安队伍是一支特殊的纪律部队，作为这支队伍的重要组成部分，公安新闻传播队伍必须强化组织观念，坚持组织原则，落实组织制度，坚决执行组织决定，涉及重大问题、重要事项时按规定向组织请示报告，坚决做到有令必行、有禁必止，做到绝对忠诚、绝对纯洁、绝对可靠，确保各级各类公安新闻宣传阵地的领导权牢牢掌握在忠于马克思主义、忠于党和人民的人手里。做好公安新闻传播工作，要依靠组织、服从组织，自觉接受组织安排和纪律约束，确保既想干事、能干事，又干成事、不出事。

——要严守保密纪律。公安机关是国家重要的治安行政和刑事司法力量，这决定了公安工作具有较高的保密性。公安新闻传播工作者应不断提高政治站位，深刻认识做好保密工作的极端重要性，保持清醒头脑，强化风险意识，认真学习国家保密法律法规，严格落实公安机关保密规章制度，不断筑牢保密安全思想防线。从保密内容上来说，公安新闻传播全过程必须严格禁止泄露国家安全和公安工作机密，不得泄露公安机关的审讯策略方案，不得公开举报人和证人信息资料，不得泄露正在侦查的刑事案件的案情及进展等。从材料管理上来说，应强化保密安全管理，涉密文件资料全流程保密管理，及时登记、妥善保管、及时销毁各类文件复印件信函采访笔记等纸质涉密材料，严格落实包括电子涉密材料在内各类涉密载体的登记保管销毁流程等。从程序管理上来说，应强化送审报批程序意识，落实审稿发布规定，坚持分级分类审核、先审后发，明确审核主体、审核流程，把好出口关，管好信息源头，未经规定程序，任何单位和个人不得以任何形式对外提供公安机关相关信息，不得私自接受媒体采访，更不得向其他媒体提供线索以获利。

——要严守宣传纪律。公安新闻传播任何时候各个环节都要严明宣传纪律，遵守新闻采访规范，保持对履职尽责边界的清醒。要坚持新闻真实性原则，做到真实、准确、全面、客观，不炒作可能引发舆情的所谓热点新闻，坚决杜绝道听途说以讹传讹、杜绝自以为是随意解读。坚持正面报道为主，弘扬正能量，绝不允许在报道中出现损害民警利益、丑化民警形象、美化不法分子、夸大社会负面、渲染血腥色情场面内容；不得宣扬淫秽、赌博、暴力或者教唆犯罪；对犯罪行为过程、作案手段、作案动机等不做过细描写。严格遵守新闻采访规范，维护采访报道对象的合法权益；依法做好案件报道，不在报道中擅自定性、盲目圈定嫌疑人、公开办案人员单位姓名、公开线索提供人身份信息等，不干预依法进行的司法审判活动，在法庭判决前不做定性定罪的报道和评论；保障妇女、儿童、老年人和残疾人的合法权益，注意保护其身心健康。坚决反对和抵制各种有偿新闻和有偿不闻行为，不利用职业之便谋取不正当利益，不以任何名义索要、接受采访报道对象或利害关系人的财物或其他利益，不向采访报道对象提出工作以外的要求。

"严治之军，所向披靡；无治之兵，百万无益。"没有铁的纪律约束，履行好新闻传播使命任务就是一句空话。公安新闻传播队伍必须严格遵守各方面纪律要求，认真落实意识形态工作责任制和新闻采访工作规定、编辑出版规范，把好采访关、组稿关、审核关、发稿关，严守规矩、不逾底线，做到自身正、自身净、自身硬，严格规范新闻采编工作流程，不为错误言论提供传播渠道。

3. 奋进姿态

置身新时代，新闻传播拥有无比广阔的空间，对广大新闻工作者来说，肩负更光荣的使命，拥有更广阔的舞台。一支队伍，如果没有振奋的精神、顽强的斗志，就不可能攻无不克、战无不胜。面对日益繁重艰巨的公安新闻宣传任务，面对各种可以预料和难以预料的挑战考验，必须坚定信念、统一思想，以昂扬姿态披荆斩棘、阔步前行，发好公安声音、讲好民警故事、树好警察形象，积极服务公安现实斗争。

——沿着正确方向继续奋进。把握时代脉搏，聆听时代声音，公安新闻传播队伍要始终坚持党的绝对领导，筑牢信仰之基、补足精神之钙、把稳思想之舵，着力打牢听党话、跟党走的思想根基，保持政治定力，坚定理想信念，坚持正确政治方向，坚持正确舆论导向，坚持正确价值取向，坚持正确新闻志向，不断增强责任感、主动性和战斗力，勇担时代使命，创作出更多积极、正确、鼓劲，更好反映新时代公安工作的思想精深、艺术精湛、制作精良的精品新闻力作。

——提升能力"双核"继续奋进。政治素养+业务能力，这是公安新闻传播队伍建设的"双硬核"。必须秉持"政治家办报、办刊、办网、办新媒体"理念，在工作中持续强化党性锤炼，不断提升业务能力水平，以知促行、知行合一，加强思想淬炼、政治历练、实践锻炼、专业训练，提高业务水平，勇于改进创新，锤炼一支忠诚、干净、担当的过硬公安新闻传播队伍，一支政治坚定、业务精湛、作风优良、党和人民放心的公安新闻传播队伍。

——保持职业热爱继续奋进。"唯有知音者，相思歌白头。"热爱是最好的老师，只有热爱，才不会觉得累和苦。执着的追求，始自热爱；浓烈的热爱，才能释放足够强烈的情怀。这种内心精神的力量，会让公安新闻传播工作者不仅有理性的头脑，还有着滚烫的心肠，饱含对党、对国家、对人民的深爱，饱含对广大公安民警和公安事业的喜爱，并且带着这种热爱投入公安新闻传播工作。心有热爱，才会富有新闻敏感，处处留心观察，善于发现美，将目光投向警察职业特殊性，敏锐捕捉细节与真实；才会更加深情记录国家法治进步和公安改革发展进程，深情记录公安队伍全力以赴防风险、保安全、护稳定、促发展的生动实践，深情记录公安队伍忠实履行党和人民赋予的新时代使命任务的感人故事。

责重山岳，能者方可当之。培养高素质公安新闻传播人才队伍，是提升公安新闻传播有效性之需，是履行好新时代职责使命之需。传播格局和舆论生态深刻变革的时代背景下，新闻舆论工作的现实任务、外部环境、内在要求都在发生变化。解决好"本领恐慌"问题，确保成为公安新闻传播的行家里手，不是一朝一夕能实现的，也不会是一劳永逸的。公安新闻传播队伍要进一步适应新形势下公安工作对公安新闻传播提出的新要求，干什么学什么、缺什么补什么，做潜心钻研的"专家"，培养专业修为，强化专业精神，努力成为行家里手，练就一身好把式、真功夫，更好承担新任务、迎接新挑战。

三、光荣事业呼唤优秀人才，心怀使命感，责任在肩头，在时代风云和公安事业发展进步中展现公安新闻传播新作为

长河奔海，大国逐梦，伟大的时代，伟大的实践。一代人有一代人的使命，一代人有一代人的担当。

"夫善国者，莫先育才。"人才是推动发展的第一资源，是党和人民事业兴旺发达的宝贵财富。做好新时代新闻宣传工作，人才队伍建设是重要保证。

2022年10月，为认真贯彻落实习近平总书记关于做好新时代人才工作的重要要求和新时代公安工作的重要论述，公安部党委印发《关于加强和改进新时代公安人才工作的实施意见》，要求健全完善具有公安特色的人才工作体系，全方位做好人才引进、培养、使用、管理、保障工作，培养造就一大批适应新时代要求的专门性人才和复合型人才，为履行捍卫政治安全、维护社会安定、保障人民安宁的新时代使命任务提供强有力的人才保障和智力支撑①。

在长期探索实践中，公安新闻传播人才队伍切实担负起党和人民交给的任务，可信、可靠、敢为、有为，记录火热的警营实践，展现生动的公安群像，坚持守正创新，探索形成一系列规律性认识和成功经验，在传播党的政策主张、记录时代风云、推动社会进步、守望公平正义的进程中矢志前行。

——思想领航，激励人才。真理的力量穿越时空，思想的光芒照亮前程。马克思主义理论来自实践又指导实践。有习近平新时代中国特色社会主义思想科学指引，我们就有了思想上的"定盘星"、行动上的"指南针"。坚持以习近平新时代中国特色社会主义思想为指导，深入学习贯彻习近平法治思想特别是习近平总书记关于新时代公安工作的重要论述，深刻体悟习近平总书记对公安工作的高度重视和关心关爱，深刻领会习近平总书记对宣传思想和新闻舆论工作的高度重视和深远思考，公安新闻传播队伍将不断增强"四个意识"、坚定"四个自信"、做到"两个维护"，将习近平新时代中国特色社会主义思想的世界观方法论和贯穿其中的立场观点方法转化为自己的思想武器，内化于心、外化

---

① 《公安部党委印发实施意见加强和改进新时代公安人才工作》，《人民公安报》2022年10月31日，第1版。

于行,坚持正确政治方向,不断提升能力本领,努力成为一支政治过硬、本领高强、求实创新、能打胜仗的公安新闻传播队伍。

——使命必达,呼唤人才。"诗文随世运,无日不趋新。"公安新闻宣传阵地要认真学习贯彻习近平总书记关于新闻战线人才队伍建设的重要论述,深刻认识人才工作对推进公安新闻宣传工作现代化、推动公安新闻传播高质量发展的极端重要性,始终把人才工作作为一项战略工程、政治任务来抓。要以提高政治能力为根本,以增强专业本领为关键,以锐意创新创造为抓手,以培养优良作风为基础,推动队伍整体素质实现大提升。要培养造就政治过硬、本领高强,信念如铁、忠诚无畏,有理想、敢担当、肯奋斗,对工作极其认真、高度负责,能忠实履行党的新闻舆论工作职责使命的新闻人才队伍。

——迎接挑战,检验人才。"疾风知劲草,板荡识诚臣。"公安新闻传播阵地担负着宣传党的理论、传播公安部党委声音、服务中心工作、激励警心斗志、弘扬英模精神、展示队伍形象、密切警民关系,为新时代公安事业营造良好舆论环境的重要职责,是统一思想、站稳立场的"政治课堂",是启迪思维、指导工作的重要法宝。"人在事上练,刀在石上磨。"奋斗创造历史,实干成就未来。公安新闻传播队伍要肩负起责任和使命,毫不畏惧面对一切艰难险阻,在攻坚克难中创造业绩,兢兢业业、恪尽职守,崇实干、解难题,把个人的新闻理想、职业追求融入党和人民的事业中,不断增强把握正确方向导向能力、增强舆论宣传和意识形态斗争能力,记录时代之变、中国之进,展现奋斗之美、山河之美,反映伟大创造、展示精彩画卷、唱响复兴凯歌,成就一番事业,无愧人生韶华。

※ ※ ※

大时代波澜壮阔,新图景生机盎然。新时代的精彩故事需要精彩表达,新时代的中国为新闻工作者讲好故事提供了无限素材、搭建了宽广舞台。

"盖有非常之功,必待非常之人。"人是生产力中最具决定性的力量。舆论环境在变,传播渠道在变,媒体形式在变,但新闻传播中起决定性作用的最终还是人。做好党的新闻舆论工作关键在人,媒体竞争关键是人才竞争,媒体优势核心是人才优势。公安新闻传播队伍必须自觉在政治素质、理论水平、业务能力、作风面貌等方面高标准严要求，在增强脚力中"走到"、在增强眼力中"看到"、在增强脑力中"想到"、在增强笔力中"写到"，真正担负起党的政策主张传播者、时代风云记录者、社会进步推动者、公平正义守望者的神圣使命，用一件件带着泥土气息的新闻作品记录新时代波澜壮阔的发展图景，用一个个真实生动的警营故事传递温暖与力量，擦亮公安队伍的光荣与梦想。

为衔春色上云梢，勇立潮头唱大风。

站在时代的峰峦之上，公安新闻传播队伍满怀光荣与梦想，肩负使命和责任，意气风发，步伐铿锵，矢志前行！

第七章
"既解决实际问题又解决思想问题"

——对社会大众的影响力体现着新闻传播的社会有效性：公安新闻传播要坚持以人民为中心工作导向，解决好"我是谁、为了谁、依靠谁"的问题，以优秀新闻传播内容回应人民群众期待，通过形式多样的社会宣传，联系群众、动员群众、组织群众、凝聚群众，把党的群众路线贯彻到新闻传播全部活动之中

"党除了工人阶级和最广大人民群众的利益，没有自己特殊的利益"，"党在任何时候都把群众利益放在第一位"，《中国共产党章程》明确规定的这些内容，决定了党的新闻事业对党负责和对人民负责的一致性。

2018年8月召开的全国宣传思想工作会议上，习近平总书记指出："我们必须把人民对美好生活的向往作为我们的奋斗目标，既解决实际问题又解决思想问题，更好强信心、聚民心、暖人心、筑同心。"[①]"既解决实际问题又解决思想问题"这一科学论断，深刻指明了新闻宣传思想工作社会有效性的重要目的和重要体现。

新闻宣传工作的社会有效性，建立在舆论宣传内容对社会大众的影响力基础之上，主要体现在传播内容抵达社会受众后产生的效果影响，这里主要指正面正向反馈和积极有效影响。

宣传思想工作的效果最终要体现在人民群众的认同上。毛泽东同志指出："一切群众的实际生活问题，都是我们应当注意的问题。假如我们对这些问题注意了，解决了，满足了群众的需要，我们就真正成了群众生活的组织者，群众就会真正围绕在我们的周围，热烈地拥护我们。"[②]做好新形势下的新闻舆论宣传工作，就要把人民对美好生活的向往作为奋斗目标，既帮助人民群众解决生活中的实际问题，又为他们解开思想上的疙瘩，更好强信心、聚民心、暖人心、筑同心。新闻传播社会有效性的目标指向是，在党的领导下，发挥新闻舆论宣传鼓舞士气凝聚人心的重要作用，动员全国各族人民，调动各方面积极性，共同为实现中华民族伟大复兴的中国梦而奋斗。

一方面，深刻理解新闻传播的社会有效性，要在凝聚共识、推动事业发展的大背景下进行。凝聚共识，才能形成推动事业的合力。"我们也要看到，不同地方、不同阶层、不同领域、不同方面，大家会有不同想法。"[③]凝聚共识工作不容易做，需要坚守意识形态阵地，坚持正确的政治方向、舆论导向、价值取向，解疑释惑，亮剑发声，统一思想，向社会受众讲清楚什么是真善美，什么是假

---

① 《习近平谈治国理政》第三卷，外文出版社2020年版，第311页。
② 《毛泽东选集》第1卷，人民出版社1991年第2版，第137页。
③ 《习近平著作选读》第一卷，人民出版社2023年版，第66页。

恶丑，什么是值得肯定和赞扬的，什么是必须反对和否定的，促进全体人民在理想信念、价值理念、道德观念上紧紧团结在一起，巩固全党全国人民团结奋斗的共同思想基础。

另一方面，深刻理解新闻传播的社会有效性，要学习和掌握人民群众是历史创造者的观点。党和国家一切工作的出发点和落脚点是实现好、维护好、发展好最广大人民根本利益，新闻宣传必须全心全意为人民服务，这是人民性原则在新闻领域的原则体现，从根本上说是群众观点、群众立场的问题，体现马克思主义的群众史观和党的群众观点，体现"人民至上"的价值取向。强调新闻传播的社会有效性，就是坚持人民是历史创造者的观点，尊重人民主体地位，聚焦人民实践创造，把体现党的主张与反映人民心声统一起来，把坚持正确导向与通达社情民意统一起来，把人民群众作为服务的主体，在新闻工作的各个方面全面贯彻群众路线。

"文者，贯道之器也。"新闻媒体报道事实、发布消息，通过新闻传播内容形成、塑造和引导社会舆论，进而影响公众思想、判断和行动。必须重视提升公安新闻传播的社会有效性，这是由公安新闻传播的鲜明性质、目的任务决定的。

从传播性质看，人民公安为人民，公安机关前面的"人民"二字，是立警之本。性质决定着全部活动的方向和内容。公安新闻传播因此天然地必须坚持以人民为中心导向，主张什么，宣传什么，都要站在党和人民的立场上，贴近实际、贴近生活、贴近群众，以人民群众需求为导向，把群众满意不满意作为衡量工作的标尺，解决好"我是谁、为了谁、依靠谁"的问题。

从内容角度看，提升公安新闻传播社会有效性，就应以公安精品新闻传播内容回应人民群众和广大民警期待，讲好警察故事、发好公安声音，唱响主旋律、传播正能量，通过公安新闻传播阵地加强与人民群众的沟通交流，既要讲给群众听，又要听群众讲，发动群众、动员群众、凝聚共识，通过有效社会传播努力为建设平安中国法治中国营造良好舆论氛围。

提升公安新闻传播社会有效性，要在议题中互动、在供需中互动、在共情中互动，实现传播者（宣传阵地）和受众（社会群众）的良性信息流通循环。

受众在哪里，宣传报道的触角就要伸向哪里，适应分众化、差异化传播趋势，提供传播内容回应公众关切，设置议题并进行议题交流，这就要求公安新闻传播必须从"讲"与"听"两个维度着力，既讲给群众听，又听群众讲，形成同频共振积极效应。

一、讲给群众听——宣传思想工作本质上就是群众工作，通过新闻舆论，宣传群众、发动群众、教育群众、服务群众，凝聚共识形成同心圆，让党的好声音、公安好故事更广泛传播开来，让党领导的社会主义国家人民警察的时代形象"立"起来

为什么人的问题，是一个根本的问题、原则的问题。无产阶级政党的党报从它诞生的那一天起就建立在与广大读者的紧密联系之上。

"报刊最适当的使命就是向公众介绍当前形势、研究变革的条件、讨论改良的方法、形成舆论、给共同的意志指出一个正确的方向。"①在《党的组织和党的出版物》一文中，列宁指出，无产阶级报刊的写作，"将是自由的写作，因为它……是为千千万万劳动人民，为这些国家的精华、国家的力量、国家的未来服务"②。我们党不断丰富和发展马克思主义关于坚守人民立场的思想，在宣传思想和新闻舆论工作中始终注重把服务群众同教育引导群众结合起来。

毛泽东同志曾对报纸有两个界定：其一，报纸是组织、教育群众和指导、推动工作的重要武器，"应该把报纸拿在自己手里，作为组织一切工作的一个武器，反映政治、军事、经济并且又指导政治、军事、经济的一个武器，组织群众和教育群众的一个武器"。其二，办报是一种重要的工作方式。他多次谈到，办好报纸，是我们工作的"很好的工作方式"，可以通过报纸有效地宣传党的方针政策，让这些方针政策"最迅速最广泛地同群众见面"，增强党和人民群众的联系，把社会上的各种见解引导到正确的道路上来，起到"齐人心"的作用。③习近平同志在地方工作时就提出："我们的新闻工作者应该更多地起到渠道和桥

---

① 《马克思恩格斯全集》第43卷，人民出版社1982年版，第489页。
② 《列宁全集》第12卷，人民出版社1987年版，第97页。
③ 高长武：《"政治家办报"的核心要义》，《学习时报》2016年4月14日，第6版。

梁的作用，长期地、耐心地、孜孜不倦地向人民宣传党的路线、方针、政策，解释党对事物的主张和看法，让人民了解党和国家的大事，使党的看法、主张化为人民群众自觉自愿的行动。"①习近平总书记鲜明提出以人民为中心的发展思想，体现了党的理想信念、性质宗旨、初心使命，也是对党的奋斗历程和实践经验的深刻总结。坚持以人民为中心的发展思想，才能确保新闻宣传阵地始终为人民服务，而不是为少数人服务。党的媒体要坚持对党负责和对人民负责的一致性，既要宣传党的理论路线方针政策，又要反映人民群众的利益、愿望和呼声，把宣传党的主张与反映人民心声统一起来，把服务群众同教育引导群众结合起来，更好把党的理论路线方针政策变成人民群众的自觉行动。

公安机关与人民群众联系广泛、关系紧密。公安新闻传播阵地必须牢固树立群众观点，创新方法手段，坚定宣传党的理论和路线方针政策，坚定宣传党中央重大决策部署，坚定宣传党中央关于形势的重大分析判断，坚决同党中央保持高度一致，坚决维护党中央权威。作为汇聚海量警务信息资源的"内容池"，要坚持群众路线，固守爱民情怀，展现公安工作成就，展示公安队伍形象，做好警务信息通报，培树社会法治信仰，密切警民关系，服务公安中心工作，为新时代公安事业发展营造良好舆论环境。

（一）讲什么

为深入学习宣传贯彻党的二十大精神，公安机关广大民警特别是公安宣传干部，写报道、设专栏、约撰稿，拍照片、录视频、做海报，进社区、进村组、进校园，采用广大群众喜闻乐见的宣讲方式，细说发展成就，共话美好未来，让党的创新理论和好政策"飞入寻常百姓家"，让党的好声音更好传向千家万户、传遍天南海北。

2006年1月26日，时任浙江省委书记的习近平同志在看望人民日报社和新华社驻浙编辑记者时指出："新闻宣传总的来说要有利于维护改革发展稳定这个大局，要多做一些有利于化解矛盾、解决问题、维护稳定的工作，而不是有损社会和谐的事情；多做一些有利于提供咨询、反映诉求、排忧解难的工作，而不

---

① 习近平：《摆脱贫困》，福建人民出版社1992年版，第84页。

是添乱帮倒忙的事情；多做一些有利于凝聚人心、提升士气、鼓舞干劲的工作，而不是挫伤积极性的事情；多做一些有利于因势利导、释疑解惑、理顺情绪的工作，而不是混淆视听的事情。"①公安新闻传播具有鲜明的政治属性、法律属性、社会属性，坚持正确的政治方向、舆论导向、价值取向始终是公安新闻传播旗帜鲜明的要求，要坚持围绕中心、服务大局，宣传科学理论，传播先进文化，弘扬社会正气，为党和国家事业服务、为公安部党委中心工作服务、为公安工作发展进步服务。

1. 让党的创新理论传得更开更广更深入

科学真理指引历史的航向，伟大事业昭示思想的力量。马克思主义是我们立党立国、兴党兴国的根本指导思想。实践告诉我们，中国共产党为什么能，中国特色社会主义为什么好，归根到底是马克思主义行，是中国化时代化的马克思主义行。习近平新时代中国特色社会主义思想是当代中国马克思主义、二十一世纪马克思主义，是中华文化和中国精神的时代精华，实现了马克思主义中国化新的飞跃，为推进民族复兴伟业提供了科学行动指南。

新征程上，形势越复杂，任务越艰巨，越要坚持以习近平新时代中国特色社会主义思想为根本遵循和行动指南。公安新闻传播阵地要注重提升社会有效性，充分运用各种宣传手段和平台，深入宣讲创新理论，深情礼赞伟大时代，用科学理论培养人，用正确思想引导人，推动习近平新时代中国特色社会主义思想深入人心，引导广大干部群众自觉做党的创新理论的坚定信仰者和忠实实践者。在表达方式上，注重运用新媒体、新技术、新形式，把发展的故事讲得生动有趣，用亲切的家常话讲出深刻的大道理，让群众能看能听、想看想听、爱看爱听，增强马克思主义的吸引力、感召力、影响力，让党的创新理论走进百姓心田，推动马克思主义成为人们认识世界、改造世界的强大思想武器。

2. 更好把党的理论路线方针政策变成人民群众的自觉行动

1948年4月，毛泽东同志在对晋绥日报编辑人员谈话时强调，报纸的作用和力量，就在它能使党的纲领路线、方针政策、工作任务和工作方法，最迅速最

---

① 习近平：《干在实处 走在前列——推进浙江新发展的思考与实践》，中共中央党校出版社2006年版，第311页。

广泛地同群众见面。通过报纸加强党和群众的联系，这是党的工作中的一项不可小看的、有重大原则意义的问题。"同志们是办报的。你们的工作，就是教育群众，让群众知道自己的利益，自己的任务，和党的方针政策。"①宣传和解读政策是党报党媒主流媒体的重大任务和优势。公安新闻传播阵地要向警营和社会宣传好、阐释好党的基本理论、基本路线、基本方略，深入宣传阐释党中央重大决策部署，特别是关于政法公安工作的科学决策和重要要求，紧密联系新时代中国特色社会主义生动实践和干部群众思想实际，对相关问题进行深入浅出回答，真正"讲全、讲准、讲透"，明白"为何干、干什么、怎么干"，让干部群众看得懂、能领会、可落实，促进社会共识达成，形成统一的思想、坚定的意志、协调的行动、强大的战斗力。

公安新闻传播要注重提升社会有效性，加强政策解读，主动回应社会关切。对党中央重大决策部署、重要会议和重要活动，要快速反应，迅速组织多轮次、多层次、全覆盖的学习宣传和反响报道，及时反映全国公安民警辅警坚决拥护、贯彻落实的态度、立场和心声。围绕党和国家重点工作、重大活动、重要事件等，可以聘请相关领域专家学者进行阐释帮助受众理解，特别是对于专业性非常强的政策内容，通过圆桌访谈、发表解读文章等方式进行深度分析，剖析政策出台背景、意义及目的，介绍政策内容要点，运用图表、音频、视频等灵活传播方式提高政策解读权威性、可读性，帮助群众清楚知晓政策内容，推动群众更好地理解执行。

3. 牢牢把握、大力宣传新时代党和国家事业取得的巨大成就

一路披荆斩棘，一路凯歌前行。党领导中国人民取得了新民主主义革命的胜利，建立新中国，实行改革开放，经过一代代人不懈奋斗，一个坚韧不拔、欣欣向荣的中国巍然屹立于世界东方。党的十八大以来，以习近平同志为核心的党中央团结带领全党全国各族人民坚定信心、迎难而上，采取一系列战略性举措，推进一系列变革性实践，实现一系列突破性进展，取得一系列标志性成果，攻克了一个个看似不可攻克的难关险阻，创造了一个个令人刮目相看的人

---

① 《中国共产党宣传工作简史》上卷，人民出版社2022年版，第217-218页。

间奇迹，成功推进和拓展了中国式现代化，彰显了中国特色社会主义的强大生机活力。当代中国，江山壮丽，人民豪迈，前程远大。新闻传播要大力宣传新时代党和国家事业取得的巨大成就，牢牢把握新时代伟大变革的重大意义，进一步深刻领悟"两个确立"的决定性意义，进一步坚定历史自信，增强历史主动，汲取奋进力量，奋力谱写新时代中国特色社会主义更加绚丽的华章。

思想指引方向，关怀凝聚力量。党的十八大以来，以习近平同志为核心的党中央高度重视公安工作和公安队伍建设。习近平总书记亲自出席全国公安工作会议并发表重要讲话，亲自为中国人民警察队伍授旗并致重要训词，亲切会见公安英模代表，对新时代公安工作发表一系列重要讲话、作出一系列重要指示批示。2023年9月28日，在我国第10个烈士纪念日即将到来之际，习近平总书记专门给中国人民公安大学在读英烈子女回信，对人民警察的神圣职责作出深刻阐述，激励全警更加紧密地团结在党中央周围，以更加昂扬的姿态奋进新征程、建功新时代。党的十八大以来公安工作之所以取得显著成就、发生重大变化，根本在于习近平总书记掌舵领航，在于习近平新时代中国特色社会主义思想科学指引。公安新闻传播要以习近平总书记系列重要讲话、重要指示精神为指引，统一思想、统一意志、统一行动，在工作实践中注重提升社会有效性，紧扣主题主线、聚焦主责主业，生动讲好公安机关在党中央坚强领导下防风险、保安全、护稳定、促发展，战胜一个又一个挑战，不断从胜利走向新的胜利的故事，深刻总结新时代公安工作服务党和国家工作大局、忠诚履行职责任务的新作为新成就新经验，热情抒发人民公安队伍全力护航全面建设社会主义现代化国家新征程的壮志豪情。

4. 让群众了解和支持公安工作，树立新时代公安队伍形象

从出生登记到死亡注销，从出国出境到饲养动物，从调解矛盾纠纷到处理交通事故……百姓生活与公安工作息息相关，特别是派出所等窗口单位处在公安战线最基层、联系服务群众最前沿，成为公安机关维护稳定第一防线、服务群众第一窗口。公安新闻传播要讲好公安民警一心为了群众、真诚服务群众的故事，深入挖掘公安机关打击违法犯罪、维护社会治安、开展便民服务工作中涌现出来的先进典型和感人事迹，大力宣传公安改革创新的实践成果、理论成果、制度成果，让群众了解公安民警、理解公安民警、爱护公安民警，进而支持理解公安工作。

公安机关作为国家重要的行政执法和刑事司法力量，其形象直接关乎党的形象和声誉，警察形象宣传是公安新闻传播的重要内容。公安新闻传播注重社会有效性，重要的一点就是树形象、展风貌，宣传公安机关维护稳定、打击犯罪、为群众办实事的生动事例，让广大群众更加了解公安机关取得的工作成绩，更好地了解人民警察不怕流血牺牲、忠诚奉献履职的精神风貌，树立公安机关爱民、亲民、为民良好形象。

警民关系指公安民警在履职过程中与人民群众之间形成的特定社会关系。优秀的公安新闻传播作品捕捉最生动的场景，讲述最感人的故事，展现警民携手共创平安的感人画面，不仅让群众看到民警的亮点、闪光点，还让群众看到民警的酸甜苦辣，了解民警的困难艰辛，增进社会各界对公安工作和公安队伍的了解和理解，拉近公安机关与广大群众的距离。

5. 快速、及时、准确、权威发布警务热点资讯

从全民反诈到全民反拐再到禁毒人民战争，从缉枪治爆到保卫餐桌安全，从"破案会战"到"打盗抢保民安"……公安机关的专项行动要让广大群众广

▶ 公安机关高度重视失踪被拐儿童查找工作，部署开展"团圆"行动，全力侦破拐卖儿童积案、全面查找失踪被拐儿童，通过公布免费采血点信息、组织开展认亲活动等举措，努力让更多离散家庭早日实现团圆。

泛知晓并积极参与，提供线索，群防群治。

民有所呼，警有所应。公安新闻宣传阵地注重提升社会有效性，紧紧围绕公安中心工作，聚焦社会治安热点问题，悉心体察群众所思所盼，快速、及时、准确、权威发布最新警务动态、办事服务指南、便民利民举措，根据治安状况有针对性地开展防范宣传，使包括新媒体在内的各类公安新闻传播阵地成为回应民情民需、发布警务热点资讯的重要窗口。

"团圆"行动通过新闻媒体广泛报道引发刷屏式传播效果，新媒体平台上，广大网友留言点赞："人民好警察，为人民办实事""感谢公安机关这么多年的坚持，照亮了失散人员回家的路"。有效新闻传播既为"团圆"行动营造了浓厚氛围，也树立了公安机关良好形象，得到群众普遍认可和广泛赞誉，提升了党委政府公信力，收到良好政治效果、法律效果和社会效果。

信息发布是传播媒介的基本功能。比如，公安新闻传播平台配合交管部门发布车驾管业务调整通知，及时向社会通报车管窗口办公时间调整、车管业务网上办理方式等业务变动介绍，向市民群众讲解网上办理业务流程，使群众及时了解办理渠道；配合治安户政部门，对户口登记及户口迁移业务、居民身份证业务、办理户籍证明所需材料等开展宣传讲解，及时为群众答疑解惑。又比如，遇有天气异常变化时，配合交管部门做好恶劣天气下的交通安全提示，提醒有出行需求的群众及时关注天气预报预警信息，提前规划行车路线，合理安排行程，尽量避开受雨雪天气影响的路段；发布高速封闭、机场延误等交通信息，帮助群众及时调整出行计划；提示行车注意事项，如"车辆在高速公路上发生事故或出现故障而无法移动时需持续开启车灯和危险报警闪光灯，在车后大于150米处放置警示牌，车内人员应及时撤离至安全地带，并报警等候""在降雪频繁、雪势猛的地区以及高寒地区行车，要提前准备保温毯、高热量食品、热饮、手电筒、铁锹等应急物品"……这些提示内容，着眼满足群众需求，致力解决群众实际困难，彰显了党的媒体为民服务宗旨和公共价值属性。

6. 开展法治宣传

推进全民守法，必须着力增强全民法治观念。持续不断的普法教育如同一场深刻的观念革命，力求人人尊法学法守法用法，将法治观念植根于民心。

春风化雨，润物无声。有效的公安新闻传播要重视开展法治宣传，让法治文化法治精神更加接地气、入人心。一方面，公安机关执法活动本身即是一种法治宣传和公安形象宣传，以民警执法的形式开展法治宣传，让人民群众真正感受到公平正义就在身边；另一方面，要落实普法责任制，明确普法重点内容，不断创新方法手段，开展好普法宣传工作。要突出学习宣传习近平法治思想，深入学习宣传其重大意义、丰富内涵、精神实质和实践要求，推动习近平法治思想入脑入心、走深走实，引导全社会坚定不移走中国特色社会主义法治道路。

——突出宣传宪法。通过灵活多样的形式和手段、鲜活生动的语言和事例，在全社会深入持久开展宪法宣传教育活动，阐释好"中国之治"的制度基础，阐释好新时代依宪治国、依宪执政的内涵和意义，阐释好宪法精神，加强宪法实施案例宣传，使宪法真正走入日常生活、走入人民群众。

——突出宣传民法典。广泛开展民法典普法工作，阐释好民法典关于民事活动平等、自愿、公平、诚信等基本原则，阐释好民法典关于坚持主体平等、保护财产权利、维护人格尊严、促进家庭和谐、追究侵权责任等基本要求，通过组织开展民法典主题宣传，推动形成学习、遵守、维护民法典的浓厚社会氛围，提高运用民法典维护权益、化解矛盾纠纷、促进社会和谐稳定的能力水平。

——深入宣传与推动高质量发展密切相关的法律法规。适应把握新发展阶段、贯彻新发展理念、构建新发展格局需要，大力宣传有关平等保护、公平竞争、激发市场主体活力、防范风险的法律法规，推动建设市场化法治化国际化营商环境。适应实施创新驱动发展战略需要，大力宣传知识产权保护、科技成果转化等方面法律法规，促进科技强国建设。围绕国家发展战略和区域重大战略，组织开展专项法治宣传教育。

——深入宣传与社会治理现代化密切相关的法律法规。适应统筹发展和安全的需要，大力宣传总体国家安全观和国家安全法、反分裂国家法、反恐怖主义法、生物安全法、网络安全法等，推动全社会增强国家安全意识和风险防控能力。围绕生态文明建设、食品药品安全、扫黑除恶、毒品预防、防治家庭暴力、个人信息保护等人民群众关心关注的问题，开展经常性法治宣传教育，依法保障社会稳定和人民安宁。

▶ 《人民公安报》"安防讲堂"版面，介绍典型案例，辅之警方以案说法，分析诈骗手段，对应支招防范，由表及里，由浅入深，由案例故事到安防知识普及，符合人们的认知规律，整体呈现便于张贴集纳，能较好提升受众安全防范能力，增强了公安新闻传播的社会有效性。

在新闻传播实践中，公安新闻传播阵地和各警种单位一起，加强主题策划，统筹全媒体传播资源，以群众"看得见、容易懂、记得住"的方式，深入开展法治宣传和警示教育活动。打击治理电信网络诈骗工作中，通过加强宣传，引导广大群众增强防骗意识，擦亮眼睛，捂紧钱袋子，坚决防止上当受骗；"护校安园"行动中，开展法治宣传教育和安全防范教育，宣讲法律、剖析案例、发出警示；打击整治涉养老诈骗工作中，宣传涉老诈骗典型案例，揭露网络诈骗套路手法，揭穿骗子伎俩，帮助老年人提升防诈意识和能力；配合公安交管部门，创作"一盔一带"安全守护、礼让斑马线、抵制酒驾主题公益宣传作品，普及交通安全知识，提升广大群众交通安全意识，减少交通违法行为；配合公安禁毒部门，科学普及禁毒知识，有效防范毒品滥用，揭露毒贩常用骗术，提醒青少年学习掌握抵御毒品侵害技巧，教育引导广大群众特别是青少年全面提升识毒防毒拒毒的意识和能力……

学法者智,用法者兴,守法者安。公安机关是国家重要的行政执法和刑事司法力量,几乎所有工作都是执法工作、所有活动都是执法活动。公安新闻传播阵地要注重提升社会有效性,广泛利用各种宣传渠道,落实普法责任,丰富普法载体,面向社会公众开展法治宣传,提高社会公众法治意识,积极适应人民群众对公共安全的新要求,力求形成人人尊法守法、自觉配合执法的良好社会氛围,为公安工作顺利开展提供有力保障和良好舆论环境。

7. 推进社会服务,落实社会责任,凝聚社会力量

新闻媒体具有公共服务属性,这是党的新闻媒体坚持党性和人民性相统一的必然要求和具体体现。坚持人民性,就要树立以人民为中心的工作导向,把服务群众同教育引导群众结合起来,丰富人民精神世界,满足人民精神需求。这就要求新闻传播阵地必须扎实推进社会服务,落实社会责任,注重社会效果,始终把社会效益放在首位。

媒体的社会服务能力具体呈现为不断满足人民日益增长的各方面需求特别是信息、文化需要,成为提供信息服务、政务服务、商务服务、生活服务等多元功能的服务平台。公安新闻传播是警察公共关系建设的有效载体,具有和谐警民关系、凝聚社会力量、推进社会治理的天然优势。公安新闻传播阵地应建立和完善信息沟通机制,一方面大力宣传公安机关打击犯罪、服务发展、保护群众的牺牲奉献和工作成绩,让群众真正了解公安、信赖公安;另一方面要广泛听取群众呼声,了解群众意愿,知民忧、解民怨。通过做好双向沟通,用心走好新时代群众路线,促进警民关系和谐建设,有力服务党和国家工作大局,服务公安工作高质量发展。

——推进社会服务,落实社会责任。党领导下的公安新闻传播媒体阵地应该同时是一个高效的便民服务平台,一刻也不能偏离群众的需求、群众的期待,一刻也不能忽视社会服务的人民性价值本位。只有按照民有所呼、我有所应的要求,不断满足群众需求、解决群众问题、落实社会责任,公安新闻传播才能成为广大群众的"自家人""贴心人",注重把解决思想问题与解决实际问题有机结合起来,发挥解难送暖、爱心传递的作用,实现新闻价值和社会价值的统一。

有效的社会传播，除及时准确提供各类新闻信息外，还应承担更多公益性质的信息服务和社会服务，向广大群众和公安民警提供公益类、生活类的贴心服务。《人民公安报》在积极为读者解读各类政策内容、及时传递各种实用信息的同时，结合公安机关职责功能，权威提供交通、户籍、出入境等方面相关政务服务信息。在脱贫攻坚斗争中，《人民公安报》先后联合贵州、湖北、陕西、河北、广西等地公安机关，开展多场"助力脱贫攻坚·公安在行动"扶贫助农系列直播活动，充分发挥了公安机关系统优势，体现公安担当、公安力量，用实际行动落实了党中央和公安部党委消费扶贫的部署要求。

▲ 服务群众，助农消费，中国警察网等公安新闻传媒开展多场"助力脱贫攻坚·公安在行动"扶贫助农系列直播活动，利用互联网拓宽销售渠道，通过直播带货形式扩大地方农产品销路。

　　公安政务服务信息发布是公安新闻传播社会有效性的重要表现方面。作为公安机关信息公开的重要途径，公安新闻传播平台及时发布权威信息，聚合办事入口，优化便民服务、移动执法、警民互动运维场景，广大群众在家动动手指就能办事办证，可以轻松获取交通、治安、出入境等多警种服务信息，可以查询实时路况、交通违法处理、身份证办理进度等方面信息。公安新闻传播平台的这些社会服务举措，在创新媒体服务模式、提升媒体服务效果的同时，对于提高公安机关公共服务效能、构建和谐警民关系也有重要作用。

——凝聚社会力量，推进社会治理。一方面，随着我国民主法治进程的加快推进，人民群众的法治意识不断增强，维护自身权益、追求公平正义的要求和期待越来越高。另一方面，进入新媒体时代，社会舆论生态、信息传播格局、公众参与方式发生了极大改变，公安机关面临全时空、高透明的舆论环境。公安新闻传播要走好"网上群众路线"，拓宽沟通渠道，促进警民互动，承担起更多凝聚社会力量、推进社会治理的社会功能。

成为沟通信息的"桥梁"。有效的新闻传播体系，注重上接"天线"、下接"地气"，在社会治理中扮演着"信息桥梁"的角色，起到参与并推动社会治理模式创新的重要作用。一方面，公安新闻传播始终紧跟党中央节拍，全面深入、及时准确宣传报道党的路线、方针、政策和党中央重大决策部署、公安部党委部署要求，宣传好党和政府加强和创新社会治理的思路和举措，讲好党的政策主张，充分动员群众，推动实际工作。另一方面，公安新闻传播还应加强调查研究，倾听群众声音，准确把握社会实际情况，成为上级了解社会公众期盼要求的有效路径。通过采访调研，掌握各地公安工作中存在的问题并提出建设性意见，敢于善于触及群众关注的热点焦点问题，了解社情民意，摸准群众思想脉搏，畅通联系沟通渠道，丰富新闻信息产品供给，努力让人民群众在每一起案件办理、每一件事情处理中都能感受到公平正义。

▲ 公安新闻传媒以发布警情、通缉令以及专项行动通告的形式，及时宣传群众、组织群众、发动群众，充分调动广大群众参与社会公共治理的积极性，形成强大的社会动员。

成为社会共治的"管道"。老百姓上了网，民意也就上了网。广大群众

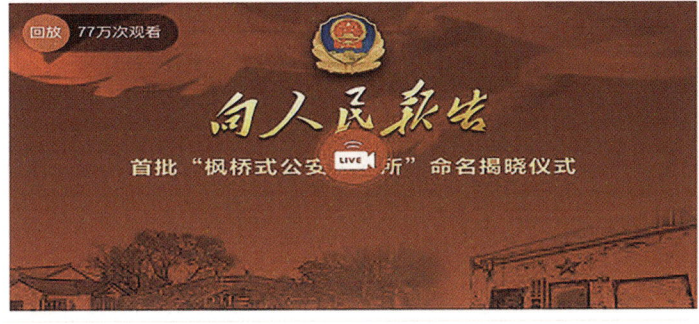

▲ "枫桥式公安派出所"命名揭晓仪式通过多种公安新闻传媒直播,现场讲述优秀派出所的感人故事,生动展现优秀派出所奋斗风采,公安新闻传播阵地成为展示公安队伍良好形象的重要窗口。

对政法公安工作的期待不断提升,参与平安中国法治中国建设的热情日益高涨,更加关注行政司法信息,力求有效维护个人权益。公安新闻传播要充分发挥新闻传播在社会共治中的"管道"作用,与社会公众建立和谐关系,保障人民群众在社会治理中的知情权、参与权、表达权、监督权,坚持和发展新时代"枫桥经验",以发布警情、通缉令以及专项行动通告的形式,及时宣传群众、组织群众、发动群众,充分调动广大群众参与社会公共治理的积极性,形成强大的社会动员,确保社会治理过程人民群众广泛参与,进而更好实现社会治理成效由人民群众评判、社会治理成果由人民群众共享。

成为凝聚群众的"磁石"。主流媒体不仅是信息传递的渠道,还承担着引导舆论、凝聚共识的重要作用。公安新闻传播应坚持团结稳定鼓劲、正面宣传为主,以正面宣传成风化人、凝心聚力。坚持围绕党中央和公安部党委中心工作,充分发挥新闻宣传服务公安中心工作重要作用,主动设置议题,积极开展主题宣传、成就宣传、典型宣传,壮大公安主流声音,让主流价值更加入脑入心,把广大群众紧紧团结在一起。要积极回应社会关切,第一时间发布权威信息,特别是做好一些重大、敏感、热点问题的舆论引导，对一些社会问题和现象进行有效引导，消除疑虑、安抚人心，营造有利于公安工作、有利于社会和谐稳定的良好舆论环境。针对各种谣言不实信息，第一时间发布辟谣信息，正面引领、回应关切、澄清谬误，让真相"跑赢"谣言，发挥舆论定海神针作用。

新闻传播的影响力体现在其对受众的思想、观念、情感、行为等产生切实影响的能力。公安新闻传播必须强化社会责任感、注重社会有效性，既讲是什么，又讲为什么，既讲现在做什么，又讲下一步准备做什么，做大做强正面宣传，把积极的进展讲清楚，把存在的问题讲透彻，赢得人民群众理解支持，更好强信心、暖人心、聚民心。积极顺应新形势新任务新要求，不断创新传播方式，拓展传播渠道，充分组织报道，做好主题宣传，让公众在每一次公安新闻发布、在每一条公安新闻传播报道中，实实在在感受到公安机关的执法公信力，感受到公平正义就在身边，让公安新闻传播阵地成为展示公安队伍良好形象的重要窗口，在全社会营造平安人人有责、安全人人参与的舆论环境。

（二）怎么讲

宣传不等于艺术，但是宣传必须讲求艺术。宣传方法和技巧有时候对宣传的效果能产生决定性影响。

从宣传对象的角度出发，注重宣传的形式、内容和语言，是我们党的宣传工作一直以来的优良传统和成功经验。1926年4月，中共中央刊印《我们今后应该怎样工作》小册子，指出宣传工作要注意当地的群众日常生活，不能"但凭主观的理论，不顾群众的心理，把口号提得过高"，每一次演说能痛快地说出群众所要说的话，每一种主张能切实合乎群众的要求。① 长征途中，红军除了行军打仗和同党内错误路线作斗争外，还要向沿途群众传播革命火种。我们党根据各地群众的实际情况，把马克思主义宣传与群众的利益紧密结合，1934年11月的《红星报》特意撰文强调："必须首先从群众切身利益开始，然后逐步进入到苏维埃基本主张的宣传，必须以最通俗的语言、极大的耐心，同群众接近，来

---

① 《中国共产党宣传工作简史》上卷，人民出版社2022年版，第45—46页。

启发他们的斗争。不然我们的宣传鼓动就引不起群众的兴趣与注意。"①在信息技术和媒介传播高度发展的今天，处处可上网，随时可连接，舆论传播途径发生革命性变化，社会大众获取信息的渠道不断丰富。在这样一个全媒体时代，如何讲好党的政策主张、动员广大群众、推动实际工作，成为检验新闻传播效果的必答考题。

"要树立以人民为中心的工作导向，把服务群众同教育引导群众结合起来，把满足需求同提高素养结合起来。""关键是要提高质量和水平，把握好时、度、效，增强吸引力和感染力，让群众爱听爱看、产生共鸣，充分发挥正面宣传鼓舞人、激励人的作用。"②习近平总书记在全国宣传思想工作会议上的重要讲话给我们做好新形势下的新闻传播提供了根本遵循。新闻传播要树立以人民为中心的工作导向，加强传播手段和话语方式创新，让群众爱听爱看、产生共鸣，让广大群众听得懂、能领会、可落实，推动党的理论走入千家万户，凝聚起踔厉奋发、勇毅前行的磅礴力量。

1. 从表现形式上来说，提升新闻传播的社会有效性需要转换话语体系、表达方式，进一步提升吸引力、感染力、影响力，杜绝程式化、简单化的"灌输式"宣传

"党课原来可以这样讲！"2021年10月，由中央组织部、中央广播电视总台联合推出的3期党课节目"党课开讲啦"引起热烈反响，首播在电视端触达观众8700多万人次，累计触达突破1亿人次。节目主题主线鲜明突出，权威讲解扣人心弦，呈现方式丰富立体，视频连线跨越千里、隔空对话，令听讲人"见屏如见面"，身临其境观、感、学、悟，现场问答在言语交流、观点交锋、情感交汇中碰撞出耀眼的思想火花，这样的党课有吸引力、感染力、说服力、传播力，形成正能量与大流量兼具的"网红党课"，为党课立起了标杆、树起了典范。③推动科学理论大众化，离不开媒体的作用。新闻媒体必须持续做好习近平新时代中国特色社会主义思想的解读阐释，在守正创新中推动理论普及活起来，在

---

① 刘燊：《土地革命时期的理论宣传》，《中国组织人事报》2015年7月20日，第7版。
② 《习近平谈治国理政》第一卷，外文出版社2014年版，第154-155页。
③ 刘维涛：《党的创新理论飞入寻常百姓家》，《人民日报》2021年11月29日，第1版。

通俗化大众化上下功夫，架起科学理论通向人民大众的桥梁，让党的创新理论"飞入寻常百姓家"。

2022年全国两会期间，人民日报社新媒体中心推出古风微动画《文物音乐会》，选取6件国宝级文物，对热门歌曲进行了"两会特别版"改编。动画借文物之口，唱出人民的美好生活图景，表达了人民群众对两会的期待和对未来的展望。该产品一经发布就在网络上引起热烈讨论，被众多媒体、网站转载。

这些成功做法给公安新闻传播提供了有益借鉴。当人们的思想观念、眼界视野、思维方式不断变化，原先那种程式化、简单化的"灌输式"宣传与受众的新要求新期待越来越不匹配。做好正面宣传不能靠一种腔调、一种风格包打天下，更不能自说自话或板起面孔来说教，否则就会透支公众对新闻传播阵地的关注热情，导致后者逐步失去吸引力和关注度。实现新闻传播的社会有效性，就应该倡行开放式的宣传方式、杜绝封闭式的宣传方式，倡行双向交流式的宣传方式、杜绝单向"灌输式"的宣传方式，充分把握受众阅读心理和习惯，循循善诱，春风化雨，增强报道可读性与吸引力，使之取得理想的社会效果。

四川省绵阳市公安机关策划开展"购物狂欢 反诈同行""双11"反诈直播活

▶ 电视舞台剧《老刘的约定》是公安部经济犯罪侦查局、新闻宣传局指导制作的宣传作品，讲述了即将退休的经侦民警老刘和徒弟联手打击非法集资犯罪的故事，展现了经侦民警全力保护人民群众财产安全的职责担当，在寓教于乐中传播防范经济犯罪知识。人民网、中国警察网、抖音等媒体平台线上播放，全国公安政务新媒体矩阵联动，全网浏览量超700万次。

动,中国警察网联合@平安绵阳等新媒体账号进行直播,通过别出心裁的形式、深入浅出的案件剖析,让群众和广大网友深入了解电信网络诈骗的危害,1个多小时吸引了150余万网友围观,网友纷纷表示:"警察蜀黍辛苦了""要赶紧把这些反诈知识分享给家人朋友"。上海静安交警宣传部门推出交通安全题材微电影《交警只会贴罚单?》,讲述了富有烟火气的"上海马路故事",采用诙谐幽默的表达方式,从警方视角探究超大城市交通管理应有的"法治与文明",引导广大交通参与者自觉遵守交通安全法律法规、共创安全畅通的道路交通环境,引发大量网友点赞。安徽滁州公安宣传部门创新宣传理念,开展一系列"土味""硬核""接地气"宣传,让平安知识更易入眼、入耳、入脑、入心,自导自演短视频《舌尖上的诈骗》,被网友称为"既好看又好吃的反诈短视频"。打击和防范经济犯罪宣传活动中,各地公安机关展开立体化防范宣传,剖析犯罪危害、揭秘作案手法、展现经侦工作成效,通过创新形式,转换话语体系、表达方式,用心打造"爆款"作品,让群众爱听爱看、产生共鸣。

准确把握传播规律,全面提升新媒体时代新闻传播的社会有效性,这是形势发展对公安新闻宣传工作提出的必然要求。真正为人民服务的公安新闻宣传阵地,应当符合受众阅读习惯和接受心理,用群众身边的事实说话,用群众易于接受的方式说话,把群众"聚拢来",让群众"想来听",收获民心、赢得认可,成为群众满意的"心"媒体。

2.从内容呈现上来说,提升新闻传播的社会有效性要"会说",用受众听得懂、愿意听、喜欢听的语言,用言之有物、言之走心的语言,打通传播内容直抵人心的"最后一公里"

好的传播以好的表达为基础和前提,好的表达就是让我们想讲的变成受众想听的,而好的表达最重要的呈现就是语言。

语言是思想的外衣,是文化的沉淀,是思维的物质外壳,最能反映一个人的理论素养、思维层次、能力水平,对新闻传播而言,语言表述能力影响着传播的社会有效性,体现着新闻传播工作者对人民群众的感情和态度。

毛泽东同志非常重视向人民群众学习语言,向现实生活学习语言,他指出:

"我们是革命党,是为群众办事的,如果也不学群众的语言,那就办不好。"①1940年1月9日,在陕甘宁边区文化协会第一次代表大会上的讲演即《新民主主义论》中,毛泽东同志指出:"革命的文化人而不接近民众,就是'无兵司令',他的火力就打不倒敌人。为达此目的,文字必须在一定条件下加以改革,言语必须接近民众,须知民众就是革命文化的无限丰富的源泉。"②毛泽东同志的语言风格独具个性,有很多朴实、风趣、通俗的经典表述。比如,接见中国留苏学生时,他说:"世界是你们的,也是我们的,但是归根结底是你们的。你们青年人朝气蓬勃,正在兴旺时期,好像早晨八九点钟的太阳,希望寄托在你们身上。"③阐述群众工作时,讲到"我们共产党人好比种子,人民好比土地。我们到了一个地方,就要同那里的人民结合起来,在人民中间生根、开花"④。强调调查研究时,指出"调查就像'十月怀胎',解决问题就像'一朝分娩'。调查就是解决问题"⑤。毛泽东同志还有很多言简意赅、通俗直白却充满力量的经典短句,如"枪杆子里面出政权""星星之火,可以燎原""长征是宣言书,长征是宣传队,长征是播种机""我们要用延安作风打败西安作风""帝国主义和一切反动派都是纸老虎"等。这些质朴的"大白话",很容易为广大群众所接受,有效传播了革命思想,激励了革命斗志,对中国革命产生了广泛深远的影响。

"语言的背后是感情、是思想、是知识、是素质。不会说话是表象,本质还是严重疏离群众……"⑥早在浙江工作时,习近平同志就曾一针见血地指出党员干部"不会说话"的本质。习近平总书记长期在基层工作,充分了解国情民情,与人民群众有密切联系,并且善于向人民群众学习语言。高深的马克思主义理论素养,丰富的基层工作经历,开创性的治国理政新实践,让他的很多语言极具感染力、亲和力、冲击力,很多表述成为经典热词和名言金句。出于对农村生活的深刻体验,所以在引用农家"土语"时驾轻就熟,比如,提出干

---

① 王厚明:《毛泽东的语言艺术》,《学习时报》2021年3月29日,第6版。
② 汪建新:《毛泽东诗词中的群众语言》,《学习时报》2021年3月29日,第6版。
③ 王厚明:《毛泽东的语言艺术》,《学习时报》2021年3月29日,第6版。
④ 王厚明:《毛泽东的语言艺术》,《学习时报》2021年3月29日,第6版。
⑤ 王厚明:《毛泽东的语言艺术》,《学习时报》2021年3月29日,第6版。
⑥ 习近平:《之江新语》,浙江人民出版社2007年版,第146页。

部多"墩墩苗"没有什么坏处、纪检监察机关要解决好"灯下黑"问题、不能让制度成为"稻草人""纸老虎""橡皮筋"等，吸收了老百姓生活中脱口而出的话。他的很多治国理政金句，既娓娓道来、春风化雨，又铿锵有力、掷地有声，如"绿水青山就是金山银山""小康不小康，关键看老乡""打铁必须自身硬""党中央的政策好不好，要看乡亲们是笑还是哭""全面小康路上一个也不能少""国家好，民族好，大家才会好"等。这些口语化语言，质朴简单，接地气、带露珠、沾泥香，大多和群众生活相关，如同聊天谈心，让人感到亲切，又极其凝练、触及心灵，真正能入耳入脑入心入神，成为善用、活用、精用群众语言的典范。

对公安新闻传播者来说，懂群众语言，不仅要懂其意，更要善用之，只有善用会说群众语言，在与群众同坐一条板凳时，才能与群众聊得来、谈得开，才能写出群众爱听爱看的报道。阐释理论时，用平实的语言把深邃的理论讲清楚，用接地气的话语把深刻的道理说明白，让科学的理论深入人心；采访调研时，会称呼会问候，能敲开群众门，能把话说到点子上，与群众心心相印"话桑麻"；落笔写作时，多用群众耳熟能详的语言，用"实在话"取代"书本话"，站在人民立场，讲群众想说的话、爱听的话和能听得懂的话；发布传播时，用广大人民群众喜闻乐见、易于接受的传播途径，辅之以公众喜闻乐见的形式，适应受众、贴近受众，使宣传话语与人民群众的日常生活相融合。

接地气的话语最易深入人心。多用群众语言，改进新闻报道文风，以"大白话"讲大道理，使传播内容能够更好地为人民群众所理解、所掌握，让百姓真诚信服，得到群众广泛认同，从这个角度理解，语言问题就本质而言，其实也是致力于解决"为谁服务"和"如何服务"的根本问题。

很多政务新媒体尝试适应语言大众化的要求，多用生动活泼的语言、多用老百姓容易接受的形式，增强了新闻传播的吸引力、感染力、号召力，让正能量宣传更加"有意思"。人民日报海外版旗下的侠客岛、学习小组等微信公众号以轻松的话语、独特的解读，注重挖掘主流价值与新颖表达的结合点，引发受众的情感共鸣，拉近媒体平台与受众的距离、拉近理论与生活的距离，在移动传播领域产生较大影响。

用通俗活泼的鲜活话语传递深邃思想，用生动鲜活的现实事例阐释深刻道理，进而让党的创新理论深入人心，使严肃的话题变得更有亲和力，已成为很多公安新闻传播作品的努力方向和目标定位。《理念一新促发展——习近平新时代中国特色社会主义思想指引公安新实践系列述评之二》涉及的是严肃的政治话题和宏大的理论命题，聚焦的是我国经济高质量发展、全面建设社会主义现代化国家的科学指南——习近平经济思想，展现的是党的十八大以来公安机关在习近平经济思想指引下，把握新发展阶段、贯彻新发展理念、推动构建新发展格局，统筹发展和安全，全力护航经济发展的积极作为。这类主题述评文章，如果用一种居高临下的口气，板着面孔讲大道理，就难以收到好的传播效果。在《理念一新促发展——习近平新时代中国特色社会主义思想指引公安新实践系列述评之二》这篇述评的行文中，一改沿袭套话和呆板文风，通过港口

▲ 好的新闻传播作品，既要有丰富准确的资料和鲜活直观的事例呈现，也要有令人耳目一新、行文引人入胜的表达，通过话语方式的创新让受众能看、想看、爱看。刊发于2022年9月19日《人民公安报》的述评文章《理念一新促发展——习近平新时代中国特色社会主义思想指引公安新实践系列述评之二》努力体现这一要求。

码头的往来巨轮、茫茫伶仃洋的海底隧道等鲜活场景，展现"发展蓝图上，到处可见公安民警的藏蓝色身影，步履矫健，挥洒汗水，英姿勃发"等生动气息，阐明"新发展理念的春风吹拂神州""处处都是活跃的创造，处处生长美好的梦想"，彰显"在习近平经济思想指引下，200万人民警察，为护航中国经济高质量发展，有最壮美的奋斗，有最动人的实践，有最活跃的创造，有最磅礴的力量"。细腻的笔触、饱满的感情，使得文章可观、可触、可读、可感，增加了新闻传播作品的感染力和影响力。

科学的理论需要有效的话语表达，才能让理论在群众中落地生根、开花结果。优秀的语言来自人民，群众的思想最鲜活，群众的语言最生动。公安新闻传播工作者应积极探索如何更好深入基层深入群众，与群众心贴心，拉家常，掏心窝，用群众语言赢得群众，让党的声音传得更开、传得更广、传得更深入。

3. 提升新闻传播的社会有效性需要会讲故事，以小故事讲明大道理，通过讲故事来打动人、说服人

用讲故事的方法开展思想政治教育，是我们党的传家宝。毛泽东同志用曹刿论战的故事说明怎样以弱胜强，习近平总书记用陈望道翻译《共产党宣言》时蘸墨汁吃粽子的故事阐明"真理的味道非常甜"。这种讲故事的方法，具有强烈的震撼力、感染力、说服力，能够达到理想的教育效果。

会讲故事是新闻传播取得预期效果的重要法宝，行文中穿插典型生动的故事，通过小故事讲明大道理，可以达到深入浅出、引人入胜的传播效果，迎合读者阅读兴趣，便于读者理解和接受。

党的十八大以来，党和国家事业实现一系列突破性进展，取得一系列标志性成果，当代中国，处处呈现新面貌新气象，各类故事精彩纷呈、层出不穷。新闻传播要着力讲好中国共产党的故事，讲好中国的故事，讲好中国人民的故事，发挥强信心、暖人心、聚民心的作用。公安新闻传播实践中，要从小故事、小镜头、小切口入手，注重让故事来讲理，让事实来说话，让事例来说明。

要讲好发展故事。波澜壮阔的新时代，有太多先进典型和感人故事，有太多生动细节和奋进场景，值得宣传工作者去捕捉、记录和展现。要讲好发展中的故事，深刻诠释我们党人民至上的价值理念、真挚厚重的人民情怀，把镜头

对准人民、版面留给群众，突出暖色调、传递正能量，刻画自强不息的团结奋斗，以思想精深、艺术精湛、制作精良的精品力作回应广大群众对公安新闻传播的新期待，让新闻传播接地气、聚人气、鼓士气。

要讲好法治故事。警营从不缺一流的警察故事，公安新闻传播要生动反映公安队伍维护国家政治安全和社会稳定的火热实践，全面展示公安机关政治建警、改革强警、科技兴警、从严治警的动人场景，充分反映人民群众不断提高的获得感、幸福感、安全感，努力为推进平安中国法治中国建设营造催人奋进的社会舆论环境。要深入公安实践，走近公安民警，讲好警察故事，努力在新时代中国话语和中国叙事体系下塑造更多可信、可敬、可爱的中国警察形象。

故事越生动，传播内容就越有吸引力，受众领会的东西就会越多，传播的效果就会越好。善于讲故事、举事例、摆事实，言之有物、言之有理、言之有情，绘声绘色讲好故事，用心用情传播好声音，不断增强传播作品感染力，让受众既能"听到"又能"听懂"，能更好达到凝聚力量共识、促进团结奋斗的目的。

4. 提升新闻传播的社会有效性，应力求考虑不同受众特点，做到因人而异、精准滴灌，更好地适应分众化、差异化传播趋势

毛泽东同志指出："共产党员如果真想做宣传，就要看对象，就要想一想自己的文章、演说、谈话、写字是给什么人看、给什么人听的，否则就等于下决心不要人看，不要人听。"①没有对受众需求的精准把握，就谈不上实现对舆论的精确引导。结合不同受众的所思所想、所盼所需，针对不同传播对象关心的问题，着眼管用有效，加强议题设置，有针对性地组织传播内容，才能得到人民群众的欢迎和认可。

1951年1月1日，中共中央发布《关于在全党建立对人民群众的宣传网的决定》，指出："共产党员的天职之一，就是随时随地向人民群众进行宣传。"②新闻传播社会有效性的重要体现就在于，树立群众观点，把镜头对准基层，把版面留给群众，多讲百姓话、多讲群众事，利用手中的笔、话筒和镜头，考虑不同

---

① 《毛泽东选集》第3卷，人民出版社1991年第2版，第836页。
② 《中国共产党宣传工作简史》上卷，人民出版社2022年版，第286页。

受众特点需求，从新闻传播的角度回答人民群众最关心、最迫切需要解决的问题，将媒体的公共服务职能扩展到社会民生等领域，积极构建与人民群众的良性互动，满足人民文化需求，增强人民精神力量，推进政务信息公开、公共服务供给、公共关系改善，推动以人民为中心的发展思想在新闻舆论宣传领域落实落地。

"射箭要看靶子，弹琴要看听众。"受众是具体的而不是抽象的，不同的人有不同的信息需求，文化水平、经历阅历、知识结构、认知能力等存在差异，所在领域和职业特点各不相同，我们的传播内容选择和传播方式方法就要有所区别。特别是因为公安工作有其自身特殊性，法言法语较多，司法行政内容较多，必须研究受众的心理规律、信息需求、接受习惯等方面特点，有的放矢，因人施策，灵活多样，改变"一篇通稿打天下"的做法。比如，对一部分受众多组织一些典型案例和身边故事类型的报道，对另一部分受众可能就需要重点讲法律知识和法治精神，辅之以严密的论证、严谨的话语体系等。

"到什么山上唱什么歌。"提升公安新闻传播的社会有效性，就需要把握群众需求，契合大众心理，适应大众口味，配置"营养套餐"。"大水漫灌"满足不了所有人，要适应分众化、差异化传播趋势，对新闻进行分类加工，提供差异化的新闻内容，以特定的渠道传播到目标人群中，在喜闻乐见、鲜活生动上下功夫，在吸引人、打动人、感染人上下功夫，从而实现传播效果最大化。

二、听群众讲——马克思主义是人民的理论，马克思主义新闻观指导下的新闻传播传递党的声音、人民的声音。从根本而言，新闻工作本质上就是群众工作

人民在哪里，哪里就是中心；生活在哪里，哪里就是舞台。

马克思主义唯物史观认为，人民群众是历史的创造者，是推动社会发展的决定性力量。"党的根基在人民、血脉在人民、力量在人民，人民是党执政兴国的最大底气。"《中共中央关于党的百年奋斗重大成就和历史经验的决议》把"坚持人民至上"作为党百年奋斗的十条历史经验之一，重申党同人民生死相依、休戚与共的血肉联系，激励广大党员干部更好为人民谋幸福、依靠人民创造新的历史伟业。

广大人民群众是社会实践的主体,从群众实践中汲取营养才能取得工作实效。离开了群众,新闻舆论就失去了赖以存在的土壤,新闻传播和舆论引导就无从谈起。扎根人民、讴歌人民、服务人民,这是无产阶级政党报刊理论的根本要求和优良传统。马克思指出,无产阶级的报刊应该"生活在人民当中,它真诚地和人民共患难、同甘苦、齐爱憎"①。中国共产党是马克思主义政党,党除了人民利益没有任何自身的特殊利益。坚持一切为了人民,这是新闻传播工作的根本出发点和落脚点。从1921年我们党成立之初设立宣传机构开始,就强调宣传思想工作注重人民的需求,反映人民的呼声,把体现党的主张和反映人民心声统一起来。毛泽东同志认为,党报的服务对象是群众,必须依靠全党的力量,发动群众来办②。

习近平总书记强调,党的新闻舆论工作要坚持以人民为中心的工作导向,要求广大新闻记者"要坚持正确工作取向,以人民为中心,心系人民、讴歌人民,发扬职业精神,恪守职业道德,勤奋工作、甘于奉献,做作风优良的新闻工作者。一句话,就是要做党和人民信赖的新闻工作者"③。人民公安为人民,"人民"二字是立警之本。自诞生之日起,人民公安便被天然地赋予服务人民的使命。一切公安工作,都是为了人民的平安;一切公安工作的推进,都离不开人民支持的力量。公安新闻传播立足公安、依托公安、属于公安、服务公安,天然地被要求坚持以人民为中心的工作导向,要致力于解决好"为谁服务"和"如何服务"的根本问题,保持人民情怀,深深扎根群众,把讲台让给群众,把话筒交给群众,认真听群众讲,更好地反映人民心声,把体现人民利益、反映人民愿望、维护人民权益、增进人民福祉落实到公安新闻传播阵地建设和发展全过程,确保传播内容政治效果、法律效果、社会效果更好有机统一,实现新闻舆论宣传工作社会有效性的最大化。

---

① 《马克思恩格斯全集》第1卷,人民出版社1956年版,第187页。
② 邱明:《毛泽东与〈红色中华〉报》,《学习时报》2021年1月29日,第5版。
③ 张烁:《习近平在会见中国记协第九届理事会全体代表和中国新闻奖、长江韬奋奖获奖者代表时强调 做党和人民信赖的新闻工作者》,《人民日报》2016年11月8日,第1版。

（一）听什么

1934年，毛泽东同志在其著作《关心群众生活，注意工作方法》中指出："解决群众的穿衣问题，吃饭问题，住房问题，柴米油盐问题，疾病卫生问题，婚姻问题。总之，一切群众的实际生活问题，都是我们应当注意的问题。"[①]2013年8月，习近平总书记在全国宣传思想工作会议上发表重要讲话指出："要树立以人民为中心的工作导向，把服务群众同教育引导群众结合起来，把满足需求同提高素养结合起来，多宣传报道人民群众的伟大奋斗和火热生活，多宣传报道人民群众中涌现出来的先进典型和感人事迹，丰富人民精神世界，增强人民精神力量，满足人民精神需求。"[②]可见，新闻传播要听群众讲什么？"一切群众的实际生活问题，都是我们应当注意的问题"，尤其要多听听人民群众的伟大奋斗故事和火热生活故事，多听听人民群众中涌现出来的先进典型的感人故事。新闻传播阵地要树立以人民为中心的工作导向，把实现好、维护好、发展好最广大人民根本利益作为出发点和落脚点，解决好"我是谁、为了谁、依靠谁"这一问题，及时把人民群众创造的经验和面临的实际情况反映出来，帮助解决实际问题，汲取群众智慧力量，丰富人民精神世界。

1. 听群众心声，解实际问题

党的二十大报告指出："我们要实现好、维护好、发展好最广大人民根本利益，紧紧抓住人民最关心最直接最现实的利益问题。"[③]新闻传播阵地是党和政府与人民群众的桥梁和纽带，党和人民需要时不缺位，这是坚持政治家办报的重要体现。

——畅通传播渠道，通达社情民意。群众在哪里，新闻舆论工作的触角就要伸向哪里，为人民服务的着力点和落脚点就要放在哪里。新闻传播阵地收集到的群众反馈、意见、建议，就是送上门来的群众工作，广泛地听取群众声音，掌握群众思想状况，能起到上情下达、下情上传的作用，更好帮助有关部门以问题为导向精准施策。新闻传播平台要进一步畅通传播交流通道，倾听人民群

---

① 《毛泽东选集》第1卷，人民出版社1991年第2版，第136—137页。
② 《习近平著作选读》第一卷，人民出版社2023年版，第148—149页。
③ 《习近平著作选读》第一卷，人民出版社2023年版，第38页。

众的呼声意愿，与广大群众良性互动，在互动中认真听取社情民意，把握群众思想脉搏，不能停留在"我写你看、我说你听"的单向传播旧有思维。各类公安新闻传播平台特别是新媒体平台应认真及时反馈相关评论、咨询、求助事项，积极回应群众信息需求与期待，解疑释惑、阐明道理，提供政策理论、服务信息、精神文化等内容服务的同时，征求群众对公安工作的意见建议，问需于民、问计于民、问效于民、问安于民，回应关切、凝聚共识。

——发现真实问题，解决群众困难。新闻传播要始终坚持为人民群众鼓与呼，扎扎实实解决好人民群众最关心、最直接、最现实的利益问题、实际问题。新闻传播工作者要深入基层体察群众疾苦和所思所盼，了解百姓生活状况，真实反映人民群众的实际困难和合理诉求，站在群众角度考虑问题，引导理顺群众情绪，帮助化解矛盾纠纷。对群众的实际困难要及时帮助，通过媒体途径反映并引起相关部门重视，对群众的模糊认识要及时廓清，对群众的错误看法要及时引导纠正。《人民日报》开设"读者来信""深度观察"等栏目，关注百姓生活、紧扣民生话题、推动问题解决；人民网"领导留言板"10年来推动380多万件意见建议和急难愁盼问题得到各地各部门回复办理，助力各地有效提升治理能力。①公安新闻宣传阵地围绕交通安全宣传，向交管业务部门汇总群众反映的如易拥堵易发生事故路段问题，影响学生上学放学和群众出行的乱停车问题，路口红绿灯变换时长和公交车道施划等方面问题，积极反映人民群众的合理意见和呼声，协调各方形成共识，帮助解决群众现实问题，切切实实为人民群众排忧解难。公安新闻传播阵地要善于从人民群众的喜怒哀乐中检视公安工作，积极顺应人民群众对美好生活的向往，用心用情用力解决好群众急难愁盼问题，让群众有更多、更直接、更实在的获得感、幸福感、安全感。

2．听群众经验智慧，把群众当作最好的老师

唯物史观认为，人民群众是社会变革的决定力量，在创造历史过程中起着决定作用。

中国共产党之所以能够发展壮大，中国特色社会主义之所以能够不断前进，

---

① 吕晓勋：《以高质量赢得大流量 让大流量澎湃正能量》，《人民日报》2023年4月24日，第6版。

关键就在于始终坚持一切为了人民、一切依靠人民，充分发挥最广大人民的积极性、主动性、创造性。"我们要尊重人民首创精神，最大限度集中群众智慧，把党内外一切可以团结的力量广泛团结起来，把国内外一切可以调动的积极因素充分调动起来，汇合成推进改革开放的强大力量。"①2021年3月，习近平总书记在福建调研时指出："共产党做事的一个指导思想就是尊重群众首创精神，群众是真正的英雄。"②新闻舆论工作的根基在人民、力量在人民。公安新闻传播工作者要尊重人民主体地位和首创精神，甘当小学生，向人民学习，尊重人民创造、集中人民智慧，走进实践深处，观照人民生活，用心用情用功抒写人民，热情讴歌人民的奉献精神和创造活力，及时概括提炼群众的新鲜经验，把实践和基层当成最好的课堂，把群众当成最好的老师。

讴歌人民群众的火热实践——广大群众正在中国大地上团结奋斗，每个人拼搏的样子构成了当今中国的生动表情，蓬勃发展的新时代中国处处洋溢着激昂跳动的乐章。群众的生产生活蕴含着生活的本质，新闻传播要积极反映人民生活，将笔触、话筒、镜头对准广大群众，关注充满生机的社会实践，充分反映广大群众拼搏奋斗的创新创造、昂扬向上的精神风貌。要将采访报道的"根"扎在群众中间，讴歌奋斗人生，刻画最美人物，写出泥土芬芳，写出基层发展，写出万家喜乐。

推进新闻业务实践——扎根人民，新闻传播内容创作就会获得取之不尽的源泉。宣传什么、怎么宣传，群众最有切身感受、最有发言权，向群众汲取智慧、营养和力量，会让新闻舆论宣传工作拥有发展的不竭动力。公安新闻传播队伍走到群众中间，了解群众所思所盼，才能为提高新闻传播有效性打下坚实基础：从公民个人信息保护到打击治理电信网络诈骗，从道路交通安全到食品药品安全，从环境治理到犬类监管，这些热点议题既是公安工作重要内容，也是社会各界关注点，广泛吸收民意，听取群众意见建议，这样的公安新闻传播才真正接地气，才能在传播中取得良好效果。在很多新闻事件中，群众（受众）不再是旁观者，而是新闻事件的直播者，是新闻生产的参与者，我们的新闻创作需

---

① 《习近平著作选读》第一卷，人民出版社2023年版，第67页。
② 徐隽、李龙伊：《"甘当人民群众小学生"》，《人民日报》2023年4月17日，第1版。

要听到这些声音、吸收这些产品，拓宽新闻传播思路。

集中群众智慧推进基层治理——人民是历史的创造者，是真正的英雄。"社会安全靠大家，群众就是你我他"，广大群众处在实践第一线，对事物的观察、对情况的了解最直接最细致最深刻。走进千家万户，走到广大群众中间，原本就是公安工作的重要要求，是公安工作的重要内容，自然也是公安新闻传播领域的重要内容。公安新闻宣传阵地是深入基层群众、了解社会状况、推进社会治理的"观察哨"，要扎根基层，坚持从群众中来、到群众中去，发动群众、组织群众、依靠群众，延伸信息触角，征集广大群众对公安工作的意见建议，听取广大群众对民主法治公平正义安全的更高需求，充分调动广大群众参与社会治理的积极性、主动性和创造性，转化为公安机关推动社会治理的根本优势，汇聚起共同创造美好生活的团结力量。

公安新闻传播要精准把握社会发展规律和舆论格局变化，结合公安工作实际，认真研究新形势下新闻传播的特点，不断提高宣传工作水平，做群众的贴心人，注重收集民意，倾听群众心声，挖掘生动故事，增强公安宣传的吸引力和感染力，创作更多为广大群众所喜爱、所认同、所流传的新闻传播作品。

（二）怎么听

习近平总书记指出："文艺创作方法有一百条、一千条，但最根本、最关键、最牢靠的办法是扎根人民、扎根生活。"[①]对新闻舆论战线来讲，做好新闻传播工作亦是如此——最根本、最关键、最牢靠的办法是扎根人民、扎根生活。公安新闻宣传战线要认真学习领会这一重要要求，发扬党的优良传统，坚持群众路线，深入基层一线，带着感情走近群众，善于运用群众语言，不断转变工作作风，迈开双脚丈量大地，睁大双眼观察时代，开动脑筋冷静思考，妙笔成文书写发展。

1. 到基层

习近平同志曾对媒体记者说："你们深入到生活当中，沙里淘金、见璞识玉，有了真知灼见，就能写出好的作品来了。要是你们离开了基层，离开了生活，

---

① 《习近平著作选读》第一卷，人民出版社2023年版，第293页。

新闻作品就没有了生命。"①群众是最好的老师,基层是最好的课堂。新闻传播者脚下沾有多少泥土,广大群众受众就有多少共鸣。走近群众身边,才能走进百姓心里。扎根群众生活的沃土,了解群众所思所想,学习群众劳动实践,感知人民喜怒哀乐,才能把握时代脉动,才能领悟人民心声,才能洞悉生活本质,创作出更加优秀的新闻传播内容。

明清之际的思想家黄宗羲说:"文生于情,情生于身之所历。"身在现场,心中才会有更多感动。离群众有多近,群众就跟我们有多亲。深入群众是群众工作的基本要求,也是做好新闻舆论工作的必由之路。常到田间地头,行走乡村小路,睡农家土炕,吃农家饭菜,真正与群众打成一片,一步一脚泥,从推心置腹的交流中捕捉民意,在基层问需问计,一定能找到更多务实管用的办法,一定能更好地凝民心、聚民力,进而提高帮助解决实际问题的能力。相反,不下基层,不走近群众,不了解群众在想什么、干什么、要求什么,就不能把握群众脉搏,新闻传播就会变成自言自语、自说自话、自娱自乐,新闻传播的有效性自然无从提起。

调查研究是谋事之基、成事之道。公安新闻宣传战线要深入基层采访,加强调查研究,学好用好我们党"蹲点调研""解剖麻雀"的好传统好做法,练好脚力、站稳脚跟,既要"身入"基层,更要"心到"基层,听真话、察真情,真研究问题、研究真问题。要练好调查研究这个基本功,扑下身子、沉到基层,收集民意、分析研判、反馈改进,去伪存真看清问题本质,由表及里摸准事物规律,从公安新闻传播的角度形成问题清单、任务清单、效果清单,充分发挥公安新闻传播的内宣、外宣、内参作用,提升公安新闻传播的社会有效性。

2. 动真情

《晏子春秋》里说:"意莫高于爱民,行莫厚于乐民。"从根本而言,新闻工作属于人民、为了人民,本质上就是群众工作。满怀热情,带着感情,走近群众,从人民的实践和多彩的生活中汲取营养,新闻传播才能获得力量之源。

"热爱人民不是一句口号,要有深刻的理性认识和具体的实践行动。对人

---

① 李仁虎、刘光牛、张垒:《情到深处——习近平同志与新闻舆论工作》,《人民日报》2019年11月10日,第1版。

民，要爱得真挚、爱得彻底、爱得持久，就要深深懂得人民是历史创造者的道理，深入群众、深入生活，诚心诚意做人民的小学生。"①新闻传播工作者要对广大群众有深情、与广大群众高共情，情系人民，发乎于心，动之以情，设身处地为群众着想，和群众成为知心朋友，换位思考感知群众所思所想，带着感情体察群众疾苦冷暖，群众才愿意说出更多掏心窝子的话。

提升公安新闻传播的社会有效性，要求广大公安新闻传播工作者带着感情走进群众生活，用情交流，用心倾听，真正做到想人民所想，真正做到替人民书写、替人民抒怀、替人民抒情，真情描绘人民群众的火热生活，积极反映新时代的伟大实践，把对群众的深情转化为有历史厚度、思想深度和人性温度的新闻精品。

3. 会说话

会说话是做好宣传工作的基本功。和群众说得上话，是开展新闻采访、做好新闻传播的前提。

毛泽东同志特别善于学习和运用当地的语言，注重把通俗易懂的群众语言融入马克思主义的观点，加强对群众的宣传，充分发动群众，因而很容易被劳苦大众认可。比如，在阐述群众工作时，他这样说理："我们共产党人好比种子，人民好比土地。我们到了一个地方，就要同那里的人民结合起来，在人民中间生根、开花。"②这些针对工农特点的朴实语言，很容易为工人、农民所接受，也有效地传播了革命思想。

学群众语言的前提是听。群众的语汇丰富、生动、活泼，新闻传播工作者应该多听听群众在谈什么、怎么谈，学学群众的语言风格、讲话语气，善于用鲜活的群众语言给自己充电。在对群众进行新闻采访宣传的实践中，在房前屋后、田间地头谈天说地，与群众面对面、心贴心地拉家常，自觉学习和掌握群众语言，日积月累成为驾驭群众语言的行家。

学群众语言的目的是用。生动活泼的群众语言，既接地气，又有温度，还极具辨识度。善于运用群众语言，传播内容就容易产生共鸣与互动。习近平总

---

① 《习近平著作选读》第一卷，人民出版社2023年版，第292-293页。

② 王厚明：《毛泽东的语言艺术》，《学习时报》2021年3月29日，第6版。

书记经常用接地气的群众语言阐明治国理政思想，比如，用"主心骨"比喻党的领导地位，用"绿水青山就是金山银山"说明生态环境重要性，用"敲锣打鼓"批评表面文章等。做宣传工作，就要善用群众语言，讲群众听得懂听得进的话，在春风化雨润物无声中宣传引导影响教育群众。

公安新闻传播担负着传播党的科学理论的使命任务，要善于把政治话语转化为群众话语，成为驾驭群众语言的行家，讲通俗话、家常话、大实话，讲有感情、有温度的话，善于运用群众语言讲明白深刻的大道理。公安新闻传播还涉及很多专业性、政策性非常强的内容，经常会出现大量法律名词和专用术语，要适应群众的认知水平和语言习惯，用接地气的形式和鲜活的群众语言进行宣传阐释，话说到点子上，说到群众心坎上，才能引起群众共鸣，提升公安新闻传播的社会有效性。

4. 转作风

作风是文风的基础，文风是作风的体现。毛泽东同志在论及调查研究时说："没有满腔的热忱，没有眼睛向下的决心，没有求知的渴望，没有放下臭架子、甘当小学生的精神，是一定不能做，也一定做不好的。"① 这种"放下臭架子、甘当小学生的精神"，就是一种作风，一种坚持人民至上、扎根人民、扑下身子倾听人民呼声的作风。

"赤橙黄绿青蓝紫，谁持彩练当空舞？"1933年，毛泽东同志写下《菩萨蛮·大柏地》，再现了红军离开井冈山以后打的首次胜仗。

距离大柏地战斗遗址15公里左右，被绿色覆盖的万亩脐橙园生机盎然。承包了1600多株脐橙树的当地村民邓大庆说："我们感谢党的政策，感谢公安机关的保驾护航。我们这里警民关系非常融洽。"

如这位致富带头人所言，在公安机关的保驾护航中，在平安、和谐、稳定的幸福环境中，泥泞的村道变成了水泥路，杂草丛生的荒山种上了脐橙树，村民在家门口安心生产……

---

① 《毛泽东选集》第3卷，人民出版社1991年第2版，第790页。

以上内容出自《长征出发地的力量之源和发展之歌》这篇通讯报道,是笔者于2019年7月22日至26日赴江西于都、瑞金等地采访后撰写的。

▲《人民公安报》2019年8月12日报道版面图。

坐在房前屋后，才能了解基层群众的所感所思所盼；走出方寸天地，才能让自己的心随着人民的心而跳动。走基层、转作风、改文风的问题，从根本上说是群众观点群众立场的问题。人民群众的社会实践是获得正确认识的源泉。坚持把田野地头、街头巷尾当课堂，做好深入细致的采访调查研究，向群众学习，同群众交友，多交一些能说心里话的基层朋友，多与他们碰撞思想、交换意见，才能创作出饱含感情、表达鲜活、入耳入心的新闻传播作品。

交基层朋友是做好新闻传播、提升新闻传播社会有效性的重要基础。到生活中去，到人民中去，和群众交朋友，把人民的冷暖和幸福放在心中，才能写出有温度的文章、讲好有情怀的故事。交朋友，贵在交心；察实情，贵在用心。习近平总书记深刻指出：有些同志人是下去了，但只是走马观花、蜻蜓点水，并没有带着心，并没有动真情。要解决好"为了谁、依靠谁、我是谁"这个问题，拆除"心"的围墙，不仅要"身入"，更要"心入"、"情入"。①做好新闻采访调研，要真正扑下身子，和群众交朋友，用诚心换真心，只有这样，基层群众才会吐真言、说实情，新闻采访才会察到实情、获得真知。

扎根生活沃土的新闻传播才会结出丰硕的果实。公安新闻传播要围绕公安中心工作，发挥宣传职能优势，增进同人民群众的感情，不断增强新闻传播的亲和力、吸引力，把对党负责和对人民负责统一起来，把体现党的主张和反映人民心声统一起来，全面准确地宣传阐释党和国家的大政方针，让党的声音传遍千家万户，积极回应广大民警和群众所思所盼，既解决实际问题又解决思想问题，更好地强信心、聚民心、暖人心、筑同心。

三、用好传播平台，丰富宣传形式——了解"需求侧"，做优"供给侧"，新闻传播要从覆盖上实现"最大扇面"，从效果上实现"最优抵达"

好的思想观点、好的传播内容，需要借助生动的宣传形式、多样的传播手段，在了解"需求侧"、做优"供给侧"、生产优秀传播内容的基础上，还应

---

① 《习近平著作选读》第一卷，人民出版社2023年版，第293页。

该用好传播平台、丰富宣传形式、不断扩大覆盖面，使主流舆论阵地不断壮大起来。

新闻传播的影响力，可以从"到达率"和"接受度"两个维度来考察。"到达"是传播覆盖的体现，"接受"是传播效果的体现。先要到达，继而接受，产生影响，实现引导，才能真正达成新闻传播的影响力。公安新闻传播的社会有效性表现，就是以新闻传播的形式走好群众路线，善于用群众喜闻乐见的表达方式宣传好公安工作，充分展示公安机关维护社会稳定、服务高质量发展的突出成绩，生动展现广大民警用鲜血和汗水守护万家平安的感人事迹，服务中心工作，激励警心斗志，展示队伍形象，密切警民关系，汲取群众智慧力量，帮助解决实际问题，推进基层社会治理，为新时代公安事业营造良好舆论环境。

提升公安新闻传播的社会有效性，需要坚持以人民为中心的新闻传播导向，遵循新闻传播规律，加大公众信息需求规律的研究，不断创新传播理念，适应互联网融媒体传播发展趋势，推动公安新闻传播平台成为科学理论传播、权威信息发布、法律法规解读、新闻信息采集、公安文化展示、公共法治服务的更优质渠道。

（一）"云"直播、"云"采访、"云"分享、"云"宣讲……适应新媒体发展态势，打造渠道多元、线上线下全方位宣传格局，不断丰富"在线场景"

2023年8月11日，公安部新闻传媒中心"忠诚的足迹·大美边疆"融媒体报道组开展主题为"在三沙！喊你看'警'"线上直播报道，展示祖国最南端的公安派出所——海南省三沙市公安局永兴海岸派出所民警的工作日常。

本次直播在中国警察网微博号、抖音号、快手号、视频号以及央视新闻、央视网、中国网、共青团中央、中国退役军人、海南警方等19个新媒体平台同步播出，共吸引超159万名网友在线围观。直播过程中，派出所民警带领报道组主播，一起走进派出所荣誉室和服务大厅，向网友详细介绍派出所的历史和守岛民警的故事。网友在感叹三沙之美的同时，纷纷为民警点赞，在评论区留言"你们辛苦了""致敬三沙卫士"。

2021年5月19日，"公安心向党 护航新征程"公安英模先进事迹"云"分享会举行，"学习强国"学习平台、人民网、人民视频、中国警察网、全国公安新媒体矩阵等参与直播。6位曾受到习近平总书记亲切会见的公安英雄模范代表通过"云端"分享他们学习贯彻习近平总书记重要讲话精神的感想体会，以及深入贯彻落实对党忠诚、服务人民、执法公正、纪律严明总要求，忠诚履行职责使命，为不断增强群众获得感、幸福感、安全感做出的新成绩。直播活动受到广大网友高度关注，共有超过377万名网友观看了本次"云"分享，各平台共收到留言3.7万条、点赞超过1261万次，网友纷纷留言表达感动之情。

▲ 公安部新闻传媒中心"忠诚的足迹·大美边疆"融媒体报道组开展主题为"在三沙！喊你看'警'"线上直播报道，直播历时1小时10分钟，吸引超159万名网友在线围观。

高考安全，事关群众切身利益。公安机关全力以赴护航高考、护佑学子，确保实现"平安高考"目标。公安机关"我为群众办实事·护航高考""云"直播活动带领广大网友走进高考安保一线，展示公安机关全力做好高考安保工作的举措成效和广大民警忠诚履职、一心为民、为考生助力加油的良好精神风貌。中国警察网、全国公安新媒体矩阵等公安新闻传播平台会同央视频、人民日报新媒体、光明网、中国网、微博、快手、B站等平台同步直播，给广大网友留下了深刻印象，引发大量点赞。

道路交通安全事关国计民生。交通安全宣传教育中，公安新闻传播平台联动社会媒体开设"权威发布""交通安全云课堂""平安春运·交警同行"等特色栏目，开展交通安全警示提示，倡导文明交通出行理念，持续发布交管服务便民利企措施以及"事故隐患路段通报""典型事故案例通报"等内容，形成集群矩阵传播效应。

在元旦、春节、五一、国庆等节点，公安新闻传播平台推出"节日我在岗"融媒体联动报道，围绕节日安保精心策划，形成"节日我在岗·一线见闻""节日我在岗·守护平安""节日我在岗·商圈安保""节日我在岗·景区安保""节日我在岗·服务群众"矩阵式集合式报道，展现一线民警岗位奋斗风采。

"云"直播、"云"采访、"云"分享、"云"宣讲……借力互联网技术催动的舆论传播格局和媒体形态变革，打造渠道多元、线上线下全方位宣传格局，主题策划不断丰富，传播手段不断创新，用户群体不断扩大，推动公安新闻传播质量的有效提升。成功实践启示我们，提升公安新闻传播的社会有效性，需要牢固树立"互联网+"理念，积极拥抱互联网，加强传播手段和话语方式创新，推动传统媒体和新媒体深度融合，构建全域覆盖、全时空响应的公安新闻传播新媒体矩阵，探索更多传播方法途径，不断丰富新闻传播"在线场景"。

（二）用足用好线下传统传播形式手段，参与组织和充分报道各类主题新闻发布会、记者见面会，推动线上线下立体传播

2021年5月21日，中共中央宣传部举行"公安心向党　护航新征程"中外记者见面会，邀请4位全国公安系统英雄模范讲述一代代公安民警赓续传承共产党人精神血脉，不忘初心、牢记使命，全力维护国家政治安全和社会稳定的感人事迹，展示党领导的社会主义国家人民警察克己奉公、无私奉献的良好形象。全国公安新媒体矩阵会同国务院新闻办公室网站、"国新发布"App、"中国发布"App等同步进行图文直播。

2023年5月25日，国务院新闻办公室举行"铸牢忠诚警魂　践行为民宗旨"中外记者见面会，邀请公安系统英雄模范、立功集体代表结合思想和工作实际，交流分享一年来以受到习近平总书记亲切会见为动力，铸牢忠诚警魂，勇于担当作为，忠实履行新时代公安机关使命任务，展示公安队伍奋进新征程、建功新时代的良好精神风貌。全国公安新媒体矩阵会同国务院新闻办公室网站、中国网、"中国发布"App进行图文直播。

作为政务信息公开的传统重要形式，新闻发布是公安机关公共关系建设的重要内容。公安机关近年来组织开展"奋进新征程 忠诚保华诞""公安心向党 护航新征程""永远跟党走"等主题宣传活动，以及围绕"云剑""昆仑""净网""猎狐"等专项行动开展高频宣传，精心策划组织新闻发布会，全方位展现人民公安为人民的生动实践和显著成效。公安新闻传媒应及时、准确、充分报道好新闻发布内容，可提前了解掌握新闻发布内容，参与新闻发布内容梳理提供、媒体报道沟通、新闻发布效果评估、舆情信息收集研判引导等工作。通过充分报道新闻发布内容，更加广泛地宣介公安机关打击犯罪成效、防范服务措施、警情提示提醒等工作内容，及时回应社会热点问题，扩大公安新闻舆论宣传覆盖面和影响力。

除新闻发布会外，对活动启动仪式、记者见面会等传统活动形式的报道也能产生较好的社会传播效果，公安新闻传播平台应对这些活动形式和内容予以充分报道，如公安系统先进集体和先进个人记者见面会，公安机关最美民警、最美辅警、最美警嫂、最美警队系列推选、发布活动，警察故事讲述会、"警营开放日"活动，配合业务部门常态化开展"向人民报告"等宣介活动，立体展示公安机关的生动实践和感人故事。报道波次节奏上，可以组织从活动预热→活动举行→活动反响的链条式推进报道，通过消息、通讯、图片、侧记、反响、评论、海报等报道形式组合拳，坚持和体现充分报道原则。

线下传统新闻传播方式还包括新闻宣传工作者和警种部门民警一起深入辖区组织主题宣传，以发放宣传资料、悬挂宣传横幅、张贴宣传彩页、解答群众咨询和现场向群众讲解等形式，开展公安新闻传播，讲警察故事，说工作成效，汇报公安工作成绩，提升广大群众法治意识。笔者在广东江门等地调研采访时了解到，当地为广泛发动群众积极参与扫黑除恶斗争，制作扫黑除恶主题雨伞、围裙、水杯、充电线、购物袋等多种宣传品，组织扫黑除恶微电影创作大赛、扫黑除恶成果征文大赛、扫黑除恶短视频比赛等特色宣传活动。随着这些物品进入千家万户，随着这些活动深入广泛开展，扫黑除恶专项斗争家喻户晓，广大群众参与扫黑除恶斗争热情高涨。

公安新闻传播要注重把成功传统经验做法和新技术新手段结合起来，利用

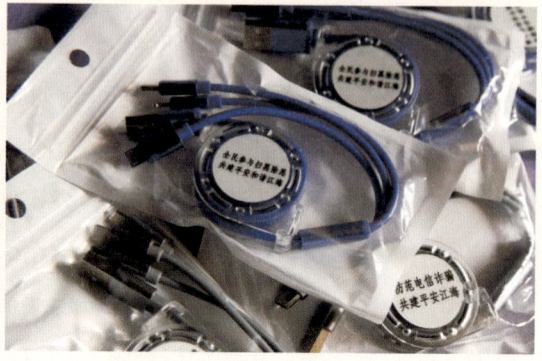

▲ 制作并向群众发放扫黑除恶主题充电线、购物袋、雨伞、水杯等宣传品，推动扫黑除恶专项斗争在广东江门当地家喻户晓。

自身属于公安、立足公安、服务公安的优势，发挥传统宣传阵地优势，线上线下融合互动、立体覆盖，让群众爱看、想看、乐于接受，着眼提升公安新闻传播社会有效性，不断探索更好服务公安中心工作、推进警察公共关系建设的新途径、新方式。

（三）创新方式方法，丰富表现形式，激发群众兴趣，吸引受众注意，契合群众信息需求，从而更好激发广大群众思想共鸣和情感认同，更好履行新闻传媒社会责任

宣传是在人的头脑里"搞建设"，提升新闻传播的社会有效性，就要将宣传内容与群众乐于接受的形式结合起来，以通俗化带动大众化，把新闻传播内容讲清楚、讲明白，让老百姓听得懂、能领会，从而提升宣传质量，增强传播有效性。

2023年8月，由天津宝坻公安交管部门联合中国曲艺家协会会员、非物质文化遗产京东大鼓传承人郭杰共同创作完成的文明交通主题京东大鼓《文明交通话安全》视频节目，通过"宝坻交警"微信公众号和多个新媒体平台播放。京东大鼓被批准列入第一批国家级非物质文化遗产名录，是群众喜闻乐见的传统文化。传统文化+文明交通主题+现代传播渠道，多元融合下的宣传内容好听、好玩，听得懂、易接受，提升了传播吸引力感染力。

"三句半快闪秀"宣传扫黑除恶——湖北省十堰市张湾区一家超市前,宣传民警表演起"三句半快闪秀",过往行人纷纷驻足观看,宣传民警发放宣传资料、设置咨询台,形象生动地进行扫黑除恶宣传教育,发动群众积极提供线索;"安全快板书"播报治安防范知识——"观众朋友大家好,我把防范知识聊一聊……"宣传车深入农村、学校、企业、广场、居民社区播报快板,发放治安防范宣传资料,进一步拓宽安全防范宣传渠道和覆盖面。提升舆论宣传有效性很关键的一点,就是要深入研究受众心理,探索宣传新模式,拓宽宣传新渠道,以受众乐于接受的形式和渠道进行传播,走"新"更走"心",才能更好满足广大群众日益增长的对公安新闻信息的需求。

打击经济犯罪主题宣传中,新闻传播阵地与经侦业务部门合作,通过全媒体宣传,向群众展示打击战果,揭露犯罪手段,传播防范知识,提醒广大群众守好"钱袋子"。召开新闻发布会,开设专栏,推出专题访谈节目,制作宣传海报,拍摄制作微电影、微视频、微动漫作品和公益宣传片,揭露非法集资、内幕交易、传销、洗钱犯罪活动伎俩。如中国警察网会同六安市公安局、合肥市公安局组织系列宣传活动,揭示作案手法,传播防范知识,"中警安徽"微博等平台对活动进行现场直播,吸引大量网友在线观看。如宁夏警方将打传销、端窝点的现场执法活动搬上快手直播平台,生动直观的打击犯罪活动现场爆红网络,真实的直播场景、民警的雷霆打击、传销人员的抵赖狡辩和痛哭忏悔,吸引数百万网友在线观看。如广西警方开通打击和防范经济犯罪"经侦号"主题宣传列车,民警向乘客发放宣传资料,讲解防范经济犯罪知识,解答群众关注的热点问题,营造浓厚宣传氛围。各地采用网络平台同步直播、公安新媒体矩阵联动等方式,进行全时空、多层次、广覆盖宣传,推动提升群众防范经济犯罪能力。这样的宣传活动,主要依托公安新闻宣传部门和业务部门联动开展,这些宣传手段、媒介渠道等正是长期以来探索的新闻报道经验的集中展现。

防范电信网络诈骗是一场全民运动。面对不断翻新的电诈手段,各类"花式"反诈宣传手段也不断翻新——"反诈矿泉水"在许多城市的警务工作服务站清凉上线,发放矿泉水的同时开展伴随式反诈宣传;广西柳州启动"螺蛳粉反诈"主题宣传,定制1万箱"反诈螺蛳粉",螺蛳粉外包装印制警察卡通形象、

96110反诈骗报警电话等，群众参加反诈知识有奖问答、反诈短视频话题互动、反诈主题课堂直播等活动，即有机会免费领取；中国警察网联合多地公安机关开展"反诈小课堂"系列直播活动，主持人与反诈民警连线互动，讲解不同类型的电信网络诈骗案例，给出专业建议，提高广大网友防范电信网络诈骗的意识和能力。从2023年初至10月中旬，江苏张家港警方在新媒体平台陆续打造"胖哥受骗记""反诈小剧场""反诈随身听"等一系列音视频网红品牌，精心策划制作群众喜闻乐见的海报、漫画、微电影和创意短视频等反诈新媒体作品89部，江苏科技大学在校大学生小崔正是从微博热搜里看到张家港公安新媒体作品《群里30个人，29个都是托》，深受触动从而主动加入反诈志愿者团队的。

宣传创意之举登上微博热搜。安徽合肥、海南万宁等多地公安机关陆续推出"反诈蛋"，将防诈内容如"网络兼职刷单就是诈骗"印在待销鸡蛋上，让市民无论买鸡蛋还是用鸡蛋时都能学习到防诈骗知识，新浪微博形成多个相关话题，#凉州公安鸡蛋上印反诈标语#、#合肥警方免费发放反电诈鸡蛋#、#海南万宁警方推出反诈蛋#、#公安反诈蛋#等累计阅读量过千万，@新华社、@人民网、@中国日报、@中国长安网、@中国警方在线、@警民携手同行、@人民公安报、@中国警察网等予以报道或转发。微信公众号"中国警察网"文章《上热搜的蛋！》掀起传播热潮，受到新华社、人民日报、光明日报等主流新媒体转发。群众纷纷为警方的机智反诈宣传点赞，直呼"反诈到家"走心，同时对长

▲ 将交通安全宣传标语印在鸡蛋、蔬菜、水果上，让市民随时能学习到安全宣传知识。这是《人民公安报·交通安全周刊》2021年5月14日相关报道。

期以来公安反诈工作表示认可。网友@姜宝律师:"用心良苦,这个防诈构思非常巧妙,防止鸡飞蛋打!"网友@不写诗只远行:"警察深知骗子的目标是贪图小便宜的大爷大妈,反诈宣传到家了。"

剪纸艺术融入禁毒反诈宣传,拓宽法治宣传覆盖面;印有反诈标语的碗走红网络,不少网友大呼"想要同款,送给爸妈";演唱"拒绝酒驾版"《成都》,制作《我们不一样》交警版MV;反诈夜市,反诈公交,反诈地铁;反诈车贴、反诈春联、反诈月饼……这些反诈宣传小妙招,既接地气又有创意,不拘泥于传统的宣传形式,巧妙利用了传统场景的烟火气,将过去"追着宣讲"的普法宣传变为群众主动参与,把防诈骗标语引到广大群众身边,融入广大群众日常生活中。坚持以人民为中心的创作导向,创新方式方法,积极打造主题宣传新场景,吸引受众注意,激发群众兴趣,契合群众信息需求,才能更好激发广大群众思想共鸣和情感认同。这正是新闻传播社会有效性的核心实现路径。

(四)做好分众化、差异化传播,精准"滴灌"、"靶向"供给,推出适应不同受众人群的传播内容

不同的人有不同信息需求和接受特点,"大水漫灌"满足不了所有人,需要把普遍要求与特殊要求、共性宣传与个性宣传结合起来,既着眼多数,又关照少数,注重分层施教,精准"滴灌"、"靶向"供给。

着眼未成年人保护工作,@中国警方在线和各地公安账号开展全国特警警营开放日系列直播主题活动,特警队员向线上线下中小学生和家长讲述"特警小故事",并带领学生和家长参观特警营区,讲解应对紧急案事件、突发自然灾害以及防范陌生人欺骗和引诱、应对校园霸凌等方面安全防护常识,增强学生安全防范意识,提升自我保护技能。与学校共同组织开展主题征文活动,让学生主动学自己写、有所想有所悟,带动家长一起学习,达到学生写、家长读、全家学、共同防的目的,选取优秀文章在公安新闻传播平台发布,达到"宣传一人、带动一片"的效果。

紧盯农村"一老一小"群体,公安新闻宣传部门会同交管部门开展交通安全宣传教育活动,推出《镜头说交通》《交警直播间》《"安全带+"守护行动》

▲ 面向学生开展交通安全宣传教育，普及交通安全知识，倡导"知危险 会避险"的自护意识，公安、教育部门共同设计公布面向中小学生的交通安全主题海报，通过各类公安新闻传播平台传播，支持广大群众下载。

等电视栏目或直播，推动交通安全知识"深入讲、讲清楚、讲透彻"；面向女性群众，公安新闻宣传平台邀请特警拍摄制作女子实用防身术系列视频节目，系统讲解并演示在各类复杂环境下、不同身体条件的女子防身战术和技巧，比如，如何利用高跟鞋、雨伞、矿泉水瓶等生活用品来防身；针对老年群众，拍摄原创公益微电影，揭露针对老年人的非法集资骗局以及养老保险、以房养老等诈骗，提高老年人防诈骗的意识和能力；针对少数民族群众，将民族文化与交通安全宣传相结合，如公安新闻传播工作者和交管民警根据彝族经典三弦"跳脚调"改编成"安全调"，把安全提示、案例警示等交通知识传唱给广大交通参与者："长下坡来长下坡，下坡路段事故多，小心谨慎么来驾驶……"

组织开展安全防范类新闻传播，是公安新闻传播阵地积极履行社会责任的体现，通过分析受众群体类别，推进分众化传播，围绕群众最关心、最直接、最急切的公安新闻传播信息内容需求，让各类传播内容走心、入脑、见效，发挥公安新闻传播平台助力推进社会治理、服务警务实战、服务广大群众、密切警民关系的作用。

  中国移动…   中国联通
10086　　　　　　　　　　10010

短信/彩信　　　　　　　　　短信/彩信
今天星期五　　　　　　　　　今天星期五

北京市公安局提示：谨防　　　【公益短信】公安部刑事
电信诈骗，陌生链接不点　　　侦查局提示您：严防电信
击，陌生二维码不扫描，　　　网络诈骗，守护自己的"钱
购物退款联系官方客服，　　　袋子"。未知链接不点击，
贷款联系正规公司，刷单　　　陌生来电不轻信，个人信
就是诈骗！如有疑问请打　　　息不透漏，转账汇款多核
96110咨询。　　　　　　　　实。全民反诈、全社会反
　　　　　　　　　　　　　　诈，我们一起行动。

刚刚
　　　　　　　　　12分钟前

▲ 通过多种形式，拓宽宣传渠道，发动多方力量，拓展宣传半径，扩大宣传覆盖面，有效开展安全防范宣传，切实增强受众的安全防范意识。

开展社会宣传是公安新闻传播平台提升社会有效性的重要途径和有效方式。在社会传播范围上，应不断拓宽宣传渠道，拓展宣传半径，扩大宣传覆盖面。在社会传播内容上，要引入流量思维，创新表达方式，用足绣花功夫，精心构思策划文案，在形式和内容上尽量更接地气更吸引眼球，让信息通俗易懂，让群众喜闻乐见，增进对广大群众吸引力，增进群众对传播内容的认同感，在互动中产生共鸣、达成共识，不断提升公安新闻传播的影响力和社会有效性。

※ ※ ※

新闻舆论宣传工作是"在人的头脑里搞建设"，通过新闻传播内容吸引公众、影响公众、动员公众，实现赢得人心、凝聚人心的目的。

党的新闻媒体是党和政府联系群众、服务群众、凝聚群众的重要渠道，是提供正能量、正面引导舆论的重要阵地，是走好群众路线、提升社会治理能力的重要途径。习近平同志在地方工作时就深刻指出，"新闻媒介要及时、准确地传递党和政府的方针、政策，捕捉和反映方针、政策执行过程中的各种信息，促使各级党组织、政府及时修正偏差，使改革少走弯路，更加健康地发展；对于群众中存在的某些模糊的认识，新闻媒介要加以引导，缓解矛盾，沟通党、政府与人民之间，这一部分人民群众与那一部分人民群众之间的联系，增进人们对改革的理解和支持"[①]，深刻阐明了新闻媒介在宣传群众、动员群众、服务群众方面的功能作用。

在百年奋斗历程中，党的宣传思想工作始终扎根人民，把群众观点、群众路线深深植根于舆论宣传工作中，坚持人在哪里就把工作重点放在哪里。早在1941年6月中共中央宣传部发布的《关于党的宣传鼓动工作提纲》中就强调"宣传鼓动工作和组织工作对于我们整个党的工作正如鸟之两翼，车之两轮，不可缺一"，没有宣传鼓动也就没有组织工作，没有组织工作也就不能把宣传鼓动工作变成物质的力量。[②] 革命战争年代，党创办的报刊都十分注重加强与劳苦人民大众的密切联系，全心全意地为人民大众的根本利益服务，既在广大读者中享

---

① 习近平：《摆脱贫困》，福建人民出版社1992年版，第84页。
② 《中国共产党宣传工作简史》上卷，人民出版社2022年版，第130页。

有很高的威望，又使大家感到可亲可近。

人民是历史的创造者，是时代的创造者，是社会实践和历史活动的主体，是新闻实践的源头活水。新闻舆论工作的根基在人民、力量在人民。人民性是新闻舆论工作的活力源泉和动力根基。新闻宣传必须全心全意为人民服务，观照人民生活，表达人民心声，用心用情用功歌唱人民。只有更加贴近群众，迅速传递人民群众的呼声，正确反映他们关切的热点问题，想群众之所想，急群众之所急，这样的新闻传播内容才能产生强大的影响力，取得更加积极的社会宣传效果。

——要有强烈的社会责任感。"新闻工作者要有强烈的社会责任感。应该明确新闻机构和新闻工作者都是为党和人民工作的，不论在何时何地，都要对党和人民负责，对改革开放的事业负责。要注意舆论的社会效果，克服片面性。"①我们的媒体是党和人民的媒体，是党和人民的喉舌，无论何时何地，都要对党和人民负责，要在履行社会责任方面体现更大的积极贡献和责任担当，始终把社会效益放在首位，在政治责任、阵地建设责任、服务责任、人文关怀责任、安全责任、道德责任、保障权益责任、合法经营责任等方面强化担当意识，自觉强化社会责任，主动履行社会责任。

——要坚持正确的新闻传播导向。任何新闻报道都有导向，报什么、不报什么、怎么报，都包含着立场、观点、态度。新闻传播既要报道新闻事件，更要传达正确的立场、观点、态度，引导人们分清对错、好坏、善恶、美丑，激发人们向上向善的精神力量。新闻传播的所有环节、所有工作都要体现党的意志、反映党的主张，维护党中央权威、维护党的团结，做到爱党、护党、为党，要坚持以人民为中心，为人民书写，为人民抒情，为人民抒怀，真诚讴歌人民群众的创举和创造，把党的主张讲到群众心坎上，把群众的呼声体现到党的决策中，坚定广大群众的信仰信念信心，激励广大群众意气风发地奋进新征程、建功新时代。

"人民公安为人民"，这是人民公安自诞生之日起就融入血脉的红色基因。公安新闻传播天然地肩负服务人民的使命。必须坚持一切为了群众，一切依靠

---

① 习近平：《摆脱贫困》，福建人民出版社1992年版，第87页。

群众，从群众中来，到群众中去，顺应人民群众在民主、法治、公平、正义、安全等方面的新期待，聚焦人民最关心最直接最现实的利益问题，为实现好、维护好、发展好最广大人民根本利益提供舆论支持。要围绕中心、服务大局，从有利于政法公安工作开展、有利于维护社会公平正义的角度出发，通过各种公安新闻传播平台加强与广大群众的沟通交流，传播法治理念，引导法治思维，既解决实际问题又解决思想问题，构建和谐警民关系。要提升脚力行走，提升眼力发现，提升脑力思考，提升笔力描写，将笔触和镜头对准广大群众，真切感知民情冷暖，讲好广大群众奋斗圆梦的故事，共同品味乡村振兴的奋斗味道，见证新发展理念带来的深刻变化。

公安新闻舆论宣传工作是党的宣传思想工作的重要组成部分，也是公安机关加强执法能力建设的重要内容。党的二十大报告对"建设具有强大凝聚力和引领力的社会主义意识形态"作出部署要求，强调要"巩固壮大奋进新时代的主流思想舆论""塑造主流舆论新格局"，为公安新闻宣传战线更好履行职责使命进一步指明了前进方向、提供了根本遵循。公安新闻传播要更加充分地发挥在宣传党的主张、服务公安工作、推动法治建设、弘扬社会正气、促进社会和谐中的重要作用，浓墨重彩展示全国公安机关贯彻落实党中央部署要求，推动公安工作高质量发展，坚决捍卫政治安全、维护社会安定、保障人民安宁的突出成绩，树立公安机关良好形象，增进广大群众对公安工作的理解和支持，加大优质新闻传播产品和服务供给力度，更好强信心、聚民心、暖人心、筑同心，实现更优的政治效果、社会效果、舆论效果。

在人民群众的壮阔奋斗中，伟大的新时代时时跃动着创造历史的火热篇章，处处上演着精彩瑰丽的中国故事，成为新闻传播取之不尽用之不竭的丰沛源泉。

心里有人民，肩头有责任，公安新闻传播正紧跟时代步伐，满怀深情讴歌科学理论的真理力量，满怀热忱赞美伟大人民的团结奋斗，满心自豪讲述伟大祖国的精彩故事，倾听大地心跳，为人民抒写，为时代放歌，笔下尽是国家发展、社会进步、人民幸福、时代奔涌向前的欣喜景象。

第八章

"做好宣传思想工作，比以往任何时候都更加需要创新"

——坚持守正创新，在遵循公安工作规律和新闻传播规律的基础上，不断在新闻传播理念、内容、体裁、形式、方法、手段、业态、体制、机制等方面实现创新，加强和改进公安新闻宣传工作，推动公安新闻传播高质量发展

抓创新就是抓发展，谋创新就是谋未来。

党的二十大报告强调"必须坚持守正创新"，指出"创新是第一动力"，要求"培育创新文化"，为我们以创新提升新闻传播有效性、把公安新闻传播高质量发展的主动权牢牢掌握在手中指明了方向。

守正创新，是习近平新时代中国特色社会主义思想的重要方法论，是党的思想理论和实践发展的重要经验。关于守正创新，习近平总书记作了这样的深刻论述："守正才能不迷失方向、不犯颠覆性错误，创新才能把握时代、引领时代。"①习近平总书记多次发表重要论述强调宣传思想工作和新闻舆论工作创新，强调"党的新闻舆论工作必须创新理念、内容、体裁、形式、方法、手段、业态、体制、机制，增强针对性和实效性"。②

公安新闻舆论宣传工作是党的宣传思想工作的重要组成部分，也是公安机关执法司法能力建设的重要组成部分。当前，公安新闻舆论环境总体向好，但也要看到，新形势下，公安新闻传播面临着意识形态领域愈加尖锐复杂的斗争带来的新挑战，面临着人民群众对民主法治公平正义安全的美好生活需要日益增长带来的新需求，面临着传播格局持续发生深刻变革带来的新课题。一系列新挑战新需求新课题面前，如何创新公安新闻传播、推动公安媒体阵地有序发展创新发展融合发展、占领公安信息传播制高点？

如果将公安新闻舆论宣传比喻为与时代同行的列车，那么创新就是其引擎。面对不断发展变化的新形势，公安新闻传播要通过创新，提高传播水平质效，充分履职尽责，更好地为人民服务、为社会主义服务、为党和国家工作大局服务。从长远处布局，在关键处落子，一方面要"守正"，坚持好运用好那些在长期实践中被反复证明了的好经验好传统，另一方面要"创新"，要与时俱进，研究新情况，探索新办法，解决新问题，实现新发展，加强对公安工作规律、现代新闻传播规律、新媒体发展规律的理解把握，在不断创新中推进公安新闻传播，使其更加适应时代要求、更加符合公安工作要求、更加满足广大民警和人

---

① 习近平：《推进中国式现代化需要处理好若干重大关系》，《求是》2023年第19期。
② 杜尚泽：《习近平在党的新闻舆论工作座谈会上强调 坚持正确方向创新方法手段 提高新闻舆论传播力引导力》，《人民日报》2016年2月20日，第1版。

民群众需求。

一、深刻认识公安新闻传播创新的迫切现实需要和重要意义，因势而谋、应势而动、顺势而为，以思想认识新飞跃打开工作新局面，让主流舆论传得更快、更广、更深入，实现主流新闻舆论的倍增效应

新故相推，日生不滞。要在实践上创新，必须先解决思想认识上的问题。在充满机遇与挑战的时代，在公安事业不断发展的历史性进步中，要深刻认识公安新闻传播创新的现实迫切性，凝聚"领导同志必须重视宣传"和"各警种各部门都要讲宣传"等共识，突破传统藩篱，因应形势变化，积极主动探索新闻传播的新路径新平台新方法，更好发挥有效作用，生产制作传播更多优秀公安新闻作品，为平安中国法治中国建设营造良好舆论环境。

（一）推进创新，首先要深刻认识公安新闻传播创新的现实迫切性

思深方益远，谋定而后动。善于观大势、谋全局，从全局和长远上把握事物发展总体趋势和方向、客观辩证地思考和处理问题，是我们做好事业必须具备的素质和能力。

2013年8月召开的全国宣传思想工作会议上，习近平总书记要求："宣传思想工作一定要把围绕中心、服务大局作为基本职责，胸怀大局、把握大势、着眼大事，找准工作切入点和着力点，做到因势而谋、应势而动、顺势而为。"① 新的发展大势面前，必须匹配新的战略视野。我们要准确把握世情国情社情新变化对公安工作提出的新挑战新要求，把握这些变化对公安新闻传播提出的新挑战新课题，按照高质量发展的要求，从更高站位、以更高标准研究谋划好公安新闻传播工作。

从国际国内形势变化看。当前，世界百年未有之大变局加速演进，国内外形势发生深刻复杂变化，我国发展面临新的战略机遇、新的战略任务、新的战略阶段、新的战略要求、新的战略环境，需要应对的风险和挑战、需要解决的矛盾和问题比以往更加错综复杂。党和国家事业发展进入了一个新的阶段，发

---

① 《习近平著作选读》第一卷，人民出版社2023年版，第147页。

展环境的深刻复杂变化反映到意识形态领域中来,社会思想观念日益多元、人们利益诉求更加多样,宣传思想领域面临新的课题、新的要求,迫切需要巩固壮大主流思想舆论,迫切需要讲导向不含糊、抓导向不放松,广泛凝聚同心筑梦的奋进合力。

从信息技术发展变化看。当今世界,新一轮科技革命突飞猛进,现代信息技术迅猛发展,人工智能、大数据、元宇宙、区块链等新兴技术与传统技术相结合,传统产业得到革命性重塑,推动生产方式、社会结构和生活方式发生深刻变化,社会舆论生态、信息传播格局、媒体形态、公众参与方式等都发生极大变化。公安新闻宣传要应对传播格局深刻变革带来的挑战,掌握新阶段意识形态建设的特点规律,适应公众对新闻产品的"消费升级"过程,推出更多有思想、有品质的精品传播力作。特别是,网络传播空间发展迅速,新媒体用户群体日益庞大,成为活跃的信息发源地、舆论生成地、认知集散地,如果我们的传播理念、方式、手段跟不上,就会影响和制约政法公安舆论宣传工作效果。

从政法公安工作任务看。一方面,我国正处于实现中华民族伟大复兴的关键时期,我们党正带领人民进行具有许多新的历史特点的伟大斗争,维护安全稳定、服务保障发展的任务光荣而艰巨,统一思想、坚定信心、凝聚力量的任务更加凸显。另一方面,随着我国民主法治进程的不断推进,人民群众对公安机关维护公众权益、维护公平正义的期待越来越高。要从党和国家事业发展的战略高度,把公安新闻舆论宣传工作摆到更加重要的位置,把公安工作及时有效宣传出去,努力在全社会营造理解、支持公安工作的良好舆论氛围,为开创公安工作新局面提供良好舆论支持和强大精神动力。

"用过去的武器打现在的仗"肯定是不行的。一些地方和个别领导同志政治敏锐性不强,对舆论宣传工作极端重要性认识不够,"说起来重要、干起来次要、忙起来不要"现象还在一定程度上存在,对以舆论宣传服务中心工作的理念缺乏深刻理解,意识形态工作责任制落实不到位;有的地方宣传工作单打独斗各自为战,缺乏配合机制,不讲求系统性,公安新闻传播资源整合不够、上下结合不够、内外联动不够,工作机制不顺、协调沟通不畅问题突出;有的工作理念较为陈旧,新闻舆论引导能力和前瞻性、主动性、针对性不足,自主策划、设置议题、引导舆论的能力水平不能满足实战需要，意识形态斗争和正向引流能力需要加强；有的宣传手段相对滞后，互联网思维不强，新媒体、融媒体传播手段措施相对滞后，甚至存在因循守旧、故步自封、得过且过思维。

历史和现实告诉我们，越是应对巨大挑战和困难，越是深化改革攻坚克难，就越要巩固壮大主流思想舆论，发挥正面宣传鼓舞干劲、增强信心、凝聚共识的作用，不断激发团结奋进的强大力量。国内外形势发生深刻复杂变化，做好新闻宣传思想工作比以往任何时候都更加需要创新。公安新闻传播阵地必须牢牢把握"公安姓党""党媒姓党"的政治属性，保持锐意进取、开拓创新的精气神，对理念认识、队伍建设、方法手段上的一些短板不足予以全面客观审视，进一步更新工作思路、加强能力建设、强化工作手段、优化宣传布局，以守正创新统领干事创业、推动改革发展，不断扩大公安新闻宣传主阵地影响力版图。

（二）推进创新，重点要凝聚"领导同志必须重视宣传"和"各警种各部门都要讲宣传"等共识

马克思主义政党历来把新闻舆论工作作为革命和建设的有力武器。我们党始终注重运用新闻媒体传播真理、组织群众、推动工作，在烽火连天的革命岁月如此，在热火朝天的建设年代如此，在波澜壮阔的改革开放时期如此，在日新月异的中国特色社会主义新时代也是如此。

当前，新闻舆论宣传工作的环境、对象、范围、方式发生了很大变化。有些做法过去有效，现在未必有效；有些过去不可逾越，现在则需要突破。这就要求我们做到"明者因时而变，知者随事而制"，考量着我们的敏锐观察力（看什么）、准确判断力（怎么看）、积极创造力（怎么做）。必须有正视问题的决心、自我革命的勇气，敢于打破常规，以有利于维护人民群众根本利益、有利于维护社会和谐稳定、有利于维护法律尊严、有利于公安工作发展进步为标准，敢于担当作为，主动破题创新，凝聚思想共识，以更高质量的新闻传播为公安工作营造良好舆论环境。

1. 领导同志必须重视宣传

"加强和改善党对新闻舆论工作的领导，是新闻舆论工作顺利健康发展的根本保证。各级党委要自觉承担起政治责任和领导责任。"①习近平总书记2016年2月19日在党的新闻舆论工作座谈会上的重要讲话，对各级党委和领导干部守土尽责、全力谋划新闻舆论各项工作，管好阵地、管好导向、管好队伍提出了明确要求。

党的新闻舆论工作是党的工作的重要组成部分。我们党始终高度重视并善于做好宣传思想和新闻舆论工作，要求各级党委和领导干部把宣传思想工作切实抓起来。

1929年6月，中共六届二中全会通过《宣传工作决议案》。决议案明确指出，宣传教育是实现党的任务的经常的基本工作，"党的正确的宣传工作，便是最实际的工作，而且有推动党的一切其他实际工作的伟大作用"；"忽视宣传工作，是党在全部工作上一个大的损失"，必须以最大的力量纠正忽视宣传工作、以为组织重于宣传、先组织训练而后宣传、离开组织与斗争而谈宣传工作等错误观念。②1948年6月，针对一些地方对于报纸、通讯社等极端重要的宣传机关放弃领导责任或者抓得不紧的问题，毛泽东同志指出，此种状况，必须坚决改正。各地领导同志，必须以严肃的科学的态度对待宣传工作。③善于运用新闻宣传推动工作，是领导水平和现代工作方法的表现。习近平总书记强调："领导干部要做实干家，也要做宣传家。"既做得好也讲得好，是领导干部履职尽责、担当有为的必备素质。对领导干部而言，做实干家是本分，做宣传家是本领，要自觉承担起政治责任和领导责任，切实解决不想抓、不会抓、不敢抓宣传的问题，主动谋划本地区本部门新闻舆论工作。要抓宣传，定期听取新闻舆论工作汇报，对重要宣传靠前指挥，对重要稿件亲自把关，在重要关头加强对媒体平台的指导协调；要敢宣传，强化坚守舆论主阵地的责任意识，在舆论场中敢于发声、善于发声，对大是大非问题更要强势发声、高频发声，大张旗鼓讲、理直气壮

---

① 《习近平谈治国理政》第二卷，外文出版社2017年版，第334页。
② 《中国共产党宣传工作简史》上卷，人民出版社2022年版，第56-57页。
③ 《中国共产党宣传工作简史》上卷，人民出版社2022年版，第220页。

讲、深入透彻讲，对群众关心的事情要及时讲、主动讲，掌握舆论主动权，让党和政府的主张响亮起来；要会宣传，提升宣传工作本领，既要当好领导，又要成为专家，不断提高本领，成为领导新闻宣传工作的行家里手。

习近平总书记指出："看一个领导干部是否成熟、能否担当重任，一个重要方面就是看他重不重视、善不善于抓宣传思想工作。"[①]新闻舆论宣传工作要强起来，首先是领导干部要强起来，班子要强起来。有的领导干部对党和国家关于新闻舆论宣传工作的部署要求缺乏深刻理解，没有清醒认识舆论宣传的重要作用，对宣传工作重视不够、认识不清、投入不力，认为宣传工作产生不了任何效益，认为说不说不重要。因为不重视、不善于抓宣传工作，没有摆上议事日程，既无规划也无计划，既没有任务部署也没有表彰奖励，人、财、物投入严重不足，出现"有素材没人才"的尴尬状况，精彩的事业、动人的故事传不出去，形成不了更大正能量、鼓舞不起士气、振奋不起精神，又或者因为不善于做宣传工作，导致负面新闻小事炒大形成舆情。要知道，有理也要声高，当真相亮不开"嗓子"，谣言便会四处扩散，所以有些领导干部关键时候的"失语"等同于"失职"。事实上，领导干部必须具有相当的政治素质、大局意识、判断能力、业务水平，成为让人信服的行家里手，才能在新闻宣传中把握好时度效，才能在舆论引导中找准宣传思想工作的切入点和着力点。领导干部如果只重视抓业务工作而忽视舆论宣传工作，就不是称职的领导干部。

实践证明，重视不重视公安新闻宣传工作，效果是不一样的。近年来，各级公安机关不断强化"边工作边发声"理念，做好主题宣传、专项宣传，及时反映公安队伍贯彻落实党中央决策部署，在公安部党委带领下开展扫黑除恶专项斗争、推进公安改革、加强执法规范化建设的生动实践和亮点成效，放大主流声音，积极引导舆论，赢得了人民群众的理解支持，为公安事业营造有利的社会舆论环境。公安机关特别是各级领导干部要坚决贯彻落实习近平总书记系列重要讲话特别是关于新时代公安工作的重要论述、重要训词精神，坚决贯彻落实习近平总书记关于宣传思想工作的重要思想、关于新闻舆论工作的重要论述，充分认识新形势下做好公安新闻宣传工作的重要意义，牢固树立舆论宣传

---

① 《习近平关于社会主义文化建设论述摘编》，中央文献出版社2017年版，第33页。

也是战斗力的理念，重视新闻舆论工作，把公安新闻舆论工作置于更加突出的位置，切实加强组织领导，落实工作责任，加大投入力度，努力在新的起点上把公安新闻舆论宣传推上新台阶。

2. 各警种各部门都要讲宣传

公安新闻传播是一个运行有序、管理严密、广泛联系的系统，必须树立大宣传理念，构建大宣传格局，不断优化新闻传播全流程全链条全系统，形成各方联动、资源集约、整体响应的新闻传播格局。从主体上看，做好公安新闻传播各项工作，不只是公安新闻传媒单位的事，而且是各级公安机关各部门各警种都应当重视和做好的，不能当"局外人""旁观者"，不能让新闻传媒阵地"单打独斗"。

系统观念强调系统是由相互作用、相互依赖的若干部分组成的有机统一体。坚持系统观念是以习近平同志为核心的党中央总结各方面实践经验在思想方法上作出的新概括，是我们党坚持辩证唯物主义和历史唯物主义认识论、方法论的新提升，党的二十大报告以"六个必须坚持"明确要把握好习近平新时代中国特色社会主义思想的世界观和方法论，坚持好、运用好贯穿其中的立场观点方法，"坚持系统观念"是一个重要方面。

公安业务工作和公安新闻传播工作，简而言之，一个是"做"的问题，一个是"说"的问题，两者互相影响：业务工作是基础、是前提，如果做得不好，则很难说好；如果只做不说、说不全面，甚至说错，就不能满足人民群众和广大民警的信息传播需求，难以更好树立形象、凝聚更大正能量。公安机关各警种各部门要充分认识公安新闻传播的特殊重要作用，加强协调沟通配合，推动新闻宣传工作与业务工作同部署、同落实、同推进，形成上下互通、横向联动、齐抓共管的大宣传工作格局，形成强大合力和整体效应，坚持"一盘棋"，打好"组合拳"，唱响"大合唱"。

在具体运行中，既遵循公安工作规律，也遵循新闻传播规律，业务部门与传媒阵地密切互动、协作配合，业务活动与宣传工作同部署、同发力，形成多部门各负其责、联动共进的宣传格局。公安新闻传媒阵地及时了解业务工作新部署新措施，第一时间掌握重大部署、重要活动、重要成果、重大案件、重大典型等宣传线索，提前介入、超前谋划，更好整合资源，形成宣传合力，有效解决新闻传播和业务工作脱节、业务工作和舆情预警处置脱节等问题。例如，坚决捍卫国家安全主题报道，公安新闻传媒平台配合公安业务部门广泛开展国家安全教育，通报公安机关维护国家安全和社会稳定的做法成效，结合典型案例宣传，教育广大群众认清国家安全形势、增强忧患意识，筑牢国家安全的人民防线；打击和防范经济犯罪主题报道，公安新闻传媒平台配合公安业务部门开展宣传活动，通过多种宣传形式，揭示作案手法、传播防范技巧，展示公安机关打击经济犯罪、服务民生发展的坚定决心和显著成效，提升广大群众防范经济犯罪能力和意识。

习近平总书记指出："讲好中国故事，不仅中央的同志要讲，而且各级领导干部都要讲；不仅宣传部门要讲、媒体要讲，而且实际工作部门都要讲、各条战线都要讲。"①强化公安新闻传播有效性，需要不断建立健全机制，各个部门树立宣传工作一盘棋思想，积极参与到宣传工作中来，自觉支持舆论宣传工作，形成合力，打好整体战，进一步提高舆论引导能力，对内凝聚警心、振奋士气、激发斗志；对外弘扬社会正气，树立公安机关和公安民警良好形象，为推动公安事业发展营造良好的舆论氛围。

（三）推进创新，关键要在深刻认识公安新闻传播有利条件的基础上坚定发展自信

习近平总书记深刻指出："做好宣传思想工作，比以往任何时候都更加需要创新。"②党的十八大以来，在党的坚强领导下，宣传思想工作记录国家发展，书写民族奋斗，见证时代飞跃，每当重要历史关头、每逢重大历史事件，新闻工作者奋勇当先、忠实履职，为实现中华民族伟大复兴凝心聚力发挥了重要作用。当前，舆论生态、媒体格局、传播方式发生深刻变化，宣传思想和新闻舆论工作面临很多新情况新问题新挑战。推动新闻舆论宣传工作不断强起来，"创新"是关键，我们面临不得不创新的现实需求，也有不断创新的有利条件和充

---

① 《习近平关于社会主义文化建设论述摘编》，中央文献出版社2017年版，第211页。
② 《习近平关于全面深化改革论述摘编》，中央文献出版社2014年版，第84页。

分自信。

公安新闻传播工作是党的新闻宣传工作的重要组成部分，也是公安工作的重要组成部分。做好新时代公安新闻传播工作，责任重大，使命光荣，任务艰巨。要牢牢把握正确舆论导向，遵循公安工作规律、新闻传播规律，坚持和发扬那些在长期传播实践中被反复证明了的好经验好做法，同时要以改革创新的精神，研究新情况、解决新问题，构建导向正确、便捷高效、功能互补、覆盖广泛的传播体系，不断提高传播力、引导力、影响力、公信力，努力实现公安新闻传播工作新跨越，为公安事业长远发展进步作出新贡献。

1. 形势发展：是挑战也是机遇，要有强烈的责任感和担当精神

一方面，国内外形势发生深刻复杂变化，党和国家事业发展进入一个新的阶段，我国发展面临新的战略机遇、新的战略环境，新闻舆论宣传服务改革发展稳定大局的任务越来越重。要认识到，舆论宣传引导工作情况越复杂、任务越繁重，就越要高度重视，投入更大精力，以强烈的责任感和担当精神，管好阵地、管好导向、管好队伍，牢牢掌控舆论工作的领导权。

另一方面，当前，新闻舆论宣传工作的外部环境、社会条件、工作对象都在不断发生新的变化，特别是互联网技术创新发展使传播格局、媒体形态发生巨大变化。传播载体的迭代发展，使新闻信息服务与行政管理服务融合度加深，新闻舆论宣传与国家治理能力和治理体系关系日趋密切。受众日益增长的信息需要使新闻舆论工作面临重要的发展机遇。新闻传播阵地应当更好洞察时与机，化挑战为机遇，通过改革创新增强新闻传播有效性，保持公安新闻传播的旺盛生机和活力，在融合发展中提高舆论引导能力。

2. 技术发展：信息科技助力，新闻传播全链条求新求变

新闻传播工作的基础条件正在发生巨大变化。新一轮科技革命突飞猛进，现代信息技术迅猛发展，人工智能、大数据、元宇宙、区块链等新兴技术与传统技术相结合，推动新闻传播的内容、形式、工具、方法、载体、体裁等发生巨大变化，媒体在5G应用、人工智能创新应用、4K/8K超高清技术、平台技术等方面多点布局、推陈出新，并积极应用于重大新闻报道中，融合传播能力迅速提升。

万物互联时代,"传播"被赋予更加丰富的内涵和外延,人人传播、海量传播、多向传播、立体传播、分众传播、互动传播、融合传播,媒体正在成为全程媒体、全息媒体、全员媒体、全效媒体,具有明显的移动化、社交化、视频化特点。要适应公众对新闻产品的"消费升级"过程,勇于创新已经成为新闻工作者必须"标配"的技能。

将前沿技术应用到新闻场景中服务宣传工作,已成为主流媒体的必修课。在新华社推出的"元宇宙"采访中,通过三维建模和1:1高精度复刻,逼真地展现出货轮靠泊、港口繁忙的景象,让天津港"实景"跃然屏幕之上;采用MAYA(三维动画软件)渲染仿真动画场景,精细化建模,运用CG(计算机视觉设计和生产)空间元素特效与空间视角对位匹配,呈现了一个未来"云端上的小村庄"……生动精密的场景建模和活泼有趣的增强现实应用,极大提升了受众的体验度和参与感,并由此带来极佳的传播效果。会不会、敢不敢积极利用新技术新形式,考验着媒体平台的专业度与前瞻性。在媒体融合攻坚推进过程中,只有不断强化技术赋能、推动话语创新,大胆运用新机制、新模式,才能更好应对传播格局深刻变革带来的挑战。

3. 时代发展:"诗文随世运,无日不趋新",新时代媒体平台必须更精彩地讲述新时代故事

科学思想指明前进方向,伟大时代提供广阔空间,新闻工作者有幸身处伟大的新时代,身处江山壮丽、人民豪迈、前程远大的当代中国,有幸记录时代风云、与时代共进步,新闻传播应因势而谋、应势而动,不断推出精品力作,适应党和国家事业发展新要求。

党的十八大以来,根据党中央和公安部党委决策部署,公安新闻传播队伍积极作为、开拓进取,推动公安新闻传播在报道形式、报道内容、报道效果方面取得重大突破,全方位反映公安机关维护稳定、打击犯罪、服务群众的生动实践,多角度展现广大公安民警忠诚履职、勇于担当、无私奉献的精神风貌,有效提升了公安机关整体形象,为推动公安工作发展营造了良好的社会舆论环境。新时代的公安新闻传播面临诸多新挑战新考验,也面临更多发展新机遇。要大力宣传贯彻习近平新时代中国特色社会主义思想,抓好选题设置、内容策

划，把透彻的思想讲透彻，把鲜活的理论讲鲜活，书写时代之变、中国之强、公安之进，大力宣传公安机关服务群众、保民平安的坚定决心、有力举措、积极成效，大力宣传公安改革创新的实践成果，书写人民公安钢铁之师的信仰之美、奋斗之美、筑梦之美，鼓舞士气，凝心聚力，为改革发展稳定大局服好务、为公安部党委中心工作服好务、为公安事业发展进步服好务。

二、在公安新闻传播实践中，立足行业优势，深耕垂直领域，坚持守正创新，坚持系统观念，准确识变、科学应变、主动求变，更好体现时代性、把握规律性、富于创造性，提高新闻舆论传播力、引导力、影响力、公信力

积极适应实践新发展、人民新期待、科技信息新趋势，亟待公安新闻传媒阵地破除一切不合时宜的思想观念和体制机制弊端，破解各种矛盾问题，打破制约自身发展的瓶颈，实现传播效果和传播影响力的新提升。

习近平总书记关于新闻舆论工作的一系列重要论述，深刻阐述了新闻舆论工作的重大意义、职责使命、基本原则和目标要求，丰富和发展了党的新闻舆论工作理论，为做好新时代新闻舆论宣传工作提供了根本遵循。

守正创新，是习近平新时代中国特色社会主义思想的重要方法论，要求我们既要继承发扬长期以来新闻实践中积累的丰富经验、形成的优良传统，又要根据事物发展的内在要求，克服观念束缚、抵制惰性惯性，在遵循规律的基础上进行新创造、推动新进步。坚持守正，创新才有方向和依归；不断创新，守正才有活力和基础。公安新闻传播阵地应以内容为王、导向为魂、移动为先、创新为要、人才为根，坚持求真务实，力求因时因地制宜，用新的思路、举措、办法解决新的矛盾和问题，让创新活力竞相迸发，创新力量充分涌流，切实提高公安新闻传播有效性。

系统观念，是马克思主义认识论和方法论的重要范畴，是马克思主义政党基础性的思想和工作方法，要求我们加强前瞻性思考、全局性谋划、战略性布局、整体性推进，用普遍联系的、全面系统的、发展变化的观点把握事物发展规律，做到统筹兼顾、综合施策。各自为战的碎片化、局部性传播难以适应信息传播需要，必须推进系统集成，提高新闻舆论宣传的协同性。公安新闻传播必须坚持系统观念，建立集中统一、反应灵敏、运转顺畅、协调高效的新闻传播工作机制，推进上级与下级之间、同级各部门之间、宣传部门与业务部门之间、公安传统媒体与公安新兴媒体之间、公安行业媒体与社会综合媒体之间的协作配合，实现资源有效利用、深度整合，确保公安新闻传播各项工作有条不紊、层层递进、协同联动、务求实效。

（一）传播思路观念创新

"近水识水性，近山识鸟音。"新的发展阶段，新的技术迭代，新的时代课题，新挑战、新考验面前，我们该怎么做？是挺身入局还是等待观望？是与时俱进还是因循守旧？

思想是行动的先导，思路决定出路。思维模式的更新是行为模式转变的前提条件，以什么样的理念思路指导实践，影响着公安新闻传播的发展方向和发展速度。在论述宣传思想工作创新时，习近平总书记深刻指出："理念创新，就是要保持思想的敏锐性和开放度，打破传统思维定势，努力以思想认识新飞跃打开工作新局面。"[①]事物运行往往就是这样，越是被动应付越会变得被动，越是主动进取越能赢得主动，积极应对，主动求变，主动创造条件才能克服困难，积极面对挑战才能化危为机。

新闻舆论工作是一项"苟日新，日日新，又日新"的事业。舆论环境日趋复杂，新闻舆论宣传工作如果还停留在过去的观念和手段，肯定难以收到理想的效果。必须清醒地看到，与新时代新形势新要求相比，公安新闻传播还存在许多不适应的问题，对新闻传播的规律性认识有待进一步深化，对新闻传播的方式方法有待进一步创新，新闻传播队伍的法治素养、专业水平、纪律作风有待进一步提升。

增强公安新闻传播有效性，首先强调思路观念创新，适应新形势、抓住新机遇、应对新挑战，保持思想的敏锐性和开放度，打破传统思维定势。要树立问题导向，正视不足，勇于改革，勇于创新，在推进思路理念创新的基础上推

---

① 《习近平关于全面深化改革论述摘编》，中央文献出版社2014年版，第84页。

动公安新闻传播业务实践创新，以公安新闻传播整体水平的进一步提高凝聚推动公安事业发展的更强大正能量。要有逢山开路、遇水搭桥的开拓精神，破除一切制约公安新闻传播高质量发展的思想观念束缚和体制机制弊端，把改革创新作为永恒主题，既观大势也察微小，既思战略也想战术，既谋当前也虑长远，以创新举措破难题、补短板、强弱项。

增强公安新闻传播有效性，要按规律办事。规律是事物发展过程中内在的、本质的、必然的联系，不以人的意志为转移。新闻舆论工作是一门科学，必须按照规律办事。不通晓、不研究新闻传播规律，那只能是"盲人骑瞎马，夜半临深池"，出了问题，也只会"头痛医头，脚痛医脚"。做好公安新闻传播，必须遵循规律、顺势而为，准确把握新闻传播规律和公安工作规律，把握社会公众信息需求规律，把握好时度效要求，抓住时机，把握节奏，讲究策略，推动公安新闻传播更好地体现时代性、把握规律性、富于创造性。

（二）传播指挥机制创新

"事必有法，然后可成。"以增强新闻传播有效性之"的"导引和改进创新之"矢"，关键的一点就是传播流程机制创新，这是实现传播效果的基本路径。而推进流程创新，尤其重要的一点就是传播指挥机制创新。

习近平同志在福建工作时，在《提倡"经济大合唱"》一文中使用了"经济大合唱"的形象表述："一个合唱团，要做到异口同声，就得讲究一个主旋律、一种节奏。经济工作也是同样的道理。如果每个部门、每个单位都强调自己工作的重要性，各吹各的号，各唱各的调，那非唱'砸锅'不可。所以，我们应提倡'经济大合唱'。"①对新闻舆论宣传工作而言，同样要唱好"宣传大合唱"，调动各方力量、运用各种资源，逐步建立起集中统一、反应灵敏、运转顺畅、协同高效的工作机制，形成上下互通、横向联合、齐抓共管的大宣传工作格局，实现工作共融、资源共享，打好"组合拳"，奏响"交响乐"。

唱好大合唱，得有统一指挥。正如《提倡"经济大合唱"》一文中指出的："参加'合唱团'的各部门、单位，尽管工作千头万绪，乐器各异，声部不同，

---

① 习近平：《摆脱贫困》，福建人民出版社1992年版，第10—11页。

'大弦嘈嘈如急雨，小弦切切如私语'，但都要服从党委和政府的指挥。"①做好公安新闻传播，必须坚持在党的领导下，党委加强领导，切实负起政治责任和领导责任，充分发挥总揽全局、协调各方的作用，加强对新闻舆论宣传重要内容的分析研判和重大任务的统筹指导，建立健全组织领导机制，牵头抓总、整合资源、形成合力，形成党委统一领导、宣传阵地发挥主力军作用、各部门积极参与的大宣传格局。

唱好大合唱，就要合成作战。合成作战是现代警务机制的必然要求，公安新闻传播机制亦应重视和发挥合成作战效能，公安报刊、网站、微博微信、影视制作等各传媒平台所涉及的各部门各单位，建立完善上下贯通、部门联动、执行有力的闭环合成运行体系，建立健全合成研判、合成指挥、合成制作、合成传播、合成引导等实战机制，动态整合，联动运行，分工负责，互相配合，优化机构设置，合理配置人员，形成"策划→制作→发布→舆论引导→效果评估反馈→新一轮宣传策划"的闭环。

合成不是简单集中。合成作战强调机制、资源、技术、人才的互通融合，建立新闻和信息一次采集、多种生成、多元传播的机制，事前有预热，事中有进展，事后有总结反馈，改变过去零敲碎打、随手抓取素材开展宣传的套路，从获取有效新闻源，到生成准确权威的新闻内容，到有步骤、有重点、有计划地发布报道，再到突发事件新闻舆论应急反应，形成系统完备（不是"唱独角戏"）、科学规范（不是"到时候再说"）、运行高效（不是"打到哪里算哪里"）的整体关联、有机衔接的公安新闻传播机制。可探索建立"新闻传播指挥服务中心"，丰富传播应用模块，实现信息全量汇总、策划集纳生成，建立健全数据、指挥、行动、服务一体化工作机制，实现数据引领下精确指挥、精确行动、精确服务，提高预知预警、防控舆情、服务受众的能力。

在具体的新闻传播生产操作中，"中央厨房"是一个形象比喻，是对新闻生产、制作、分发等各流程统筹运作、全链条统分结合的生动表达。其最主要特点是一次采集、多元加工、多种生产、多样生成、多元传播、系统协调，核心作用是统一指挥，打破部门分割，打破媒介壁垒，打通采编资源，策划、采访、

---

① 习近平：《摆脱贫困》，福建人民出版社1992年版，第11页。

编辑、评论、传播、反馈一体化运作，创新丰富新闻产品样态，从适合快阅读、碎片阅读的新媒体产品到深度解读的传统媒体产品，多种呈现形式形成组合拳，通过"一鱼多吃"的新闻生产方式，实现了分众传播和精准对接。但目前很多"中央厨房"存在重抢发快发和形式创新、轻深度原创和重磅报道的问题，存在重传播内容制作发布、轻传播规律研究和舆情受众分析等问题。

（三）传播技术手段创新

习近平总书记深刻指出："手段创新，就是要积极探索有利于破解工作难题的新举措新办法，特别是要适应社会信息化持续推进的新情况，加快传统媒体和新兴媒体融合发展，充分运用新技术新应用创新媒体传播方式，占领信息传播制高点。"[1]新闻传播的"工具箱"正在不断丰富。互联网、物联网、大数据、云计算、人工智能等信息技术的快速发展，使得包括新闻传播在内的各类社会实践活动插上信息化翅膀从而发生极大变化。从报纸、广播到电视，从门户网站到微博、微信，每一种新的传播形态出现和发展背后都是一定技术手段的支撑应用。从过去的照相机、摄像机到现今的5G传输、移动直播、无人机、3D、VR、AR……眼花缭乱的技术类型大大丰富了新闻传播技术支撑体系。提升公安新闻传播有效性，必须高度重视传播技术手段创新，抓住新一轮科技革命和产业变革的重大机遇，向科技要宣传力、向信息化要战斗力，努力掌握新技术，把新技术运用到新闻信息采集、生产、传播、反馈等各环节，实现新闻传播网络化数字化发展，不断创新公安传播平台运营模式、表达方式、表现形式、传播范式，打造技术先进、竞争力强的新型公安新闻传媒阵地。

传播技术手段的飞速发展推进了新闻传播实践的变革发展。2018年12月，新华社发布中国第一个短视频智能生产平台"媒体大脑·MAGIC短视频智能生产平台"，集纳了多项人工智能技术，如自然语言处理、计算机视觉、音频语义理解等。据了解，这是人工智能技术首次在媒体领域集成化、产品化、商业化的应用。平台能够对进入的媒体资源进行智能分析，自动识别具有较高新闻价

---

[1]《习近平关于全面深化改革论述摘编》，中央文献出版社2014年版，第84-85页。

值的事件，帮助记者、编辑在报道中争分夺秒。①从"纸与笔""铅与火"，到"光与电""数与网"，从5G直播到AI写稿，从H5互动到虚拟主播，层出不穷的媒体新技术大大丰富了讲故事的形式和手段，让新闻传播在选题、创意、表达等实际传播操作上更加游刃有余。

"君子生非异也，善假于物也。"新技术的迅猛发展，赋予传播平台新的发展空间，为新闻舆论工作注入新动能。提升公安新闻传播有效性，要强调技术赋能，积极学习新技术、把握新趋势，学习并熟练应用大数据、人工智能等新技术，积极探索新一代网络信息技术在新闻传播、舆论引导方面的作用，主动将其运用于新闻采集、生产、分发、接收、反馈各个环节，大力提升新闻舆论工作的信息化水平和技术成色。

2021年1月10日，首个中国人民警察节当天，中国警察网联合北京、南京等多地公安机关进行大型融媒接力直播活动。5小时的直播活动中，庄严的升警旗仪式，令网友激情澎湃；警营开放日活动，先进的警用装备让网友大饱眼福；1月10日过生日的老民警讲述在派出所过生日的故事，令人泪目……整个直播中，有575万名网友通过中国警察网网站和微博、快手、抖音、视频号等官方平台在线围观，点赞过百万。

为庆祝第二个中国人民警察节，2022年1月，中国警察网联合多地公安机关开展"你的平安　我的节日"大型融媒体系列直播活动，中国警察网以及微博、快手、抖音、新华号、百家号、头条号等新媒体平台，新华网、新华媒体创意广场多平台联合直播。通过11场直播，带领广大网友走进警营，了解基层民警故事。直播活动累计播放量超2100万次。

信息技术飞速发展的当下，以新技术提升传播效果是主流媒体的重点着力方向。除了新闻内容生产方面的供给侧结构性改革外，传播平台正在广泛引入算法技术，通过数据挖掘归纳并加以处理，精准分发，精准送达，更多地推送个体用户感兴趣的内容，实现传播内容的高到达率、高打开率，从而让用户保持平台使用黏性。算法加持下的传播平台得以更加贴近受众、虹吸受众，这是

---

①　张超群：《短视频生产进入智能时代！新华社推首个MAGIC短视频智能生产平台》，新华社成都2018年12月27日电。

▲ 中国警察网开展"你的平安 我的节日"中国人民警察节大型融媒体系列直播。

媒体影响受众、进一步提升舆论引导能力的重要路径。

（四）传播管理机制创新

创新完善传播管理机制，首先要坚持正确政治方向。政治方向是做好新闻传播的根本保证。必须坚持党性原则，坚持正确政治方向，站稳政治立场，秉承为民情怀，把宣传党的主张与反映人民心声有机统一起来，这是新闻舆论工作安身立命之本。习近平总书记指出："所有从事新闻信息服务、具有媒体属性和舆论动员功能的传播平台都要纳入管理范围，所有新闻信息服务和相关业务从业人员都要实行准入管理。"① "新闻舆论单位领导班子和当家人要有很强的政治敏锐性和政治鉴别力，不仅要做业务专家，而且要有政治家的头脑，有政治眼光和政治智慧，善于从政治上看问题，善于把政治导向、政治要求体现到工作中去。要把好采访关、组稿关、审核关、发稿关，严格规范新闻采编工作流程。"② 掌握新闻传播阵地，首先要解决好谁来管、怎么管的问题。要把党管媒体的原则贯彻到各媒体领域，不论媒体融合发展走到哪一步，党管媒体、政治家办报的原则不能变。

---

① 《习近平著作选读》第一卷，人民出版社2023年版，第453页。
② 《习近平关于社会主义文化建设论述摘编》，中央文献出版社2017年版，第47—48页。

——建立完善审核把关机制。把管住阵地作为落实意识形态工作责任制的重要内容，严格把住政治关、导向关、质量关，强化内容安全管理，严守新闻信息刊播法律法规和采编制度，建立健全稿件刊播审核制度，严格规范新闻采编流程，严格执行审稿流程，明确采编刊播流程各环节的审稿职责，坚持"三审三校"，提高各环节审核把关能力。进一步完善公安新媒体信息审核发布制度、考核评价制度，细化工作权限、审批权限和发布流程，把好总闸门，把握时度效，确保新媒体警务信息发布既不抢跑也不慢跑，坚决避免因审查把关不严出现内容粗制滥造情况及"博眼球""蹭流量"造成不良影响等行为，推动警务新媒体健康发展。公安新闻传播平台所涵盖的报、刊、网、端、微、屏各平台，以及策划、采访、组稿、编辑、审核、播发、评论和运营反馈各环节，坚持"一个标准、一把尺子"，注重提升岗位意识、责任意识、质量意识，审慎评估舆情风险，以严格的内容审核制度保障信息发布程序规范、内容准确，确保内容安全、刊播安全、传输安全、出版安全。

——建立完善突发事件报道机制。在现代社会治理特别是突发事件应对处置过程中，舆论影响社会公众对事件的认知和态度，进而影响事态发展。要建立完善突发事件报道机制，注重提升应急应对能力、高效协调和快速反应能力，确保重大突发事件发生后，第一时间启动新闻传播应急机制，成立应急报道领导小组，负责相关报道协调工作，保障新闻生产安全有序。要建立应急预案，且预案不能仅停留在纸上，而是要抓在手上、练在平时，开展公安新闻传播突发事件应对实战练兵。可探索组建"新闻传播应急专家团队"，加强与各警种、业务部门和基层单位的协调，提高应急处置能力，提升跨部门应急传播处置协作配合水平。

——建立完善舆情应对机制。要认识到，突发事件发生时，别人说不如自己说、被动说不如主动说，公众如不能从权威渠道获得信息，就会转向非正常渠道获取信息，易引发谣言流传甚至诱发网络舆情。在舆情应对新闻传播实践中，一是要主动——围绕宣传什么、怎么宣传、如何引导舆情等进行认真谋划，主动设置议题，积极回应，真诚沟通，抓好热点问题引导，对于抹黑歪曲错误言论，旗帜鲜明、敢于亮剑，予以回击。二是要快——抢抓时间，第一时间了解准确情况,组织报道素材,第一时间通报信息,迅速公开澄清事实,消除不良影响,特别是在"人人都有麦克风"的网络时代,更需以快制快、公开透明,变被动为主动,避免猜测炒作,挤压谣言传播空间。三是要专——深入研究新闻传播规律,舆情应对和舆论引导工作中,发布信息要精准,答疑解惑要真诚,舆论引导要主动,宣传用语要规范。可探索建立"舆情应对小组",从风险评估→舆情预警→舆情研判→应急响应→舆情处置全流程介入,在事件发生后迅速启动舆情引导预案,发挥舆论传播专业经验优势,增强舆论引导的主动性、针对性、有效性,抢占舆论制高点。

——建立完善业务评价体系。深刻认识公安新闻传播具有的特殊政治属性和意识形态属性,严格落实意识形态责任制,切实加强新闻传播队伍管理,加大对新闻传播队伍专业匹配度和适岗能力的日常分析跟踪,用好专业能力强的宣传干部,及时调整专业能力不强、自我提高能力不足的干部,以鲜明用人导向激励宣传干部养成"干一行爱一行精一行"的专业精神。严格规范新闻业务和经营性活动,坚决杜绝虚假新闻有偿新闻,严禁任何以牺牲公信力、影响公众利益换取媒体经济利益和其他利益的行为。从严规范管理,建立行之有效的全流程、全链条、全领域、全闭环传播管理和业务评价制度,做到守土有责、守土负责、守土尽责。

（五）传播内容设置创新

对新闻媒体来说,内容创新、形式创新、手段创新都重要,但内容创新是根本的。内容高质量,才能赢得传播大流量。保持内容定力,追求内容魅力,才能让广大读者愿打开、能接受、有共鸣,主流舆论的正向效应才能发挥到最大。

——坚持内容为王。内容是媒体传播力、影响力的基础,也是最核心的竞争力。要牢牢抓住内容建设这个根本,把握正确政治方向、舆论导向、价值取向,突出思想引领,注重提高新闻传播信息质量,生产更多权威报道、深度解析、评论理论等原创内容,既有权威信息,又有生动的表达、专业的呈现,打造更多有思想有温度、接地气聚人气的新闻传播产品,把党和政府的政策主张讲全面、讲清楚、讲透彻。

——话语创新。准确把握受众阅读习惯的变化，把内容做得既"有意义"又"有意思"，不断改进表达方式，创新表现形式，实现鲜活呈现、深度表达，让新闻传播内容丰富起来、鲜活起来，更容易为公安民警和广大群众所喜爱所接受。话语创新应突出公安特色，坚持"立足公安、面向社会"，不断释放公安主流媒体的生产力，创作更多有思想、有温度、有品质的高水平融媒体作品，大力宣传党中央的决策部署，大力宣传公安机关的重点工作和改革举措，生动展示公安事业发展进步的丰硕成果，让重大主题宣传出新、重要报道出色、重点原创出彩，让正能量产生大流量、好声音成为最强音。

——话题设置策划机制创新。话题设置是舆论引导的重要手段，话题设置能力体现和影响着媒体的舆论引导能力。公安新闻传播领域有海量优质内容，应重视以重大任务和主题报道为牵引，科学设置话题，巧妙运用话题，打造热点话题，有效传播公安权威声音、展示公安队伍形象。有效的话题设置往往是时度效要求以及传播技巧和方法的最佳综合运用。要紧紧围绕主题主线，把握时间节点，精心策划重大主题报道，设立具有新时代特征、体现公安工作发展规律、展现公安工作新成就的优质话题，做到定位准、话题精，迅速引发传播燃点。

为庆祝首个中国人民警察节，《人民公安报》、中国警察网官方微博积极运维话题#中国人民警察节#，并联合新浪微博策划#一条献给全中国所有警察的微博#话题活动。两个微博话题很快进入微博热搜要闻榜，话题#中国人民警察节#通过推送文字、图片、视频、漫画、海报等多种形式，阅读量突破3.6亿，#一条献给全中国所有警察的微博#阅读量达到1.7亿。话题吸引了人民日报、央视新闻、新华网、中国青年报等媒体，以及@共青团中央、@紫光阁等影响力账号的积极参与。众多有影响力的微博自媒体和明星艺人也纷纷加入相关话题讨论中，向人民警察致敬。网友们纷纷在评论区写下自己与人民警察之间的暖心故事[1]。

岁末年初，推出话题#我们这一年#，细数一年来公安工作的发展进步，短

---

[1]《人民公安报中国警察网警察节融媒体产品备受瞩目》，《人民公安报》2021年1月11日，第9版。

视频、图片、文字新媒体作品形式精彩纷呈，形成强大的舆论声势。#致敬公安楷模#、#两会看公安#、#警徽荣耀#、#护航高考#、#最美基层民警#、#节日我在岗#、#我们都是追梦人#、#红色记忆#……通过打造一个个现象级话题，公安新闻传播阵地将一个个惊心动魄的打击犯罪场景、一个个扎根基层服务群众的感人故事，生动呈现在广大网友面前。这些话题持续跻身各新媒体平台热榜前列，也成为公安新闻宣传阵地加快推进媒体融合、不断提升公安新媒体影响力的生动体现，有力传播公安正能量，持续营造浓厚舆论氛围，提升了公安新闻传播引领舆论的能力。

话题设置是内容建设的重要方面，是舆论引导的有效手段。内容是基础，话题是点睛。好的内容，以好的话题引领，围绕重要时间节点和重大主题重大典型宣传，提出概念，形成标识，高度贴近目前受众群体读图、阅屏习惯，容易让读者找到兴趣点，形成集约式规模化传播，成为阅读量的重要保证，成为热搜后更会形成爆炸式传播。公安新闻传播应积极探索新媒体网络传播规律，积极探索在新闻舆论场中及时准确投放公安话题，围绕中心工作抓好统筹，加强传播手段和话语方式创新，提高策划能力和话题设置能力，使重点报道得以在互联网上持续发酵有序释放，不断掀起主题宣传热潮，产生规模性现象级叠加传播效果，扩大公安新媒体账号影响力和宣传覆盖度，实现传播效益最大化。

▲ "公安心向党 护航新征程"话题在快手短视频平台累计播放量达数十亿。

（六）互联网传播思维创新

当今时代，互联网发展日新月异，信息化浪潮席卷全球，以互联网为代表的信息技术日新月异，引领社会生产新变革，创造人类生活新空间，拓展国家治理新领域，互联网思维越来越具有普遍的方法论意义。

思维模式更新是行为模式转变的前提条件。新一轮互联网信息革命深入发展，改变着受众获取、表达、传递信息的方式，也重塑着媒体的产业形态、内容生态。提升公安新闻传播有效性，必须主动融入时代潮流，积极拥抱互联网，重视网络舆论引导的强大效能，科学认识网络传播规律，坚持用互联网思维办媒体、抓融合、促发展，实现技术与内容双轮驱动，更多更好地"引关圈粉"。

"来了就是深圳人，快来领张'深'份证。""深"份证是一款新媒体作品，是深圳经济特区建立40周年之际，《深圳商报》献给特区的一份特殊生日礼物。在《深圳商报》与腾讯公司联合推出的这一大型线上活动中，只要选择第一次来深圳的时间，上传头像并挑选有时代和职业印记的服装，就能生成一张包含个人姓名、性别、深龄及独有编号的"深"份证。活动上线之后，迅速火遍深圳，快速传播到国内各省区市甚至国外，平均每小时有7.5万张"深"份证被领走，每分钟1250人次领取"深"份证。短短10天时间，参与办"证"者达到1700万人次，各渠道累计浏览量达3亿次。包括《经济日报》《中国青年报》等多家中央媒体，以及《浙江日报》《湖北日报》等百余家主流媒体500个新媒体平台转载报道这一活动，成为庆祝深圳经济特区建立40周年最火爆、最热门的融媒体作品[①]。在这个成功的"深"份证活动传播实践中，地方媒体打破区域界限，打造全国性爆款，主旋律报道变成互动产品，成为用户主动参与、主动传播裂变的话题，传统媒体在融媒时代搭上社交网络的快车。

高速发展的互联网正重塑着信息的生产过程和传播方式。提升公安新闻传播有效性，必须更加强调互联网传播思维创新，在用好传统媒体的同时，认真研究新媒体环境下的信息传播规律，以互联网思维谋划推进新闻传播，提升运用新媒体开展新闻舆论工作的能力，把信息技术裂变带来的挑战转变为信息传

---

① 丁时照、张玉斌、李迩：《打造融媒爆款作品方法谈——以深圳商报读创客户端"深"份证为例》，《新闻战线》2020年10月（上）。

播发展的难得机遇，切实用好网络新媒体，优化新闻信息生产机制，创新表达方式、呈现形式、传播方式，不断丰富传播内容、拓展传播渠道、扩大传播范围，不断加强新媒体环境下的公安新闻宣传主渠道主阵地建设。

——在开放中互动。互联网的开放性体现在其由传统媒体的单向信息传播转变为双向和多向互动。一方面，读者在阅读可视化、沉浸式新闻传播作品时，不再只是"看"新闻，而是以更加直接的方式"进入"新闻、"触碰"新闻、"转播"新闻。另一方面，信息发布之后，受众可参与评论，可转发点赞，不再只是信息接收者，也是信息的发布者、传播者、参与者，使得信息传播呈现明显的公共化特征，扩充了社会公众对社会事务的参与渠道。提升新闻传播有效性，应注重传播平台与用户的连接，在报刊网端微屏等多种终端建设中，促进单向传播向互动式、服务式、体验式场景转变，加强用户习惯和偏好研究，优化用户互动体验。公安新闻传播平台通过警民互动的媒介方式，畅通沟通渠道，不断提升答问效率和互动质量，走好网上群众路线，及时感知社会态势，听民意、聚民智、解民忧、聚民心，推动公安机关警务创新、服务提升、作风转变，助力提升广大群众的获得感、幸福感、安全感。

——在海量中求质量。互联网背景下，新闻信息传播呈现海量传播、人人传播的特征。信息海洋里，全天候24小时，新的信息随时涌动。传播平台要赢得用户、增强用户黏性，就必须考虑优化用户参与和互动体验，从拼海量向拼质量转变，以内容优势赢得发展优势。需适应舆论生态、媒体格局、传播方式发生的深刻变化，努力在信息生产领域进行供给侧结构性改革，推出更多有思想、有品质的精品传播力作，利用内容和渠道的融合扩大声量，成为覆盖广泛、导向正确、便捷高效的公安宣传阵地。

——在创新中更"吸睛"。有效满足公众对信息的内容需求和形式偏好，才能进一步增强新闻传播的吸引力、影响力。短视频的火爆正是因为适应了移动传播的需要，适应了受众偏好的变化，突破了文字和静态图片的局限，以其碎片化、移动化迎合了移动端用户圈群传播模式。传统主流媒体近年来大举进军短视频，新华社的新华视频、人民日报的人民V视等都是其中的代表。人民日报社的爆款新媒体产品系列宣传片《中国一分钟》，以"今天的中国，每一分钟会发生什么"为切入点，运用快速的剪辑、精美的画面、直观的数字，展示中国在经济、社会、文化、科技等方面取得的历史性成就，展现中国人民意气风发的精神风貌，第一集在人民日报微信平台推出后不到半小时阅读量即达10万+，15天内三集短视频全网观看量突破3.5亿次。从受众兴趣点出发，积极探索网络信息生产和传播的特点规律，强化互联网内容传播体系的技术驱动，善于运用网络新技术新应用，以活泼的网络传播形式、接地气的表现方式，吸引受众并鼓励其择取自己感兴趣的内容在朋友圈、自媒体等各种渠道进行二次传播。为庆祝第二个中国人民警察节，2022年1月，中国警察网策划H5"我从警那一年"，一经推出便在微信朋友圈引发"刷屏式"传播，短时间就有近60万名网友参与互动。"我从警那一年"H5以蓝、红为主色调，公安民警输入入警年份即可生成警龄海报，并显示入警那一年公安工作中发生的大事件。为了增强互动感和趣味性，其他非民警身份的网友还可选择不同年代的警服图片和祝福语，生成祝福海报，分享至朋友圈。网友通过H5互动体验，不仅展现了警察职业的自豪感，也增强了人民群众对警察的理解和支持。

▲ 从受众兴趣点出发，积极探索网络信息生产和传播的特点规律，以活泼的网络传播形式、接地气的表现方式，吸引受众参与并在朋友圈、自媒体等各种渠道进行二次传播。中国警察网策划H5"我从警那一年"，在微信朋友圈引发"刷屏式"传播。

新闻信息传播的效果，很大程度上是由受众的内容诉求及其被满足程度所影响甚至决定的，这是新闻传播以受众为核心的出发点和实现路径。重视受众信息诉求，增强主动服务意识，建议可成立"受众信息需求专门调研团队"，建立系统化、专业化受众调研机制，通过受众问卷调查、电话调查等各种形式，做好社会调查，了解信息需求，形成研究报告，制作调研模型，更好地把握媒体分众化、对象化发展趋势，更好地满足不同受众的不同需求，从而科学调整传播策略和内容方向，积极回应用户信息诉求，生产制作更多符合受众需求的具有强大生命力、亲和力和感染力的新闻传播产品。

网络空间是人们生产生活的新空间，也是凝聚社会共识的新空间。新的发展形势下，维护国家政治安全和社会稳定的空间格局发生了深刻变化，对公安新闻传播平台的新闻宣传能力、舆论引导能力和社会沟通能力提出了新要求。在网络空间，公安新闻媒体要把握好按新闻传播规律办事的要求，做好主流阵地建设和舆论引导工作，着力提高互联网条件下社会沟通能力，如通过微联动、微直播、随手拍等多种形式，引导公众依法有序参与公共管理、公共服务，共创社会治理新模式，搭建起与群众沟通交流、凝聚共识的新平台，搭建起有利于加强和创新社会治理的互动平台，不断提高网上正面宣传和网络舆论引导水平，为全面推进依法治国、维护社会公平正义、促进社会和谐稳定营造良好舆论环境，实现传播效果、政治效果和社会效果的有机统一。

（七）传播平台渠道创新

新闻传播不仅要注重传播内容、形式等方面的创新，还要科学谋划路径，推进传播平台渠道创新，搭建融合平台，构建媒体矩阵，统筹公安自有媒体资源和社会媒体资源，推动各种媒介资源、生产要素有效整合，深度拓展传播领域，不断扩大公安主流声音影响力和社会覆盖面。

1. 统筹公安自有媒体资源平台渠道

（1）整合传统媒体、新媒体等公安自有媒体资源

习近平总书记指出："传统媒体和新兴媒体不是取代关系，而是迭代关系；

不是谁主谁次,而是此长彼长;不是谁强谁弱,而是优势互补。"①要充分借助和利用传统媒体在资源、策划、平台等方面的已有优势,充分发挥传统媒体在倡导主流价值观、主流文化、主流意识形态上的优势作用,策划推出更多有影响的深度报道和精品栏目,同时又要高度重视新兴媒体阵地,坚持传统媒体和新兴媒体优势互补、一体发展,推进报网联动、媒体融合,努力增强掌握和驾驭新媒体的能力和本领,做大做强主流媒体网络平台,占领新兴传播阵地。

要认识到,相较于商业媒体的互联网头部聚合平台,公安新媒体平台覆盖面还有较大提升空间。提升公安新闻传播有效性,必须适应互联网时代大众传播新趋势,大力加强公安新媒体宣传阵地建设,建设好、管理好、运用好公安报刊、网站、官方微博、微信公众号等自有媒体阵地,更好地发挥新媒体的增量传播效应,打造一批在整个行业平台拥有巨大影响力和引导力的头部账号,发挥辐射带动作用,吸引社会注意力,把公安系统自有媒体的宣传内容第一时间转化为社会传播内容,实现公安新闻传播影响力的"溢出效应"。

(2)完善公安新媒体矩阵,整合发展,集群作战

近年来,在公安部党委的高度重视下,公安新媒体蓬勃发展,作用日益彰显,影响力不断扩大,以公安部头条号、@中国警方在线、@中国警察网以及@平安北京、@警民直通车-上海等为代表的各级公安政务新媒体发挥出强大的威力,建立了由多层级、多警种新媒体共同参与的富有公安特色的全国公安新媒体矩阵。

公安机关的新媒体平台是公安新闻舆论宣传的重要阵地,是密切警民关系的纽带。公安新媒体作为规模最大、影响力最广、最成建制的政务新媒体集群之一,上下贯通、纵横交织,紧扣时代脉搏,积极服务公安实践,热情讴歌公安英雄,及时反映基层呼声,立体展示公安队伍形象,准确引导舆论,扩大了主流价值影响力版图,为推动公安事业的发展进步作出了积极贡献。

行业媒体有自身丰富的行业内容资源,在新媒体领域大有可为。要积极探索公安媒体融合发展新路径,加大对新闻信息资源的系统整合力度,确保在重大主题活动、重要宣传任务中更好地整体联动、协同配合。要积极向新兴传播

---

① 《习近平谈治国理政》第三卷,外文出版社2020年版,第317页。

领域延伸,探索建立适应新媒体传播规律的工作机制、运营模式,不断创新新媒体话语方式、表达方式,持续推出更多形态新颖、内容优质、服务精准的移动端产品,打造一系列宣传与服务双赢的有影响力的公安新媒体代表品牌。要充分发挥各自媒体阵地特点和强项,找准自身发展定位点,以集群形式入驻覆盖面、传播面更为广泛的聚合类平台,形成更显著的规模化效应,构建功能互补、覆盖广泛、便捷高效的公安舆论宣传阵地体系。

2. 既"造船出海"又"借船出海",内能聚力、外善借力

内能聚力、外善借力,是公安新闻传播要认真思考的方法论。在坚定发展建设自有媒体平台的同时,大力提高聚合能力,借助外力扩大自身"音量",充

▶ 《人民日报》2022年1月10日刊发报道《中国人民警察节到来之际,走近基层民警、倾听从警故事——忠诚履职 守护万家灯火》。

分依托社会媒体资源力量，寻找到内容分发的新出口，为自身发展和放大声量赋能。

各类主流媒体平台经过激烈竞争的洗礼，用户基数大、流量大、造血机能强，已经形成较强的竞争力和传播力，在平台的资源聚合和运营能力上值得借鉴、借力。与这些主流媒体平台合作，能有效突破公安行业自有媒体平台的影响力不足等问题，让优质内容更多更好抵达用户，推动公安好声音进入各类用户终端，占领新的舆论场，从而扩大地域覆盖面、扩大人群覆盖面、扩大内容覆盖面，更好发挥公安新闻舆论传播的导向作用、旗帜作用、引领作用。

▲ 《人民公安报》评论员文章借力"学习强国"学习平台实现更广泛发布。

▲ 公安新闻传播平台与各级各类新媒体平台合作推出公安报道。

2022年9月5日，四川甘孜泸定县发生6.8级地震，广大公安民警辅警紧急行动参与抢险救援。公安新闻宣传报道队伍第一时间获得现场视频图像资源并第一时间发布，中国警察网9月6日11时2分在抖音平台上发布的短视频《震中道路损毁！甘孜特警上演"飞夺泸定桥"式救援》仅6小时播放量就超过千万次，24小时播放量突破2000万次。来自公安新闻传媒的很多一手珍贵素材以及动态进展被包括中央广播电视总台等在内的大量媒体作为权威信源转发。

公安工作素材是新闻富矿。将公安新闻传播优秀原创作品通过第三方优质平台发布，一方面，优质公安新闻内容借力第三方媒体平台扩大覆盖面和影响力；另一方面，第三方媒体平台借助公安新闻内容的权威、准确、受众关注等天然优势，丰富自身平台资讯内容，引来源头活水，激发自身活力和社会影响力。这是一个共赢。这些第三方平台，包括各类综合性报刊、广播、电视等传统媒体以及

▲ 中国警察网在抖音平台上发布短视频《震中道路损毁！甘孜特警上演"飞夺泸定桥"式救援》，报道被大量媒体作为权威信源转发。

商业网站、微博、微信、App客户端、B站、抖音、快手及强国号、人民号、新华号、百家号、头条号等媒体平台。与社会新闻媒体建立良好合作关系，把公安机关所要宣传的主题内容与媒体和公众关注的话题紧密结合起来，积极提供正面新闻报道素材，让公安队伍中的先进人物、先进事迹通过公安新闻媒体和各类社会媒体等多个渠道集中有效展现，畅通信息传播渠道。

2023年清明节前夕，全国公安新媒体矩阵在微博、今日头条设置#致敬公安英雄#网络话题，微信公众号加挂"致敬·缅怀·奋进"主题图片，并与人民网、央视网、新浪网、腾讯网、今日头条等媒体合作，精心打造了一批易于网

络传播的图文、动漫、MV、H5、短视频、公益宣传片等新媒体作品。2022年"5·15"全国公安机关打击和防范经济犯罪宣传日活动期间,《人民日报》、新华社、中央广播电视总台、《人民公安报》等媒体对"5·15"宣传日活动进行集中宣传报道,同时充分发挥多媒体矩阵强大宣传效应,仅抖音一家,"#515dou防范经济犯罪"话题视频播放量8亿余次。黑龙江省公安厅在黑龙江交通广播电台及《黑龙江日报》播发新闻稿件,在黑龙江电视台《新闻夜航》栏目播出专题节目。湖南省公安厅联合湖南卫视制作"5·15"打击和防范经济犯罪宣传日特别节目,联合传统媒体及新媒体平台打造防范经济犯罪融媒体宣传矩阵,实现宣传效果多层面、多元化。

"借船出海、借台唱戏、借梯登高",充分发挥各类综合媒体特别是新媒体多平台发布、集群化传播、矩阵式联动的运行特点和优势,扩大了公安新闻传播内容的辐射面积,提升了公安新闻宣传影响力,更好搭建起公安机关与群众沟通交流的桥梁。

▲ 第二个中国人民警察节到来之际,中国警察网与新华网联合推发视频《我是人民警察 我可以》,获全网400+媒体转发,传播量超1.08亿次。

2021年5月,中国警察网联合新华网、光明网、央视频等17家平台,在浙江嘉兴南湖边进行现场直播,带广大网友探访离南湖红船最近的派出所——嘉兴市公安局南湖区分局七一派出所。此次直播活动中,中国警察网和新华网、光明网等17家平台同步直播，创下了中国警察网单场直播最多平台参与的纪录。@浙江公安、@平安重庆、@警民直通车－上海等省市级活跃公安微博积极协调区域账号转发助推，抖音App开机屏推荐，新华云直播首页热门直播推荐，百度App直播栏目首页推荐，"学习强国"App、央视频、微信视频号首页推荐，数百万网友跟随直播镜头走进七一派出所感悟"红船精神"。

"能用众力，则无敌于天下。"公安工作需要社会各界的支持，公安新闻传播也需要来自各方面的支持帮助，单打独斗、闭门造车肯定无法有效完成新闻传播使命任务，必须坚持开放合作，秉承开放的心态并满怀合作的诚意，与中央媒体及具有全国影响力的新媒体平台围绕公安工作和公安队伍建设主题宣传任务进行"头脑风暴"，从思想碰撞到经验交流，从资源共享到机制完善，"融"策划，"融"合作，充分挖掘公安工作内容富矿，发挥利用好各大媒体平台优势，生产和传播更多传递公安队伍精气神、公安工作正能量的精品力作。

"假舆马者，非利足也，而致千里；假舟楫者，非能水也，而绝江河。"要不断扩大公安主流声音的有效覆盖，就必须加强传播渠道创新建设，既推动公安新媒体树立阵地意识、做强自有媒体平台，在新兴网络平台广泛布局，又重视社会媒体力量，建立公安新闻媒体与中央媒体及具有全国影响力的新媒体平台之间的协作联动机制，善借力、广用力、用好力，集聚各方优势，形成最大合力，拓宽正面宣传渠道。通过内容定制生产+精准推送，实现精准"滴灌"+"靶向"供给，从受众需要的"细分"到渠道供应的"聚合"，实现受众内容需求的"消费升级"，力求实现宣传效果最大化、最优化，让党的声音传得更开、传得更广、传得更深入，为建设更高水平的平安中国、法治中国更好鼓与呼，为维护国家安全和社会稳定起到更加积极的作用。

建议公安新闻传媒立足行业自身优势，探索打造公安垂直领域的权威内容平台，打造一个"公安新闻传播领域的'今日头条'"，一个能实现公安新闻信息一站式云采集的全平台，尝试建立在影响力、体量上同商业性头部客户端相类似的平台项目。一是在内容方面强调"聚合"，涵盖公安和法治新闻资讯（新闻直播）、法律法规查询解读、电商惠农、智库、舆情分析等核心内容。立足专业和实用，行业专业编辑精选把关，做透公安资讯，聚合政法公安类海量内容,以大数据云计算个性化推荐等互联网技术为驱动,推动契合用户喜好的个性化推荐,不断固定和扩充用户基数。二是在功能方面强调"丰富",应能不断升级、不断提升用户使用体验,可搜索全平台内容,可评论、转发、点赞,可发起线上活动,可开设个人账号直播,以及交通违法查询、失物招领、重名查询等涉警服务功能。通过打造行业云平台,重新链接内容,盘活优质新闻内容,这是媒体融合背景下的因势创新发展之举。

(八)传播人才队伍建设机制创新

人才是推动发展的第一资源,是党和人民事业兴旺发达的宝贵财富。党的二十大报告指出"人才是第一资源",强调深入实施"人才强国战略"、坚持"人才引领驱动"、做到"聚天下英才而用之"。媒体优势的核心是人才优势。念好了人才经,才能事半功倍。新闻舆论工作是政治性很强的业务工作,也是业务性很强的政治工作。要深刻认识党中央关于新时代公安工作的职责定位,按照新时期好干部标准,加强公安新闻传播队伍人才建设,致力培养懂科学理论、懂政策法规、懂公安业务、懂新闻规律、懂舆论引导的专业化新闻工作队伍,强化公安新闻传播创新发展的人才保障和智力支持。

1．人才培养：遵循人才成长规律,建立健全系统化规范化的学习培训制度

公安新闻传播立足公安、依托公安、属于公安、服务公安,这使得其内容生产具有很强的政治性、政策性、法律性、程序性,突出具有行业性、专业性。要推动公安新闻传播高质量发展,没有一支优秀的人才队伍,没有人才队伍的创造力迸发、活力涌流,是难以实现的。这就要求,在人才培养方面,应建立健全系统化规范化的学习培训制度,明确培训学习内容,完善培训研修机制,构建高水平人才梯队。

——明确培训学习内容。理论创新每前进一步,理论武装就要跟进一步。努力提高理论素养是公安新闻传播队伍提高"政治家办报"能力的内在要求。党的二十大报告明确要求"组织实施党的创新理论学习教育计划,建设马克思

主义学习型政党"①。一方面，必须大力弘扬马克思主义学风，加强马克思主义基本原理特别是新时代党的创新理论培训，坚持把深入学习贯彻习近平新时代中国特色社会主义思想作为理论武装的重中之重，引导广大公安新闻传播工作者学而信、学而用、学而行，夯实理论功底，提升政治素养，坚定理想信念。另一方面，要精学本职业务、广学各科知识。一是持续加强法律知识培训，开展法律法规和公安业务基础知识学习培训，提升运用法治思维和法治方式做好新闻宣传报道工作的能力。二是持续加强采编专业能力培训，强调"四力"标准，着眼"一专多能"，进一步提高策划、采访、写作、编辑、审核等新闻采编业务各环节综合能力水平，促进新闻采编工作流程更严格规范、科学高效，推动采访环节更加善于发现线索、找准新闻点、获得最有报道价值的新闻信息，推动写作环节以高质量的文图等形式呈现产品内容，推动编辑环节准确理解落实时度效要求，具备突出的知识储备、文字功底。三是持续加强传播新技术应用培训，着力提升运用互联网思维推动公安新闻传播创新发展的能力，组织有关大数据、区块链、融媒体技术知识培训，提升媒体融合发展本领，强化信息化素养和数字化能力。

——完善培训研修机制。学习训练是公安新闻传播工作者提升业务能力和职业素养的重要途径。要不断创新人才培养模式，健全培训研修机制，构建符合新闻传播实战需求的教官队伍、精品课程和训练模式，保证培训教学研修形式不走样、质量有保证。一是做到分类施训，坚持突出重点、兼顾全面，结合岗位实际和职责任务，区别工作类别和职务层次，针对不同对象制订培训计划，设计不同培训专题内容，按需施教，菜单式定课程、定教材、定教官。二是做到形式多样，综合运用专题培训、现场教学、体验教学、案例教学、互动教学、拓展培训等教学方式，理论与实务相结合，考核与绩效相结合，线上授课与线下授课相结合，突出常态化实战练兵培训，突出新闻采编专业训练，形成更具实效、更有活力的培训工作体系。三是做到时间保障，通过日常学习、脱产学习、短期集中培训等时间安排，科学谋划岗前培训、晋职培训、晋级培训等，在培训时间上作出制度性规定。

---

① 《习近平著作选读》第一卷，人民出版社2023年版，第53页。

——构建高水平人才梯队。积极探索完善人才培养计划，统筹实施符合公安新闻传播人才特点的培养工程，健全完善"公安新闻传播专家人才库"，重点对全国文化名家暨"四个一批"人才、宣传思想文化青年英才以及中国新闻奖等重要国家级奖项获奖人员，建立跟踪培养、全程培养的优秀人才培养体系，建立健全优秀人才发展支持机制、智力成果转化机制等，引领带动新闻传播人才素质能力和实践水平整体提升。致力培养名记者、名编辑、名评论员、名优秀新闻工作者，完善绩效激励，让人才动起来、冒出来，建立健全必要的优秀人才联系指导机制和长期培育引导机制，为优秀人才进一步发挥积极性创造性营造良好环境。以建成专家型人才、高级人才、骨干人才、标兵人才"四级梯队"公安新闻传播人才队伍为目标，建立系统科学的人才队伍建设发展平台，完善崇尚实干、带动担当、加油鼓劲的正向激励体系。依据工作需要、专长特长和个人意愿等，建立系统的队伍建设发展平台，建立"成长档案"，实施动态跟踪培养。

总之，重视人才培养，关键是遵循人才成长规律，建立健全系统化规范化的学习培训制度，把学习成果转化为谋划工作的思路、推进工作的措施、落实工作的本领，提高把握方向、把握大势、把握全局的能力，培养具备复合知识结构和专业本领能力的新闻传播人才。学习培训应以提升政治能力为根本，以实战化为引领，以问题为导向，以增强新闻专业本领为关键，以锐意创新创造为抓手，突出实战实用实效，明确培训学习内容，以增强岗位适配性为目标推进队伍学习培训和实战练兵，事业发展需要什么、做好工作需要什么，就专门加强哪方面学习，着力解决薄弱环节、补齐能力短板，提高学习培训针对性有效性。可考虑制作"公安新闻传播基础训练手册和知识教材"并配发使用。可考虑拓展"公安新闻传播培训网络教学模式"，开发云视频网络教学体系，与传统教学模式相结合，实现线上线下优势互补、相得益彰。建议选派新闻传播人才到各地公安机关特别是基层所队进行锻炼，跟班交流学习，在警营和基层一线锤炼，在学做结合中提升各方面能力。

2. 人才使用：建立健全公平公正的选人用人机制、公平合理的考核机制和科学有效的奖惩机制

"得人者兴，失人者崩。"人才是做好一切工作的根本。深化人才使用机制改革，是激发人才活力的关键一招。对人才的选拔和使用，既要尊重人才成长的一般规律，又要尊重优秀人才脱颖而出的特殊规律，通过建立健全公平公正的选人用人机制、公平合理的考核机制和科学有效的奖惩机制，培植沃土、提供环境、搭建平台，做到人岗相适、人尽其才、才尽其用，充分调动其积极性、主动性、创造性，打造更加积极、更加开放、更加科学的人才使用环境。

一要诚心引才。聚天下英才而用之，着眼公安新闻传播发展需要，努力破除人才引进、培养、使用、评价、流动、激励等方面的体制机制障碍，把引贤纳才之门打得更开，把优秀人才集聚到公安新闻传播事业中。二要暖心用才。引进人才是基础，用好人才是关键，对人才要精心选拔、严格要求、大胆使用，科学合理安排岗位，对人才进行动态跟进，研究设计更加科学合理的考核评价体系、职级晋升制度、薪酬分配办法，增强考核的科学性、针对性、有效性，充分发挥考核评价的激励鞭策作用，营造有利于人才成长和作用发挥的制度环境，让各类新闻传播人才的创新创造活力竞相迸发、聪明才智充分涌流。三要真心爱才。坚持严管厚爱结合、激励约束并重，政治上充分信任、工作上大胆使用、生活上真诚关心、待遇上及时保障，努力推出更多暖心措施。优化人才表彰奖励制度，采取相应的激励手段，实行政治激励、精神鼓励、物质奖励相结合，在职称评定、职级晋升、课题设立、资源配套、教育培训、挂职锻炼、生活服务等方面，向优秀骨干人才倾斜，加大政策支持力度，拓宽和畅通人才晋升渠道，为新闻传播人才提供良好条件，让激励产生动力，增强公安新闻传播工作者的职业归属感。注重创新发展，积极营造鼓励创新、宽容失败的工作环境，强化人才激励保障机制，拓宽职业发展空间，加大表彰奖励力度，在公安新闻传播阵地形成人人渴望成才、人人努力成才、人人皆可成才、人人尽展其才的良好局面。

为政之要，莫先乎人；成事之要，关键在人。人是公安新闻舆论宣传工作最核心的要素，人才队伍建设机制创新是必然路径。要抓实机制创新，加强人

才培养，健全完善源头培养、跟踪培养、全程培养的素质培养体系；重视人才使用，及时把那些有潜力的人才选用起来，放在最能充分展示其才华的位置上，为新闻传播人才建功立业、施展抱负提供更多机会和更大舞台；激励实干担当，让想干事的有机会、能干事的有舞台、干成事的有荣誉。"把好钢用在刀刃上"，就是把最合适的人放在最恰当的位置，让专业的人干专业的事，充分发挥人才的最大效用，做到用其所长、用当其位、用当其时，让优秀人才在岗位上各展其长、各尽所能，施展才华、建功立业。

※ ※ ※

新时代催人奋进，新征程激荡人心，新使命重任在肩。

踏上新征程，我们正在进行具有许多新的历史特点的伟大斗争，面临的挑战和困难前所未有，必须激发全党全社会团结奋进、攻坚克难的强大力量，调动各方面积极性、主动性、创造性，凝心聚力推进强国建设、民族复兴的历史伟业。新闻舆论工作要更好担负起职责和使命，不断巩固壮大主流思想舆论、激发奋进力量，为实现"两个一百年"奋斗目标、实现中华民族伟大复兴中国梦提供更加强劲的精神动力。

公安新闻舆论宣传工作是党的新闻宣传工作的重要组成部分，也是公安工作的重要组成部分。公安工作的特殊性决定了公安新闻舆论宣传工作的特殊性。"绳短不能汲深井，浅水难以负大舟。"公安新闻宣传报道和舆论引导任务光荣且艰巨，必须切实增强政治责任感，进一步加强组织领导，整合各种资源，不断推进传播思路理念创新、传播指挥机制创新、传播技术手段创新、传播管理机制创新、传播内容设置创新、互联网传播思维创新、传播平台渠道创新、传播人才队伍建设机制创新以及其他各方面创新，在新闻传播全流程、全链条注入新的活力因子，不断推进公安新闻宣传和舆论引导工作提高到新水平。

前文我们讲了新闻传播多个方面的改革创新。既然是创新，就意味着没有模板和标准借鉴，就没有现成的答案。关于改革创新的方法论，习近平总书记深刻指出："对看得还不那么准、又必须取得突破的改革，可以先进行试点，摸着石头过河，尊重实践、尊重创造，鼓励大胆探索、勇于开拓，在实践中开创新路，取得经验后再推开。"①公安工作从来不缺一流的故事，公安新闻传播有得天独厚的资源富矿。公安新闻传播创新绝不是教科书上给我们的现成结论，只有不断地直面问题、攻坚克难，准确识变、科学应变、主动求变，想新办法、找新出路，深入推进公安新闻传播实践探索和理论开拓，我们才会拥有更多创新创造的可能。

在实践中，必须坚持以习近平文化思想为指导，深刻领悟习近平总书记关于宣传思想工作的重要思想和关于新闻舆论工作的重要论述，不断深化对公安新闻传播的规律性认识，准确把握传播格局、舆论生态、媒体形态、受众对象、传播技术、传播载体、管理模式等发生的深刻变化，构建系统完备、科学规范、运行高效的新闻传播机制体系，让内容形式效果更出彩、主题宣传报道更有效。

在理论上，要善于从公安新闻传播众多个别经验中发现一般共性，从一般共性中提炼出普遍适用的规律性做法，吸收有益实践成果，不断探索总结一系列符合规律、富有成效的新机制新经验，将其及时上升为制度规范。要围绕公安新闻传播媒介、传播手段、传播方法、传播规律、传播特点等开展深入研究，努力形成符合公安工作实际、具有公安部门特色的新闻传播理论，更好指导工作实践，提升履行公安新闻传播职责使命的能力水平。

"常制不可以待变化，一途不可以应无方，刻船不可以索遗剑。"谈及创新，习近平总书记告诫我们："不创新不行，创新慢了也不行。如果我们不识变、不应变、不求变，就可能陷入战略被动，错失发展机遇，甚至错过整整一个时代。"②经济社会日新月异高速发展，每天都有大量新生事物和新情况不断涌现，做好新闻舆论宣传工作比以往更加需要创新思维，提升公安新闻传播有效性更加需要强调传播思维模式创新、运行机制创新、发展规划创新、内容体裁创新、方法手段创新、技术应用创新、平台终端创新，以及育人模式、资源保障、经费投入、基础工作等各方面、全要素、全链条创新。

哪里有创新哪里就有生机，哪里有创新哪里就有活力。提升公安新闻传播有效性，必须紧跟发展大势，勇立时代潮头，始终锚定战斗力标准，善于创新、

---

① 《习近平著作选读》第一卷，人民出版社2023年版，第68页。
② 《习近平著作选读》第一卷，人民出版社2023年版，第490页。

常做常新，解决好发展动力问题。

　　直面时代课题，智慧火花才能源源不断迸发。在这个伟大时代，以及无数激动人心的崭新课题面前，绝不能缩手缩脚、畏葸不前。

　　破浪前行，既需要创新的勇气，也需要创新的智慧。

　　每一次破冰，都令人振奋。

　　每一次创新，都令人欣喜。

　　每一点突破，都积厚成势。

丰富有效性

第九章

公安新闻传播大有可为、前景广阔

——时间长河奔涌,时代不断给出新的"试卷"与"考题"。勇立潮头唱大风,新形势下的公安新闻传播责任更重大,使命更光荣。适应党和国家事业发展新要求,致力推动公安新闻传播实起来强起来,打造更多内容优质、形态多样、极具传播影响力的公安新闻传播作品,为公安事业长远发展进步作出新贡献,公安新闻传播大有可为、前景广阔、任重道远

科学擘画，纲举目张。伟大思想引领伟大事业，实践创新推动理论创新。

党的十八大以来，习近平总书记站在新时代党和国家事业发展全局高度，围绕做好宣传思想工作和新闻舆论工作发表一系列重要讲话，作出一系列重要指示，科学回答了事关新闻事业长远发展的一系列带有根本性、战略性、全局性的重大问题，丰富和发展了马克思主义新闻理论，为做好新闻舆论工作指明了前进方向、提供了根本遵循。

2023年10月，习近平总书记对宣传思想文化工作作出重要指示强调："新时代新征程，世界百年未有之大变局加速演进，中华民族伟大复兴进入关键时期，战略机遇和风险挑战并存，宣传思想文化工作面临新形势新任务，必须要有新气象新作为。"①重要指示高屋建瓴、精辟深邃，具有很强的政治性、思想性、指导性，为我们进一步做好下一步工作指明了方向。

科学的理论，闪耀着真理的光芒；伟大的思想，激发出奋进的力量。

习近平总书记指出："必须从党的工作全局出发把握党的新闻舆论工作，做到思想上高度重视、工作上精准有力。"②党的新闻舆论工作与党和国家工作大局紧密联系，与党和国家前途命运紧密联系，与人民群众根本利益紧密联系。重视党的新闻舆论工作，是我们党的优良传统和重要法宝。

作为公安事业的重要组成部分，一直以来，公安新闻舆论宣传工作始终坚持正确政治方向，围绕中心、服务大局，反映公安机关工作成就，记录公安队伍突出贡献，为推动公安事业发展营造了良好的舆论环境。跟随历史的年轮，公安新闻传播从"白纸黑字"到"云端数据"，从"铅与火"到"光与电"再到"数与网"，新闻传播理论与实践不断丰富，在实践中淬火，在发展中前行。

大江流日夜，东方风来满眼春。党的二十大擘画了新时代新征程党和国家事业发展的宏伟蓝图。公安新闻传播工作必须全面把握新时代新征程党和国家事业发展新要求、人民群众新期待，深刻认识国内外环境变化带来的新挑战，

---

① 张烁：《习近平对宣传思想文化工作作出重要指示强调　坚定文化自信秉持开放包容坚持守正创新　为全面建设社会主义现代化国家全面推进中华民族伟大复兴提供坚强思想保证强大精神力量有利文化条件》，《人民日报》2023年10月9日，第1版。
② 《习近平谈治国理政》第二卷，外文出版社2017年版，第332页。

不断提高政治站位，扩宽战略视野，积极适应舆论环境的新变化和媒体发展的新特点，与时俱进，守正创新，主动宣传，正确引导，提高新闻舆论传播力、引导力、影响力、公信力，壮大弘扬主旋律、传播正能量的舆论场，更好地强信心、聚民心、暖人心、筑同心。

勇立潮头唱大风的公安新闻传播工作责任更重大、使命更光荣。提升公安新闻传播有效性的课题研究和实践探索有着丰沃的土壤，我们必须在遵循公安工作规律和新闻传播规律的基础上，贴近公安工作实际，顺应公安事业发展要求，深入研究媒体格局和舆论生态的深刻变化，总结经验、把握规律，推动公安新闻传播实起来强起来。

逐梦而行，挑战前所未有，机遇前所未有，公安新闻传播大有可为、前景广阔、任重道远。

一、视野要更开阔，站位要更高远，要不断丰富公安新闻传播的内涵和外延，使其成为更具建设性的力量，成为更优质的社会公共资源，成为更积极昂扬的精神力量

今天的中国，呈现给世界的不仅有成就非凡的改革发展图景，还有长期向好的平安稳定局面。国际上普遍认为，中国是世界上最具安全感的国家之一。经济快速发展、社会长期稳定"两个奇迹"背后，凝聚着我们党治国理政的卓越智慧，也凝结着人民警察队伍的牺牲奉献。

作为国家重要的治安行政和刑事司法力量，人民公安队伍因党而生、为党而战，防风险，保安全，护稳定，促发展，在党中央坚强领导下，成功应对一系列重大风险挑战，克服各种艰难险阻，坚决捍卫政治安全、维护社会安定、保障人民安宁。公安新闻舆论宣传工作是党的宣传思想工作的重要组成部分，也是公安工作的重要组成部分，是推进公安事业发展的重要力量。通过优质的公安新闻传播，发好公安声音、讲好警察故事、树好警队形象，统一全警思想、凝聚全警力量、振奋全警精神，积极服务现实斗争实践，是公安新闻舆论宣传工作的着力点和价值本源，也是公安新闻传播有效性的重要体现和实现路径。

当前，国内国际形势正在发生具有深远历史影响的重大变化，我们正在进

行具有许多新的历史特点的伟大斗争，面对国内国际新形势、公安工作发展新局面、意识形态领域新变化，更加需要公安新闻传播阵地发挥动员、凝聚和鼓舞人心的重要作用，弘扬主旋律，传播正能量，激发团结奋进的强大力量。新形势下，公安新闻传播的内涵和外延不断丰富和扩展。

——更好传播党的科学理论和党中央路线方针政策，通过广泛深入采访报道，书写新时代，讴歌新时代，生动展现新时代党的创新理论扎根中国大地、引领时代变革的思想伟力，全面展示新时代的变革性实践、突破性进展、标志性成果，充分反映中国人民踔厉奋发、笃行不怠的精神风貌。深刻解读经济快速发展和社会长期稳定"两个奇迹"中所蕴藏的内在逻辑，统一全警对党和国家各项事业取得重大成就的认识，切实增强"四个意识"，坚定"四个自信"，做到"两个维护"。

——更好记录人民公安勇毅前行的宏大叙事和奋斗华章，用心用情立体反映公安机关的奋斗实践，深入展示公安部党委带领全国公安机关广大民警维护国家政治安全和社会稳定工作取得的显著成效，生动展现公安队伍建设和公安改革的进步变化，及时宣传公安机关队伍建设新成效、服务群众新举措、维护稳定新成就，激发全警团结奋进、护航平安中国法治中国建设的强大力量。

——更好以新闻传播阵地优势走好党的群众路线，助力基层社会治理，把实现好、维护好、发展好最广大人民群众的根本利益作为公安新闻传播的出发点和落脚点，让人民群众通过新闻传播感受到更多公平正义，反映人民群众对公安工作的新要求、新期待，宣传警民情深的感人事迹，尊重群众首创精神，发挥人民群众主体作用，更好地鼓舞大众、团结大众、服务大众。

公安新闻传媒要不断丰富新闻传播的内涵和外延，使其成为更具建设性的力量。1942年3月，在讨论《解放日报》改版问题时，毛泽东同志指出："经过报纸把一个部门的经验传播出去，就可推动其他部门工作的改造。"①新闻媒体要坚持服务中心、服务大局，充分发挥党的喉舌和舆论引导的作用，以科学的理论武装公安民警、以正确的舆论引导公安民警、以高尚的精神塑造公安民警、以优秀的作品鼓舞公安民警，宣传群众、教育群众、服务群众，汇聚最广泛的

---

① 《中国共产党宣传工作简史》上卷，人民出版社2022年版，第156页。

智慧和力量，为推进公安事业发展提供有利舆论环境和强大精神力量。

二、中国警察故事是中国故事的重要组成，公安新闻传播在做好对内宣传工作的同时，应主动服务对外工作大局，提升国际舆论传播能力

当今中国，社会发展日新月异，改革开放波澜壮阔，成就世界瞩目，故事精彩纷呈。2023年10月，习近平总书记对宣传思想文化工作作出重要指示，深刻指明宣传思想文化工作面临的新形势、新任务，强调"着力加强国际传播能力建设、促进文明交流互鉴"①。我们必须以高度的责任感、使命感，着力提高讲好中国故事的素质本领，坚持不懈、久久为功，让当代中国形象在世界上不断树立和闪亮起来。

（一）在认识上，破除思想误区

我们党历来高度重视对外传播工作。

1929年6月，中共六届二中全会通过的《宣传工作决议案》强调以往党对于国际问题的宣传做得很少，以后应积极注意国际的宣传。②抗日战争时期，为向世界人民宣传中国共产党领导的抗战，争取国际社会的支持和援助，我们党高度重视对外宣传，积极主动地向世界讲述中国共产党的故事，讲述党领导下抗日军民的故事，扩大了中国革命和中国共产党的国际影响。1938年4月至5月，中共中央长江局成立国际宣传委员会及国际宣传组；1939年4月，中共中央南方局成立对外宣传小组（后改名外事组），开展对外宣传③，共产党的声音不断走向世界。1941年3月，《中国通讯》第一期在延安出版，分别用英、法、俄三种文字撰写。这是中国共产党在抗日根据地出版的第一个外文宣传刊物。④20世纪50

---

① 张烁：《习近平对宣传思想文化工作作出重要指示强调 坚定文化自信秉持开放包容坚持守正创新 为全面建设社会主义现代化国家全面推进中华民族伟大复兴提供坚强思想保证强大精神力量有利文化条件》，《人民日报》2023年10月9日，第1版。
② 《中国共产党宣传工作简史》上卷，人民出版社2022年版，第57页。
③ 《中国共产党宣传工作简史》上卷，人民出版社2022年版，第144页。
④ 《中国共产党宣传工作简史》上卷，人民出版社2022年版，第145页。

年代中期，党中央对外宣工作提出新的要求，毛泽东同志要求新华社"尽快做到在世界各地都能派有自己的记者，发出自己的消息。把地球管起来，让全世界都能听到我们的声音"。同时，中共中央批转中央宣传部关于向国外供应稿件工作的情况和改进意见的报告。对外宣传工作的开展，有力配合了新中国外交方面的活动和斗争。①党的十一届三中全会后，适应改革开放和社会主义现代化建设的需要，1980年4月8日，中央成立对外宣传小组，以加强对外宣传工作的领导。②党的十三届四中全会特别是党的十四大以后，在党中央坚强领导下，对外宣传工作认真贯彻党的基本路线和基本方针，建立健全体制机制，积极向世界介绍中国，增进世界对中国的了解，为树立和维护社会主义中国的形象、维护国家利益做了大量工作，为我国改革开放和现代化建设营造了良好的国际舆论环境。③党的十八大以来，我们党大力推动加强国际传播能力建设，打造具有国际影响力的媒体集群，有效开展国际舆论引导和舆论斗争，对外宣传应势而起、乘势而上，我国的国际话语权和影响力显著提升。

2018年8月，习近平总书记在全国宣传思想工作会议上发表重要讲话，强调了新形势下宣传思想工作承担的"举旗帜、聚民心、育新人、兴文化、展形象"使命任务，指出"展形象，就是要推进国际传播能力建设，讲好中国故事、传播好中国声音，向世界展现真实、立体、全面的中国，提高国家文化软实力和中华文化影响力"④。

2021年5月，中共十九届中央政治局就加强我国国际传播能力建设进行第三十次集体学习，习近平总书记在主持学习时强调："讲好中国故事，传播好中国声音，展示真实、立体、全面的中国，是加强我国国际传播能力建设的重要任务。要深刻认识新形势下加强和改进国际传播工作的重要性和必要性，下大气力加强国际传播能力建设，形成同我国综合国力和国际地位相匹配的国际话语权，为我国改革发展稳定营造有利外部舆论环境，为推动构建人类命运共同

---

① 《中国共产党宣传工作简史》上卷，人民出版社2022年版，第288页。
② 《中国共产党宣传工作简史》下卷，人民出版社2022年版，第382页。
③ 《中国共产党宣传工作简史》下卷，人民出版社2022年版，第479页。
④ 《习近平著作选读》第二卷，人民出版社2023年版，第194页。

体作出积极贡献。"①2022年10月，习近平总书记在党的二十大报告中要求，"加快构建中国话语和中国叙事体系，讲好中国故事、传播好中国声音，展现可信、可爱、可敬的中国形象"，"加强国际传播能力建设，全面提升国际传播效能，形成同我国综合国力和国际地位相匹配的国际话语权"②。

我们党深刻认识加强和改进国际传播工作的重要性和必要性，下大气力加强国际传播能力建设，让世界更好了解中国，为我国革命建设改革发展营造良好国际舆论环境。对新闻舆论工作者来说，中国的精彩故事需要精彩讲述，讲好中国故事，传播好中国声音，展现一个可信、可爱、可敬的中国，是应该具备的能力、应该承担起的责任，也是一种文化自信和情感认同。

谈及公安新闻传播与国际传播的关系，有人认为这是一个敏感话题，甚至认为国际传播是中央主流媒体的事、是外事部门的事，与我们公安新闻传播无关。这类观点和态度都是错误的，在实践上也是无益的。

现代管理学有一个基本原理，就是不仅要做，而且要让人知道做了什么。当今世界正经历百年未有之大变局，中国需要更好地向世界展示国家形象，让世界进一步认识中国、了解中国，国际社会也期待听到更多中国声音、看到更多中国方案。要深刻认识新形势下加强和改进国际传播工作的重要性和必要性，积极传播中国声音，让中国形象深入人心，把中国的"朋友圈"越做越大，把中国的"好声音"越传越远。

中国警察故事是中国故事的重要组成。公安新闻传媒阵地有责任在更广领域、向国际国内更广泛受众传递中国公安声音、讲好中国警察故事，讲好中国公安机关对党忠诚、服务人民、执法公正、纪律严明的故事，展示新时代中国公安打击犯罪、维护正义、护航发展的坚强实力和坚定决心，充分展现党领导的社会主义国家人民警察克己奉公、无私奉献的良好形象，从而综合立体展示中国党和政府依法打击犯罪活动、保护中国公民安全的坚定决心。

"善于运用新闻推动工作，实际上是一种领导水平和现代工作方法的表

---

① 《习近平谈治国理政》第四卷，外文出版社2022年版，第316页。
② 《习近平著作选读》第一卷，人民出版社2023年版，第38页。

现。"①必须更好地运用公安新闻传播服务党和国家工作大局，因势而谋、应势而动、顺势而为，主动融入国家外宣工作大局，积极宣介平安中国、法治中国建设，宣传展示中国良好的社会治安环境，使国际舆论场的"中国公安声音"强起来、"中国公安故事"更广泛传播开来。

（二）在内容上，善于发声，敢于发声，积极传播中国正能量

> 把美国自身的毒品问题怪罪给中国，已不是第一次，这是美国某些政客的一贯作风。
>
> 美国的毒品问题，其根源还在美国人自己。美国是世界最大的毒品消费国，吸毒和精神药品滥用有深刻的社会根源。
>
> 毒品泛滥已成为美国社会不得不面对的一大顽疾，但如何应对毒品问题，美国政府尚未拿出彻底有效办法。美国目前正经历着前所未有的毒品危机，在这样的严峻形势面前，某些美国政客不是致力于国内毒品打击和减少毒品需求，而是试图通过指责别人转移国内注意力，面对这种胡搅蛮缠，我们想说，对于这种美国"花式甩锅"，对不起，我们不接。
>
> 中国对毒品一直持零容忍态度。一些美国政客罔顾事实、夸大其词，不顾客观事实得出的结论是可笑的。这些论调，既没有看到中国禁毒人民战争的宏大叙事，也是对中国禁毒事业取得重要阶段性成果的有意忽略。忽略中国禁毒的努力和诚意，无视美国自身存在的毒品危机，这种非正常的逻辑还是早早放下为好。

2018年9月13日，《人民公安报》刊发评论员文章《美国又"甩锅"？对不起，我们不接》。这篇2300字左右的评论，事实准确，观点鲜明，论据准确，说

---

① 习近平：《摆脱贫困》，福建人民出版社1992年版，第85页。

理明晰,具有较强的政策性、针对性和斗争性。微信公众号刊发后数小时内阅读量即突破10万+,国内及境外多家媒体转发,产生积极传播效果,具有较强舆论影响。

▲ 2018年9月13日,《人民公安报》刊发评论员文章《美国又"甩锅"?对不起,我们不接》,针对性地批驳不实舆论,发出客观正面声音。

▲ 公安新闻评论经众多媒体转发,产生积极传播效果,具有较强舆论影响。

展示真实、立体、全面的中国，敢于发声、善于发声，以充分的事实依据、丰富的表现形式、精准的传播路径，有效开展国际舆论引导和舆论斗争，在大是大非和原则问题上敢于亮剑，维护国家的尊严与形象，是新闻工作者的使命任务。提升新闻传播国际有效性的重要体现和实现路径，就是理直气壮开展正面宣传，有针对性地批驳各种不实舆论、负面舆论、有害言论，负责任地发出客观严肃的声音。

新时代党和国家事业取得历史性成就、发生历史性变革，为构建中国话语和中国叙事体系提供了坚实的现实基础，为讲好中国故事提供了丰富的资源。习近平总书记强调："我们现在有底气、也有必要讲好中国故事，这对激励广大干部群众继续沿着中国道路前进的信心和勇气、对加深国际社会对中国道路的认识至为重要。"①全面建成小康社会，中国式现代化，中华民族伟大复兴，共建"一带一路"倡议，构建人类命运共同体理念……新时代中国自信从容、海纳百川，正在进行的伟大实践成为国际传播最丰富、最有底气的素材。

作为党和国家工作的重要组成部分，作为中国之治的重要内容，中国公安工作、平安中国法治中国建设、人民群众安全感等内容也应该更多出现在国际舆论场，实现公安工作正面宣传的全网络覆盖和全方位推送。坚持用中国理论阐释中国实践，充分、鲜明地展现中国公安故事及其背后的科学思想力量和丰富精神内涵，特别是全面、准确、生动地对外阐释习近平法治思想的鲜明特色、重大意义、核心要义、科学方法、实践要求，不仅有利于国际社会从思想理论层面深入了解平安中国、法治中国建设，也有助于更好传播中国法治主张，提升我国在国际法律事务和国际治理方面的话语权和影响力。

建设更高水平的平安中国，是以习近平同志为核心的党中央作出的战略擘画，是开创"中国之治"新境界的战略之举，也是人民公安的光荣使命，同时也是对全球安全稳定的重要贡献。人民群众不断提升的安全感，在华外国人士对中国社会治安的信任感，已经成为观察当代中国的一个重要窗口，展现了中国社会稳定、国泰民安的良好国家形象。

---

① 《习近平关于社会主义文化建设论述摘编》，中央文献出版社2017年版，第207-208页。

【人民日报:"在中国,我更有安全感"——国际人士点赞中国社会和谐稳定】改革开放40年来,中国不仅实现了经济持续健康发展,而且在保障社会和谐稳定、人民安居乐业方面取得了巨大成就。人民幸福感、安全感不断提升。平安中国"法治中国"不断推进,中国已被公认为全世界最安全的国家之一。曾经在华工作、生活或访问过中国的外国友人纷纷为中国"安全感"点赞。他们表示,中国在创新社会治理方面积累了宝贵经验,彰显了中国共产党治国理政的丰富经验和良好能力,体现了中国特色社会主义的制度优势,这一宝贵经验值得世界借鉴。

在华外国人士点赞中国社会治安:"在中国生活,我们最有安全感"

环球网 2018-02-09 14:50

"中国到底有多安全?"这是外国网友们持续讨论的热门话题。在海外主要社交网站上,有关"中国社会安全"的话题都有很多留言,全都是网友们分享在中国生活的真切感受和美好回忆。

近年来,随着"平安中国""法治中国"建设不断推进,中国人民的幸福感、安全感不断提升。国际救援中心日前在其官网发布的《2018旅行风险地图》显示,中国已被视为全球最安全的旅游国家之一。

接受本报记者采访的在华外国友人纷纷为中国的社会治安和社会管理点赞,他们认为,中国社会治理方面的创新发展,彰显了中国共产党治国理政的良好能力,体现了中国特色社会主义制度的优越性。

"正是在这里8年的生活,让我对'安全'有了新的认识"

在华外国人士:在中国生活,我们最有安全感

中国日报网 2018-02-09 10:27

"在中国生活,我们最有安全感"

——在华外国人士点赞中国社会治安

"中国到底有多安全?"这是外国网友们持续讨论的热门话题。在海外主要社交网站上,有关"中国社会安全"的话题都有很多留言,全都是网友们分享在中国生活的真切感受和美好回忆。

近年来,随着"平安中国""法治中国"建设不断推进,中国人民的幸福感、安全感不断提升。国际救援中心日前在其官网发布的《2018旅行风险地图》显示,中国已被视为全球最安全的旅游国家之一。

接受本报记者采访的在华外国友人纷纷为中国的社会治安和社会管理点赞,他们认为,中国社会治理方面的创新发展,彰显了中国共产党治国理政的良好能力,体现了中国特色社会主义制度的优越性。

▲ 《人民日报》、环球网、中国日报网等媒体报道放大了国际传播效应,有效提升了中国公安工作的国际影响力。

▶ 2021年5月29日，《人民公安报》刊发评论员文章《为世界和平与发展注入更多正能量》，阐明中国公安机关始终做多边主义的践行者，努力为世界和平与发展注入更多正能量，为推动构建人类命运共同体作出更大贡献的决心和态度。

中国始终坚持走和平发展道路，做世界和平的建设者、全球发展的贡献者、国际秩序的维护者。选派维和警察、执行联合国维和行动，是中国展示大国责任担当、推动构建人类命运共同体的庄严承诺和实际行动。中国维和警察在贫困与战乱中，在动荡与冲突里，用一次次"最美逆行"展示中国警察形象。

媒体是联接中外、沟通世界的桥梁。讲好平安中国故事、中国警察故事，有助于进一步提升中国公安工作的国际影响力。心怀"国之大者"，围绕中心、服务大局，公安新闻传播阵地应该树立强烈的国际传播意识，推出中国警方推进平安中国、法治中国建设，践行全球安全倡议，不断拓展国际执法安全合作，维护全球和地区安全稳定等报道，向世界讲好中国警察故事、传播中国警察声音，将更多动听的包括中国警察故事在内的各种中国故事传递出去，让更多人为中国点赞、为中国公安点赞。

（三）在方法论上，"推进国际传播能力建设，创新对外宣传方式，加强话语体系建设"

中国的好声音，不仅要让国内广大群众听到，也要提高分贝让全世界听见。要在传播方式上下功夫，让一个多彩、美丽、生动的中国更加清晰地展现在世界面前。

——充分借力新技术。当下，网络空间已成为人类共同的新家园，国际社会越来越成为"你中有我、我中有你"的命运共同体，即时新闻全球可见，信息传播越来越凸显跨区域、跨国界、跨文化等特征。新闻传播要充分借力大数据、人工智能等新技术以及由其催生的传播方式途径渠道变革，利用好5G、4K传输等媒体技术，构建全方位、多层次、多角度的对外传播格局。

——创新宣传报道方式。统筹用好文字、视频、音频、报刊、图书等传播形态，灵活运用图解、文字、海报、新闻直播、短视频、微电影、H5、动漫等表现手段，实现传播的全天候延伸、多领域拓展。认真研究国内外受众心理特点和接受习惯，准确把握受众思维习惯和接受方式，在构建对外传播话语体系上下功夫，打造融通中外的新概念、新范畴、新表述，用受众乐于接受的方式、易于理解的语言，让更多国外受众听得懂、听得进、听得明白，让好的故事、深刻的道理说得出、传得开、叫得响。

——讲好故事。"讲故事，是国际传播的最佳方式。"[①]一个故事胜过一打道理，一个小故事有时候就可以把很多问题都说明白。讲好中国故事是做好对外传播工作的基本方法，在故事中以生动的事实说服人、以真实的情感感染人、以积极的形象打动人、以深刻的道理影响人，能迅速拉近不同文化背景的国家和地区人民之间的距离，增强国际传播的亲和力和有效性。要坚定话语自信，提高传播艺术，精心设置观点鲜明、指向性强、易于传播的话题，讲好一个个生动的个体故事。中国国际广播电视台推出的纪录片《舌尖上的中国》《茶，一片树叶的故事》在海外热播；《中国日报》推出的"外国人讲述中国故事"系列报道受到好评；中央人民广播电台推出的跨国采访《"一带一路"新发现》产

---

① 《习近平关于社会主义文化建设论述摘编》，中央文献出版社2017年版，第212页。

生广泛影响……以故事为载体进行国际传播，生动鲜活地向世界宣介当代中国，把我们的发展优势、实践优势转化为话语优势、传播优势，以体用兼修的主流话语的"生动"在国际传播领域赢得"主动"。"于大千世界，我也许只是一根羽毛，但我也要以羽毛的方式，承载和平的心愿。"习近平总书记曾经在联合国维和峰会上讲到在海地执行联合国维和任务时不幸殉职的中国女警察和志虹"一根羽毛"的故事。和志虹牺牲时才35岁，留下年仅4岁的幼子和年逾花甲的父母。习近平总书记讲述的和志虹的故事，引发峰会参与者的普遍共鸣。这种讲故事的方式，能让人更加深刻领略到中国维和警察参与联合国维和行动，为维护世界和平与安全、推动构建人类命运共同体作出新的牺牲奉献。

——打造新型传播平台。公安新闻传媒应加强与中央主流媒体的沟通协调，引入对外传播资源，聚合对外传播力量，积极探索灵活多样的合作模式，拓展传播渠道，充分利用这些更大平台的渠道分发和表达机制优势，借嘴说话，借筒传声，对外传递中国警察声音。《人民日报》（海外版）积极传播中华优秀文化，宣介中国发展变化，成为增信释疑、凝心聚力的桥梁纽带，新华社每天用中、英、法、西、俄等语言播发对外大量文字稿，在海外有大量有效用户，中央电视台探索出一条多语种直播、多媒体联动的重大报道路子，中国国际电视台启用CGTN融媒中心，推动各频道进入国外主流运营商平台……公安事业的发展进步，公安队伍的感人故事，为我们在对外宣传工作中讲好中国公安故事提供了丰富资源。公安新闻传媒可以制作中国警察故事纪录片、短视频，积极制作能够吸引海外民众的网络作品，向国内外媒体提供素材，借船出海、借力办事，拓展对外传播平台和载体，通过不同类型不同层面的对外媒体来讲述中国公安故事、传播中国声音。既善于用自己的麦克风说话，又善于用别人的麦克风说话，以媒体合作"走出去"推动中国警察声音警察形象"走出去"。

做好对外新闻传播是责任担当，公安新闻传播阵地理应担当有为，这也是各级公安机关各部门各警种都应当重视和做好的事。要掌握国际传播规律，坚持"一盘棋"、形成"大合唱"，提高传播艺术，构建对外话语体系，加强国际传播的理论研究，全面提升国际传播效能，制作更多精益求精、品质优良的公安题材传播产品走出国门，帮助海外民众了解中国警察在"两个奇迹"中的突出贡献，让世界更加了解"发展中的中国""开放中的中国""平安的中国""法治的中国"等大国形象，更好地向全世界展示中国人民警察队伍对党忠诚、服务人民、执法公正、纪律严明的良好形象。

总之，中国需要更好了解世界，世界需要更好了解中国。增强国际传播主动性，把中国的声音传向世界各地，展示中国良好形象，有助于营造利于我国经济发展的国际环境。当前，对外传播迎来新的发展机遇，内容丰富前所未有、舞台广阔前所未有。树立中国国际形象、讲好中国故事，需要各方面各条战线的努力，需要每一个中国人的努力。把中国故事讲得愈来愈精彩，让中国声音愈来愈洪亮，全力阐释好中国发展故事背后的思想和精神内涵，公安新闻宣传战线要作出自己的努力和贡献。

三、勇立潮头唱大风。新时代的公安新闻传播，舞台更广阔，内容更丰富，责任更重大，使命更光荣。要突出体现时代性、把握规律性、富于创造性，主动超前布局、有力应对变局、奋力开拓新局，不断展现蓬勃的生机活力，实现公安新闻宣传和舆论引导工作新跨越

紧扣时代脉搏，笔底起风雷。新时代，党和国家事业取得历史性成就、发生历史性变革，人民公安事业在党的坚强领导下，风雷激荡、发展前行，人民公安队伍无畏冲锋、砥砺奋进。心有千山万壑，下笔气象万千。公安新闻传媒必将更加主动融入时代洪流，认真思考新时代新发展给宣传思想和新闻舆论工作提出的新课题新要求，坚持改革引领、创新驱动、数字赋能，抓住机遇，乘势而上，同心唱响奋进凯歌，汇聚起团结奋斗、勇毅前行的磅礴力量。

（一）坚持科学理论指导基础上的奋发前行

筑牢理论根基。认真学习马克思主义理论，是我们做好一切工作的看家本领。新时代新征程，真正把马克思主义看家本领学到手，最重要的就是把学习贯彻习近平新时代中国特色社会主义思想引向深入。解读和传播好中国实践，首先是学习和理解好中国理论。要深刻认识和把握习近平新时代中国特色社会主义思想的重大意义、丰富内涵、精神实质和实践要求，深刻领会其中蕴含的科学世界观和方法论，深入学习贯彻习近平总书记系列重要讲话特别是关于新时代公安工作和新闻舆论工作的重要指示精神，紧密结合公安工作实际，以强烈的责任感、紧迫感进一步加强和改进公安新闻传播工作，切实把党中央关于做好新闻舆论工作的决策部署落到实处。

坚持党的领导。公安机关是政治机关，要深刻认识新闻舆论对于党和国家事业发展与长治久安的极端重要性，坚持党对宣传思想和新闻舆论工作的全面领导，牢牢把握正确的政治方向、舆论导向、价值取向。党的二十大报告指出："牢牢掌握党对意识形态工作领导权，全面落实意识形态工作责任制，巩固壮大奋进新时代的主流思想舆论。"[①]2023年4月，中共中央印发《中央党内法规制定工作规划纲要（2023—2027年）》，强调完善党的宣传教育制度，明确"坚持党管宣传、党管意识形态、党管媒体，健全意识形态阵地管理、新闻媒体导向管理、重大舆情和突发事件舆论引导等方面制度，牢牢掌握党对意识形态工作的领导权"[②]。公安新闻宣传战线要增强"四个意识"、坚定"四个自信"、做到"两个维护"，始终忠诚党的新闻宣传事业，以高度的政治责任感和饱满的精神状态履行好职责使命。公安新闻宣传工作者必须有政治家的头脑，有政治眼光和政治智慧，善于从政治上看问题，坚持正确的政治方向、舆论导向、价值取向，善于把政治导向、政治要求体现到公安新闻传播工作中去。

善于把握规律。善于把握规律，既是中国共产党人的历史自觉，也是我们推动工作的制胜法宝。新闻舆论工作处于意识形态斗争最前沿，在众声喧哗的舆论环境中更好唱响主旋律，就必须不断深化规律性认识，顺应舆论场域发展趋势，勇于创新、勇于变革，推进理念、内容、手段、体制、机制等全方位创新发展。公安新闻传媒要不断深化对公安工作规律、公安新闻传播规律的认识，认真总结经验做法，改进手段方式方法，加强公安新闻传播如何更好服务公安工作大局的规律性研究，加强宣传报道和舆论引导能力建设，突出关键重点，健全制度机构，加强队伍建设，创新渠道形式，加大投入力度，全力做好保障，

---

① 《习近平著作选读》第一卷，人民出版社2023年版，第36页。
② 《中共中央印发〈中央党内法规制定工作规划纲要（2023—2027年）〉》，《人民日报》2023年4月19日，第1版。

做到按规律办事，有效提升公安新闻传播质量和效能，实现更有效宣传、更有效沟通、更有效引导。

（二）坚持效果引领基础上的有效性导向

有效，这个看上去浅显易懂的汉语词汇是我们在工作生活中必须牢牢坚持的方法论——做事要看效果，这是一种科学的效果导向思维。形象地说，追求有效性就好比把握着"方向盘""指挥棒"。我们要把有效性导向贯穿公安新闻传播各方面全过程，树立效果导向思维，推动抓好各项工作的动机、目标、思路、方法。也就是说，新闻传播有效性概念的提出，要求我们既要明确目标并且围绕目标展开活动，同时还要注重选择恰当的措施和方法去实现目标，因工作产生实效，用效果检验工作。

系统地看，新闻传播有效性主要包括四个层面：

一是传播力有效——覆盖广泛保证高到达率、分众内容实现高接受度，传播渠道畅通，信息传递及时，舆论阵地不断发展壮大并保持强大控制力。这是新闻传播有效性的前提和基础。二是引导力有效——强化主流引导，以新闻传播引导社会舆论正确方向，通过话题设置生成热点塑造社会舆论，有效服务中心工作。这是实现新闻传播有效性的重要保证。三是影响力有效——通过新闻传播影响及校正受众的思想判断，形成主流价值认知，引领公众形成一致的意见、达成一致的行动。这是实现新闻传播有效性的核心表现。四是公信力有效——新闻传播阵地通过宣传工作赢得社会尊重和群众信任，自觉履行社会责任，保持良好形象，不断提升公信力，更好凝聚人心、汇聚力量，推动事业发展。这是新闻传播有效性的原点和新起点。

具体地说，提升公安新闻传播有效性要突出地做到以下几个方面：

一是坚持党的领导指引传播有效性——党是领导一切的，坚持党的绝对领导全面领导，是公安新闻舆论宣传工作沿着正确方向前进的根本保证，是公安新闻传播有效性的根本指引。二是从职能作用出发准确定位传播有效性——"把握时代的脉搏，认识新闻的作用"，为公安工作提供坚强思想保证和强大精神力量，是公安新闻传播有效性的价值内涵、目标指向和准确定位。三是以内容优势体现传播有效性——实现公安新闻传播有效性，最核心的环节就是生产出准确、权威、积极、优质的内容产品，推动传播内容生产侧（信息供给侧）提质增效。四是坚持互联网思维强化传播有效性——科学认识网络传播规律，运用好形式增量，利用好技术含量，掌握好表达变量，坚持好价值常量，推动公安新闻传播在互联网语境下顺应时变，通过运用好数字信息革命成果强化公安新闻传播有效性。五是以人才队伍建设保障传播有效性——事业要发展，关键是要有一支忠诚干净担当的高素质人才队伍，新时代的公安新闻传播工作者必须政治过硬、本领过硬、作风过硬，努力成为党的政策主张的传播者、时代风云的记录者、社会进步的推动者、公平正义的守望者。六是坚持以人民为中心导向提升传播社会有效性——解决好"我是谁、为了谁、依靠谁"的根本问题，以精品新闻传播内容回应人民群众期待，通过形式多样的社会宣传，发动群众、动员群众，打造网上网下同心圆，促进社会治理共治。七是以守正创新提升传播有效性，不断在新闻传播理念、内容、体裁、形式、方法、手段、业态、体制、机制等方面实现创新，加强和改进公安新闻舆论宣传工作，推动公安新闻传播高质量发展。八是立足职责任务不断丰富扩展传播有效性——适应党和国家事业发展新要求，致力推动公安新闻传播实起来强起来，打造更多主旋律、正能量公安新闻传播作品，为公安事业长远发展进步作出新贡献。

正确认识和不断提升有效性，公安新闻传播才能更好地把握主动权、打好主动仗，在大局下谋划，在大局下行动，更好地为党和国家工作大局服务、为公安中心工作服务、为公安民警和广大人民群众服务，及时、准确、有力地宣传好党的方针政策，宣传好公安部党委的重大工作部署，提高舆论引导水平，为公安事业发展进步服务。

（三）坚持科学判断形势基础上的守正创新

"知其事而不度其时则败。"抓创新就是抓发展，谋创新就是谋未来。当前，公安新闻舆论环境总体向好，但也要看到，新形势下公安新闻传播面临着意识形态领域愈加尖锐复杂的斗争带来的新挑战，面临着人民群众对民主法治公平正义安全的美好生活需要日益增长带来的新需求，面临着传播格局持续发生深刻变革带来的新课题。

随着社会主义民主政治建设的不断发展和全面依法治国基本方略的深入推进，人民群众对通过公安机关维护自身合法权益、实现社会公平正义的期待增高，希望享有更多知情权、参与权、表达权的呼声强烈，广大公安民警希望通过公安新闻传媒的内容传播，及时了解党中央和公安部党委部署要求，获取权威信息，借鉴各地经验，凝聚智慧和力量，提高打击犯罪和服务群众工作能力。信息传播格局、社会舆论生态和受众内容需求的深刻变化，对公安新闻舆论宣传工作提出了新的更高要求。要认真回答好"我是谁、为了谁、依靠谁"这个重大课题，积极回应广大民警和人民群众所思所盼，把实现好、维护好、发展好广大民警和人民群众的根本利益作为公安新闻舆论宣传工作的出发点和落脚点，加大传播内容供给侧结构性改革，生产更多高质量的新闻信息供给，真正成为党和人民的"笔杆子"，成为党和人民的喉舌。

公安新闻传播内容之所以如此丰富，是因为其取材于广大民警和人民群众的生动火热实践；公安新闻宣传工作队伍的创作热情之所以如此充沛，是因为从广大民警和人民群众的实践生活中获取了不竭的创作源泉和动力。因此，公安新闻传播内容生产从"报什么"（素材与内容）到"怎么报"（形式与技巧），从"为谁报"（职责与功能）到"在哪报"（平台与渠道），这些问题的答案，最终价值指向都要落脚于广大民警和人民群众。

科学判断宣传工作所处的新阶段、面临的新形势、面对的新任务，深刻认识公安新闻传播创新的迫切现实需要和重要意义，因势而谋、应势而动、顺势而为，既要"守正"，坚持那些在长期实践中被反复证明了的好经验好传统，又要"创新"，加强对公安工作规律、现代新闻传播规律、新媒体发展规律的理解把握，在不断创新中推进公安新闻传播，用新思路解决新问题，用新方法催生新成效，才能不断丰富扩展公安新闻传播有效性的内涵和外延，使新闻舆论传播更加适应时代要求、更加符合公安工作要求、更加满足公安民警和广大人民群众需求。

"随时以举事，因资而立功，用万物之能而获利其上。"国内外形势发生深刻复杂变化，做好新闻舆论宣传工作比以往任何时候都更加需要创新。我们必须以敏锐的思维、敏捷的行动，以十足的勇气和积极的进取精神，实现传播思路观念创新、传播指挥机制创新、传播技术手段创新、传播管理机制创新、传播内容设置创新、互联网传播思维创新、传播平台渠道创新、传播人才队伍建设机制创新等全链条各方面创新，为推进新时代公安工作、履行好公安机关新时代使命任务提供强大舆论支持和精神力量，为推进平安中国、法治中国建设营造催人奋进的社会舆论环境。

※ ※ ※

"文者，贯道之器也。"

重视新闻舆论工作，是我们党的优良传统，也是革命建设改革发展不断取得胜利的一个重要法宝。

党的十八大以来，习近平总书记站在新时代党和国家事业发展全局的高度，围绕做好新闻舆论工作发表一系列重要讲话、作出一系列重要指示，开辟了马克思主义新闻观新境界，开创了党的新闻舆论工作新局面，为进一步做好党的新闻舆论工作指明了前进方向，为我们开展公安新闻传播有效性研究提供了根本遵循。广大新闻工作者要坚持以习近平新时代中国特色社会主义思想为指导，切实履行新时代新闻舆论工作的职责使命，以正确舆论引导人，更好服务于党和国家工作大局，更好服务于广大人民群众，为强国建设、民族复兴伟业贡献力量。

"文章合为时而著，歌诗合为事而作。"

没有什么作品不属于它所在的时代。当代中国，江山壮丽，人民豪迈，前程远大，火热的新时代每天都呈现着精彩纷呈的中国故事，神州大地一派只争朝夕、生机勃勃的景象。有科学思想指明方向，有公安事业发展提供创作土壤，公安新闻工作者有幸身处伟大的新时代，胸中鼓荡凌云壮志，燃起澎湃激情抒写这战斗的生活。

"察势者智，驭势者赢。"

善于准确认识和把握社会主要矛盾、善于科学确定和集中力量完成中心任务，是中国共产党人科学的思想方法、工作方法。新闻战线始终服务于中国共产党及其领导的革命、建设和改革发展实践，根据党在不同历史时期的重点任务调整工作重点，有力巩固广大群众团结奋斗的共同思想基础，把广大群众紧密团结在党的周围，凝聚发展共识，汇集发展力量。

积厚成势，继往开来——

回首历史，作为公安事业的重要组成部分，公安新闻舆论宣传工作与公安其他业务工作同向同行，走过了一条不平凡的发展之路，记录下一个又一个珍贵瞬间，书写着一个又一个英雄故事。

展望将来，公安队伍担当使命无畏前行，护航平安中国巨轮继续逐梦前行，继续书写新的警察故事，创造新的英雄传奇，公安新闻宣传工作者必将更好践行"四力"要求，投身新时代，记录新时代，发好公安声音、讲好警察故事，为公安工作和公安队伍的发展进步提供强有力的思想舆论支持和精神文化力量。

过去与未来之间，不变的是使命。

党的二十大擘画了全面建成社会主义现代化强国、以中国式现代化全面推进中华民族伟大复兴的宏伟蓝图，为公安工作进一步指明了前进方向，也对做好新形势下新闻宣传和舆论引导工作提出了新的更高要求。公安新闻舆论宣传工作是党的宣传思想工作的重要组成部分，也是公安工作的重要组成部分。面对波澜壮阔的新时代新实践，我们有责任用心用情用力抒写伟大时代，不断推出讴歌党、讴歌祖国、讴歌人民、讴歌人民警察的精品力作，为团结奋斗、同心筑梦汇聚磅礴力量。

提升有效性，是公安新闻传播履行职责使命的必由之路。提升有效性，才能更好地宣传党的科学理论、传播党中央声音、服务公安中心工作、激励警心斗志、弘扬英模精神、展示队伍形象、密切警民关系，为推进新时代公安事业发展、推进更高水平的平安中国法治中国建设营造良好社会舆论环境。我们要把握世情国情社情新变化对公安工作提出的新挑战新要求，把握这些变化对公安新闻宣传工作提出的新挑战新要求，按照高质量发展的要求，从更高站位、以更高标准，研究谋划好新时代的公安新闻传播工作。各级公安机关要坚持以习近平文化思想为指导，高度重视新闻舆论工作，从全局战略高度深刻认识舆论引导工作的重要性，狠抓新闻传播有效性建设，加强组织领导，落实工作责任，形成提升公安新闻传播有效性的更强大整体合力。

发展永无止境——

应对新形势下意识形态领域愈加尖锐复杂的斗争带来的新挑战，应对人民群众对民主法治公平正义安全的美好生活需要日益增长提出的新要求，应对传播格局持续发生深刻变革带来的新课题，公安新闻传播必须坚持正确政治方向和舆论导向，坚持守正创新，坚持问题导向，坚持系统观念，在遵循公安工作规律和新闻传播规律的前提下，不断推进传播理念、内容、体裁、形式、方法、手段、业态、体制、机制等新闻传播各方面各环节创新，切实提升公安新闻舆论宣传工作的传播力、引导力、影响力、公信力，着力提升公安新闻舆论宣传服务中心工作的能力水平。

奋斗未有穷期——

新时代发展的大幕一经开启，每一页都是新的。征程漫漫，唯有奋斗。公安新闻传播要切实提升服务公安中心工作的能力水平，担当有为，团结奋斗，让传播内容更优质、传播渠道更高效、传播覆盖更广泛、传播功能更完备，对人民创造历史的伟大进程给予最热情的赞颂，对人民公安队伍的牺牲奉献给予最深情的褒扬，为时代放歌、为人民抒写，讴歌人民之美、时代之美、历史之美、山河之美，凝聚人心、汇聚力量，推动最广泛的团结和最磅礴的奋斗。

茫茫九派流中国，纵横当有凌云笔。

站在新的起点眺望未来。当此中流击水之时，拼搏是最动人的姿态。记录历史的壮阔浩荡，描绘时代的气象万千，继续书写时代之变、中国之强、公安之进，继续书写人民公安钢铁之师的信仰之美、奋斗之美、筑梦之美，更波澜壮阔的进程正在开启，更激动人心的胜利就在前方！

峰岩竞秀，春自东来。

置身伟大时代，同心筑梦，砥砺前行，使命光荣，责任重大。

向前，是充满光荣和梦想的远征。

让我们在新的历史起点上，丹心妙笔著华章，重整行装再出发！